浙江省创意农业工程中心系列丛书

创意农业发展理论与实践

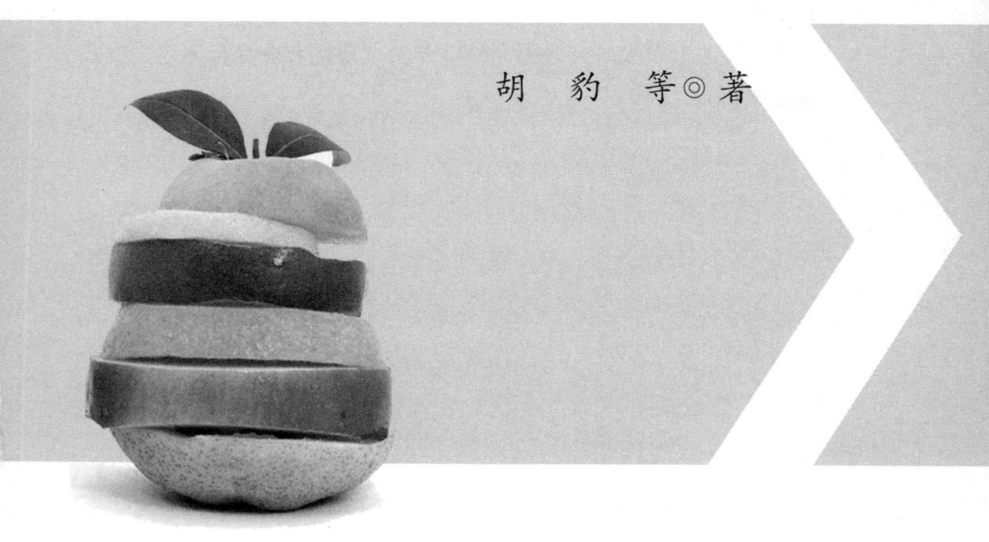

胡　豹　等◎著

中国农业出版社

本书出版得到

浙江省农科院创新能力提升工程“创新载体建设工程项目”资助

本项目研究得到以下基金资助

浙江省人民政府重点课题（2012年）：《农业“两区”基础设施长效运行管护机制研究》

浙江省农业资源区划研究课题（2011年）：《浙江创意农业发展路径选择与对策研究》

浙江省科技厅软科学研究重点课题（2011年）：《加快浙江农业发展方式转变的思路与对策研究》

浙江省发改委重大研究课题（2013年）：《现代农业综合体建设模式与发展战略研究》

本书著者：胡　豹　米松华　葛晓巍
王丽娟　章伟江

序

农业是文化之根、文明之基、智慧之源。农业的发展始终同人类的文化和智慧的发展相辅相成。我国是个农业大国，自古山清水秀，人杰地灵，有着灿烂的农耕文明和悠久的农业文化。境内有距今上万年的上山遗址，有世界旱作农业源头——内蒙古敖汉旱作农业系统，有世界稻作文化发源地——江西万年稻作文化系统，有梯田文化的重要发源地——云南红河哈尼稻作梯田系统，有生态循环农业的杰出代表——浙江青田稻鱼共生系统，有荒漠地区的特殊灌溉系统——新疆吐鲁番坎儿井农业系统，等等。这些灿烂的农业文化是世界人类文化的重要组成部分，充分体现了我国劳动人民的智慧与创造力。

改革开放 30 多年来，我国农业发展取得了举世瞩目的成绩，用不到世界 7%的耕地养活了世界 22%的人口，成为多种大宗农作物、蔬菜、海产品的出口国，在世界农业中占有重要地位，并为我国工业化和城镇化的推进做出了巨大贡献。与此同时，我国农业发展战略也从“产量农业”到“效益农业”再到“高效生态农业”不断提升，农业现代化水平快速向前推进。加快转变农业发展方式已成为农业发展的新主线，农业“接二连三进四”的产业融合和演进成为农业发展方式转变的一个新亮点，农业越来越依靠体制创新、科技创造、文化创意、生态创优和能人创业机制的综合作用。在这一背景下，创意农业以她特有的魅力和活力越来越受到广大农民和农业企业的关注，各种创意农业模式如灿烂之花在希望的田野上盛开。

浙江是我国农业文明的重要发源地，也是著名的文化之乡、礼仪之邦。浙江人具有创新创业的传统和智慧创意的天赋，在农业发展中创造了丰富多彩的稻作文化、桑基鱼塘文化、蚕桑文化、茶文化、竹文化、橘文化，等等。浙江人通过智慧创意发展农业的步伐从未停止。面对涉农产品与涉农服务消费转型升级带来的新发展机遇，浙江人借助创意产业的思维逻辑和发展理念，有效地将科技和人文要素融入农业生产，进一步拓展农业功能、整合资源，把传统农业发展为以文化为引领、以科技为支撑的融生产、生活、生态于一体的现代创意农业，致力于提高农业的附加值。如今，休闲农业、养生农业、景观农业、文娱农业、体验农业等新型创意农业发展模式在浙江大地上蓬勃发展，并正在引领农业发展发生深刻变化。在具体发展方式上，注重科技与文化的结合，把文化元素作为一种新的生产要素嵌入农业发展中，使农业成为文化创意产业的新生力量，农业的生产消费与美食美景、休闲养生、教育示范、文化传承、影视动漫等紧密结合起来。例如，天台山有形态各异、胜似雕刻的艺术葫芦，安吉的大竹海作为影视文化基地多次进入影视作品，丽水有如诗如画的动漫稻田。

创意农业这种新的农业发展方式不仅促进了农业发展从数量型向品质型的转变，而且能够满足现代人不断升级的消费倾向，体现出了“以人为本”和“文化为魂”的增长方式。当前，创意农业在我国还处于起步阶段，借鉴国内外创意农业的先进经验，积极探索适合本地区的创意农业发展模式，成为推动农业转型升级的一项重要任务。浙江省农业科学院组织专门人员对创意农业进行系统研究，编写了《创意农业发展理论与实践》这本书，显示出该院在农业科学研究上秉承了前瞻性，也显示出该院对我国农业发展方向的关心。该书向广大读者介绍了创意农业的基础理论，总结了当前世界范围内创意农业的理论研究与实践发展，同时提出了适合在我国的几类创意农业发展模式及相应的政策建议。我相信这些研究成果不仅能够对相关理论工作者提供思路，而且能够为各地区如何发展创意农业提供重要的借鉴指导，对政府出台相关配套政策也具有一定的参考价值。

衷心希望本书的出版能够助推我国创意农业又好又快地发展。

是为序。

厉无畏

2013年10月16日

（注：厉无畏，著名经济学家，第十一届全国政协副主席，全国人大常委，民革中央常务副主席，上海市人大常委会副主任，是国内享有极高声誉和威望的经济理论权威，曾获“中国创意产业杰出贡献奖”，为理论界获此殊荣第一人，被誉为“中国创意产业之父”）

前言

经历35年的改革发展，浙江正处于经济转型、社会转型、政府转型的关键时期。最近，浙江省委副书记、省长李强在全省政协主席读书会上作经济形势报告时强调，坚持一条主线和三条底线，即围绕加快转变经济发展方式这一条主线，坚守百姓增收、生态良好、社会平安的三条底线，打造经济社会发展“升级版”，为干好“一三五”、实现“四翻番”打下坚实基础。这一提法对进一步推动浙江“三农”的新发展，推进浙江农业发展方式转变，推动浙江农业农村发展升级，有特别强的针对性。

加快推进农业发展方式转变已上升为党和政府的重要决策和农业发展方略，已成为全党和各级政府抓“三农”工作，推进现代农业发展的一个共识。“十二五”时期是浙江经济社会转型升级的关键时期，也是实现全面建设惠及全省人民小康社会目标的攻坚时期。加快浙江农业转型升级，全面推进现代农业建设是这一时期的重大战略任务。目前，浙江农业既面临全面进入以工补农、以城带乡发展阶段、进入加快改造传统农业、走中国特色农业现代化道路关键时刻的历史机遇，具备了加速现代农业建设的经济社会条件，同时也面临着资源环境制约加剧、市场竞争日趋激烈、体制机制优势逐步弱化的严峻挑战，迫切需要加快转变发展方式、推进农业转型升级。加快转变农业发展方式，推动农业产业结构优化升级，这是建设高效生态现代农业、推进农业现代化建设的最核心任务。从当前实际来看，最重要的是促进农业增长由主要依靠自然资源和物质资源投入向主要依靠科技进步、劳动者素质提高和管理创新转变；促进农业从粗放经营转向集约经营，走精致农业、精品农业和精兵农业的发展之路；促进农业资源从粗放开发利用转向节约利用、集约利用、循环利用和永续利用；促进以种养业为主的传统农业产业结构转向以规模化、专业化、区域化、园区化的种养业为基础，农产品精深加工和现代农产品物流业为支撑的现代农业产业结构，不断挖掘农业文化内涵，不断拉长农业产业链，不断拓展农业发展新领域，不断提升农业的价值链。

创意农业是指以增加农产品附加值为目标，利用农业农村的生产、生活、生态“三生”资源，发挥创意创新构想，研发设计出具有独特性的创意产品或活动。作为现代农业发展演变的一种新型农业业态，创意农业起源于20世纪30年代的西方国家，70年代得到大规模发展，90年代后快速扩展到全球。创意农业具有高文化品位、高科技含量、高附加价值的特点，是现代农业适应现代社会经济发展到一定阶段的必然产物，是推动农业技术的创新发展，促进农业多功能拓展的重要途径。近年来，全国各地正在积极探索尝试推进创意农业发展，并初步取得了显著成效。

浙江人多地少，随着工业化城市化的加速推进，农业资源农转非的比重越来越大，农业在GDP中的比重越来越小，但农业在国计民生中的基础地位和作用丝毫没有下降。要实现全面小康和现代化的中国梦，最难的还是如何实现农业现代化和农民的共同富裕。当前，浙江以粮食生产功能区和现代农业园区“两区”为主平台，以科技创造和文化创意为主动力，大力发展创意农业，是贯彻落实“创业富民、创新强省”总战略的重要实践，是助推建设“物质富裕、精神富有”的现代化浙江的重要举措，是推动农业转型升级和发展方式转变的一条重要路径。发展创意农业，对于促进农业资源再生、推进农业增效农民增收、增进美丽乡村建设、推动乡村旅游发展、转变农业发展方式、实现农业转型升级，促进“四化同步”发展等具有十分重要的现实意义。

本书坚持以科学发展观为统领，以马克思主义经济理论、中国特色社会主义理论、发展经济学理论、发展社会学理论、新制度经济学理论、管理学理论等理论为指导，重点采取实证研究分析与理论演绎分析相结合、总结回顾的纵向比较分析与国际国内的横向比较分析相结合、定性分析与定量分析相结合、系统资料分析与典型案例分析相结合、宏观研究与中观微观研究相结合、战略创新研究与管理创新研究相结合的研究方法。综合运用静态分析、比较分析、案例分析、计量分析、统计分析等分析方法，对创意农业发展的实践进行了理论分析和实证界定，对创意农业的概念内涵、基本特征、基本功能和战略意义作了全面的阐述，对浙江推进创意农业发展的初步实践及现有主要模式作了系统的总结与提炼，提出了在“四化同步”发展的新时期，浙江创意农业发展的总体目标、基本原则、路径模式、主要任务和战略对策，从而形成了比较系统的推进创意农业发展的理论体系和实践建设的框架结构。研究的主要成果和内容包括以下四个部分共九章。

第一部分包括第一章、第二章和第三章，是背景、理论和研究综述部分。主要交代了创意农业发展的时代背景与现实意义，以及创意农业的科学内涵、典型特征与发展创意农业的理论支撑。同时较详细地回顾了当代国内外最新的创意经济学相关理论，系统总结了国内外学者关于创意农业发展的研究的主要现状及其相关研究的基本脉络，指出了现有文献的成果及还有待于进一步解决的问题，展望了今后的发展趋势及应用前景，并将这些理论及其分析方法作为本书研究的理论基础与理论假说。

第二部分包括第四章和第五章，国内外创意农业发展状况及相关实践推进部分。介绍并分析了当前发达国家和地区荷兰、丹麦、新加坡、德国、英国、法国、加拿大、马来西亚、日本等在高科技支撑型、社会生活功能型、旅游环保型等的创意农业发展状况及可能的发展趋势，同时对国内创意农业发展状况及取得的主要成就进行了系统剖析，对阳台农业、屋顶农业、智能农业、观赏作物、观赏动物、休闲农业等创意农业的主要发展领域和主要支撑技术进行了深入总结和系统阐述。

第三部分包括第六章和第七章，实证研究部分。这一部分重点研究了发展创意农业的成本效益情况以及创意农业发展的相关典型模式。通过典型案例，剖析创意农业投入的关键环节与领域，创意农业发展的经济效益、社会效益、环境效益等的相关绩效。同时系统总结了当前浙江省内及国家部分省区创意农业发展的典型模式有：产业“接二连三进四”模式、农产品生产布局创意模式、农业与自然景观结合模式、农业园区创意组合模式、农产品后续加工创意模式、农业文化发掘与博览模式、产业升级与耕作创新模式、现代农业综合体创意模式，并对每一种模式的基本特征和相关典型案例做了深入具体的阐述与展示。

第四部分即第八章和第九章，发展思路与政策建议部分。这一部分在前面对创意农业发展的相关实践探索与实证总结提炼的基础上，着重提出了创意农业发展的思路与趋势是要强化创意农业新领域开发、加快创意农业新技术研发、推进创意农业新产业培育、推进创意农业新平台搭建、加强创意农业新文化发掘、促进创意农业新源泉涌出，并从产业定位、科技支撑、主体培育、政策支持、资金扶持等几个方面提出了推进创意农业发展的对策建议。

本书的这一研究成果对于目前正在如火如荼地开展的转变农业发展方式，促进农业转型升级，推进农业现代化建设等具有现实的指导和促进作用。本书最为显著的一个特点是以创意农业的实践提炼与总结思考来引领创意农业理论分析的深入，把实践总结与理论研究紧密结合起来，又以创意农业理论研究来指导新的创意农业实践推进。这样既有利于全面准确和科学把握创意农业的内涵特征及其发展趋势，也有利于纠正创意农业实践运行与理论研究中的片面性。我们期待这本专著的出版、发行对当前发展相对滞后农业现代化建设和管理从理论和实践的结合上起到促进和推动作用。

目　录

第一章 创意农业发展的背景与意义

我国农业人口多、耕地资源少、水资源紧缺，工业化、城市化水平不高的国情决定了发展现代农业不能照搬照套发达国家曾经走过的农业现代化路子，必须探索一条符合国情的有中国特色的发展现代农业的路子。目前我国农业发展滞后于二、三产业发展，农业现代化滞后于工业化、城镇化、信息化的问题十分突出，成为影响经济转型升级的重大瓶颈制约，加快改造传统农业，走中国特色农业现代化道路，既十分紧迫，也十分必要。当前，中国特别是东部地区传统农业向现代农业转变的趋势正在明显加快，农业发展呈现出区域化布局、园区化建设、机械化作业、标准化生产、生态化环保的趋势。而随着休闲时代、旅游时代的到来和文化创意产业的兴起，农业从追求"吃得饱"到"吃得好"、"吃得健康"、"吃得安全"的同时，又出现了农业不仅要"好吃"，还要"好看"、"好玩"的新时尚，社会对农产品需求呈现多样化、绿色化、健康化、品位化、有文化的趋势，促使农业从单一的农产品生产功能向多功能方向拓展，从种养业的第一产业向农产品精深加工、休闲旅游、文化创意等的第二、第三产业方向拓展。休闲农业、创意农业正在成为现代农业的一道亮丽风景线，为农业领域的不断拓展和农业价值的不断提升提供了无限的想象空间。可以说，发展创意农业既有重大的时代背景，又具有重要的现实意义。

(一) 时代背景

1. 世界正处在全球化发展新时代

信息化革命使世界进入了全球化时代。新世纪以来，特别是中国加入 WTO 以来，全球化浪潮对中国的影响越来越大。全球化是把双刃剑，中国不仅从全球化中得益，而且也受到全球化的挑战。但中国要想尽快实现现代化目标，加入全球化进程是必然选择。中国 30 年的经济高速成长和在世界上的迅速崛起，除了得益于改革开放的政策外，很大程度上是得益于全球化。全球化不仅促进了中国的市场化改革，而且还为中国的外贸出口提供巨大市场。经济全球化相继经历了贸易全球化、生产全球化和金融全球化等既相互联系又层层推进的发展阶段。西方国家主导的经济全球化超越了民族国家的地域界限，超越了不同的社会制度、不同的社会文明乃至不同的思维方式，深刻地影响着世界范围内的产业结构调整和国家之间的经济互动。尤其是对发展中国家的农业、农村和农民产生了日益深刻的影响；经济全球化使世界农产品市场一体化，改变着发展中国家的农业结构；经济全球化使各国之间的农产品竞争加剧，提高了农产品的科技含量；经济全球化促进了世界农产品贸易，冲击了发展中国家传统的农村经济模式。也就是说，经济全球化在给发展中国家的农业和农村经济发展提供机遇的同时，也带来了巨大的挑战。当前，中国已经崛起为世界第二大

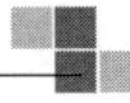

经济体，正在更加全面地融入世界经济全球化，中国农业的发展也将与世界经济更加紧密地联系在一起，面临着更为激烈的农业国际竞争和挑战，推进农业现代化发展的任务也将更加繁重和紧迫。

2. 中国跨入生态文明建设新时代

在世界进入全球化时代的同时，中国随着改革开放的深化，正逐步进入以科学发展为主题，以经济发展方式转变和推进生态文明建设为主线的发展新时代。以人为本的科学发展观已成为统领我国经济社会发展的指导思想。科学发展从本质上讲，就是要在经济社会的发展过程中，既要遵循经济和社会发展的规律，又要遵循环境自然变化的规律，实现经济与社会、人与自然、经济与环境、城市和农村等方面的协调与融洽。科学发展是人类生存与发展的最高境界。近年来，我国资源约束趋紧、环境污染严重、生态系统退化，已成为制约经济社会健康可持续发展的最大问题，长远来看，也势必阻碍和延缓中华民族伟大复兴的进程。建设生态文明，关系到人民福祉和民族未来。为此，党的十八大报告提出，把生态文明建设放在突出地位，融入经济建设、政治建设、文化建设、社会建设各方面和全过程，努力建设美丽中国，实现中华民族永续发展。这是党的全国代表大会报告第一次提出“建设美丽中国”，为我们更好地推进生态文明建设指明了方向。从中国目前的现状看，实现中央提出建设的以生态文明为核心的“美丽中国”总目标并非易事，它既是优化产业结构、空间格局，改变生产方式、生活方式，从源头上扭转生态环境恶化趋势，实现科学发展的时代要求，也是对中国美丽乡村建设实践进行凝练和提升，为

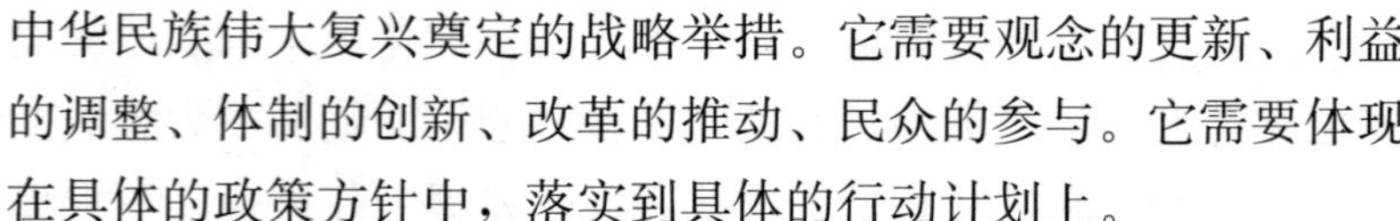

中华民族伟大复兴奠定的战略举措。它需要观念的更新、利益的调整、体制的创新、改革的推动、民众的参与。它需要体现在具体的政策方针中，落实到具体的行动计划上。

3. 以统筹城乡发展破解“三农”问题

农业、农村、农民问题（“三农”问题）是发展中国家普遍存在的问题。我们党和国家历来高度重视“三农”问题，改革开放30多年来，我国“三农”工作已经取得了举世瞩目的成就。进入新世纪，中央更是明显加大了“三农”工作的力度，自2004年以来连续出台了10个中央一号文件，提出了“统筹城乡发展”、“重中之重”、“多予少取放活”、“两个趋向”以及“工业反哺农业、城市支持农村”等一系列重要方针，实行了一系列强有力的支持“三农”的政策措施。“三农”问题是个历史问题，更是一个现实问题。解决“三农”问题必须城乡统筹，调整政策取向和发展战略，创建新型现代农村制度，实现城乡一体化。这是解决“三农”问题的根本。为此，党的十八大报告指出，解决好农业农村问题是全党工作重中之重，城乡发展一体化是解决“三农”问题的根本途径。城乡一体化就是要把工业与农业、城市与乡村、城镇居民与农村居民作为一个整体，统筹谋划、综合研究，通过体制改革和政策调整，促进城乡在规划建设、产业发展、市场信息、政策措施、生态环境保护、社会事业发展的一体化，改变长期形成的城乡二元经济结构，实现城乡在政策上的平等、产业发展上的互补、国民待遇上的一致，让农民享受到与城镇居民同样的文明和实惠，使整个城乡经济社会全面、协调、可持续发展。

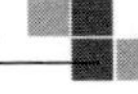

4. 资源环境压力倒逼农业转型升级

新中国成立以来，农业经历了 60 多年的曲折发展，特别是经历了改革开放 30 多年以来的快速发展，既有的发展方式的作用已经发挥到了极致，农业可利用的资源也挖掘到了相当的程度。经济发展离不开要素供给，土地、能源、环境容量等是经济发展的基本要素。但这些要素的供给相对于人类发展的需求而言，毕竟是有限的。我国过去 30 年粗放式的经济高速增长，激化了经济增长与资源环境的矛盾，资源环境对我国经济社会可持续发展的压力越来越大。这是当前我国经济社会发展面临的巨大挑战，但是，从另一角度看，在当今人与自然的关系不很协调、生态环境逐渐恶化的情况下，环境对人类过度破坏的反应，已经引起了社会各个层面的反思。资源环境对我国经济社会的压力必然会产生出一种倒逼机制，即着力改变经济增长方式，走资源节约型、环境友好型的发展道路。在哥本哈根世界气候大会上，中国政府承诺节能环保，到 2020 年碳排放降低 40%。在对各级政府的政绩考核中，节能降耗等指标已作为刚性的考核指标。在地方经济发展中，越来越多的民众参与环保行动，抵制污染严重企业上马或排污。可以预见，这些由资源环境压力而产生的倒逼机制和行动，必将有力推动农业发展方式转型。

5. 全面小康时代带来消费新需求

随着我国经济社会总体上达到小康时代，开始进入全面建设小康社会时代，以“生存”为主要导向的“温饱型”社会经济模式已开始转向以“消费”为主要导向的“发展型”社会经济模式。在这一时代，居民消费将成为左右经济社会发展的“晴雨表”和“风向标”。在这一时代，与之相对应的消费需求也会呈现出新的特点和趋势。消费模式将由自给型、温饱型向商品型、小康型转化；消费需求由供给制约型向需求拉动供给、调节供给型转化；消费方式由雷同化平板型向多样化梯度型转化；消费政策由限定型、封闭型向舒展型、开放型转化；消费决策由被动型向主动型转化；消费结构由生存型向享受型、发展型转化。随着温饱问题的解决，向小康迈进，人们对于文化方面的消费也逐年增多。在知识经济条件下，文化消费被赋予了新的内涵，文化消费呈现出主流化、大众化、全球化的特征。文化消费作为一种文化体验、情感享受和对自身发展、社会关系、地位的追求，已逐渐成为一种时尚。随着休闲时代、旅游时代的到来和文化创意产业的兴起，农业从追求“吃得饱”到“吃得好”、“吃得健康”、“吃得安全”的同时，又出现了农业不仅要“好吃”，还要“好看”、“好玩”的新时尚。

6. 社会资本投资为农业发展注入新活力

改革开放以来，以工商企业为主体的社会资本对我国现代农业投入数量的日益增多、领域日益广泛，突破了传统农业经营主体投入不足、财政资金投入有限的问题，拓展了由传统农业向高效生态现代农业转变的全新途径，推进了优势产业的区域化布局和规模化生产，促进了农业的产业化经营和集群式发展，为现代农业发展注入了生机和活力。社会资本的“趋利性”是促进现代农业发展的根本保障。从实践看，社会资本投资农业实现了三个突破：一是生产要素跨行业、跨地区的合理

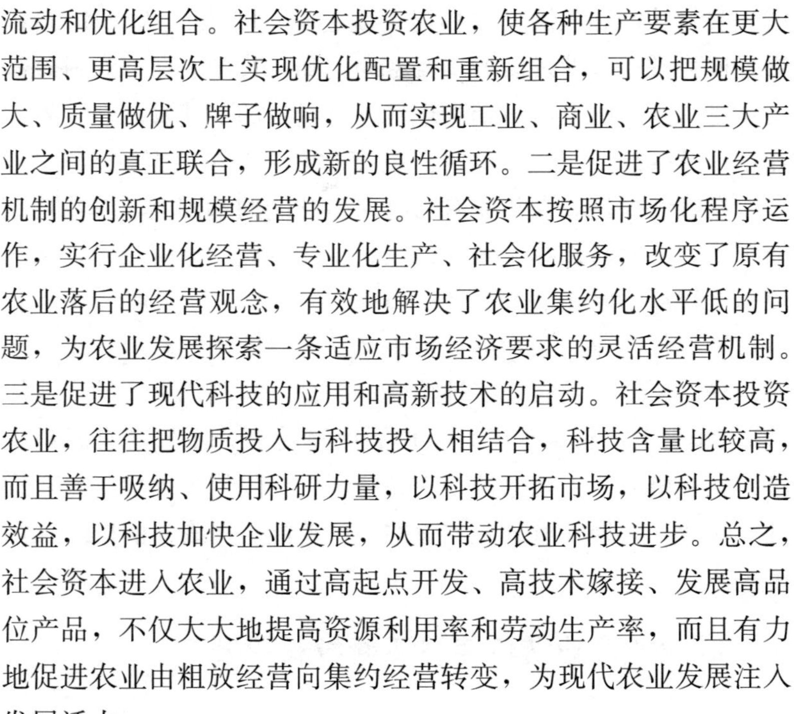

流动和优化组合。社会资本投资农业，使各种生产要素在更大范围、更高层次上实现优化配置和重新组合，可以把规模做大、质量做优、牌子做响，从而实现工业、商业、农业三大产业之间的真正联合，形成新的良性循环。二是促进了农业经营机制的创新和规模经营的发展。社会资本按照市场化程序运作，实行企业化经营、专业化生产、社会化服务，改变了原有农业落后的经营观念，有效地解决了农业集约化水平低的问题，为农业发展探索一条适应市场经济要求的灵活经营机制。三是促进了现代科技的应用和高新技术的启动。社会资本投资农业，往往把物质投入与科技投入相结合，科技含量比较高，而且善于吸纳、使用科研力量，以科技开拓市场，以科技创造效益，以科技加快企业发展，从而带动农业科技进步。总之，社会资本进入农业，通过高起点开发、高技术嫁接、发展高品位产品，不仅大大地提高资源利用率和劳动生产率，而且有力地促进农业由粗放经营向集约经营转变，为现代农业发展注入发展活力。

7. 现代农业多功能化趋势日益凸显

一万年以来，人类的农业生产从原始农业开始，经历了传统农业、近现代农业等不同的发展阶段，正在向以可持续发展思想为理念的现代农业发展。在文明发展的不同阶段上，农业的功能和作用不同，表现出从单一到多样，从简单到复杂的发展趋势。进入新时期，农业生产的基本格局已经发生了根本性转变，农产品由长期的供给不足转变为总量基本平衡、丰年有余，农业和农村经济发展进入了新的阶段。在这种情况下，农业所具备的其他方面的功能，如生态环境功能、旅游观光功

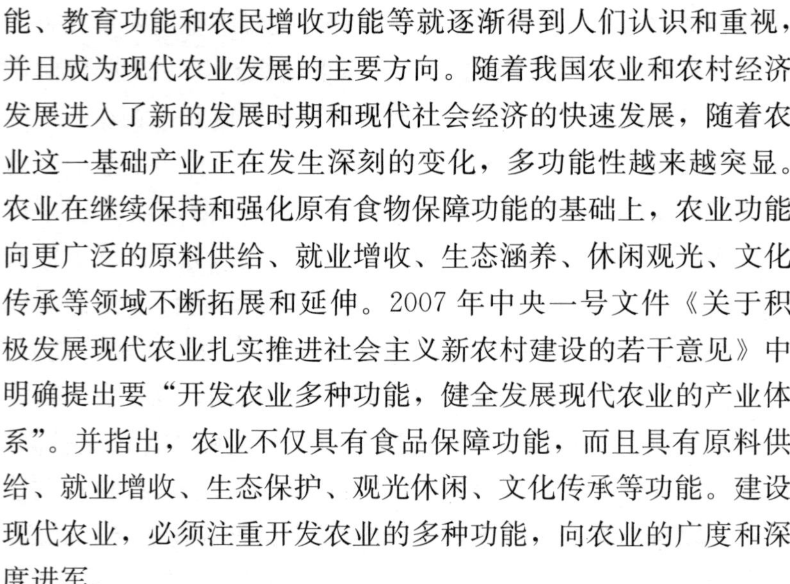

能、教育功能和农民增收功能等就逐渐得到人们认识和重视，并且成为现代农业发展的主要方向。随着我国农业和农村经济发展进入了新的发展时期和现代社会经济的快速发展，随着农业这一基础产业正在发生深刻的变化，多功能性越来越突显。农业在继续保持和强化原有食物保障功能的基础上，农业功能向更广泛的原料供给、就业增收、生态涵养、休闲观光、文化传承等领域不断拓展和延伸。2007 年中央一号文件《关于积极发展现代农业扎实推进社会主义新农村建设的若干意见》中明确提出要“开发农业多种功能，健全发展现代农业的产业体系”。并指出，农业不仅具有食品保障功能，而且具有原料供给、就业增收、生态保护、观光休闲、文化传承等功能。建设现代农业，必须注重开发农业的多种功能，向农业的广度和深度进军。

8. 农业产业链价值链不断拉长提升

我国已进入加快改造传统农业走中国特色农业现代化道路的关键时刻，这必将迎来农业生产方式变革和现代农业建设的新热潮。要进一步增强改造传统农业、建设高效生态的现代农业的紧迫感，必须按照高产、优质、高效、安全、生态的要求，把高效生态农业作为现代农业的实践模式，积极探索“经济高效、经营集约，功能多样、产品安全，资源节约、环境优好，技术密集、凸显人力资源优势”的新型农业现代化道路。同时要充分发挥现代农业的经济基础作用，拓展农业多种功能，实现农业“接二连三”，而农业全产业链建设已成为加快传统农业向高效生态现代农业转变的重要路径。在现代农业发展中各地都在大力促进农业上下游产业、前后环节相联结，整

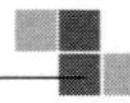

合和延伸农业产业链，推进产加销紧密对接，促进农业与二三产业深度融合发展。可以说，农业的全产业链发展模式已成为一种重要趋势，现代农业已从传统种养的第一产业向农产品精深加工的第二产业、农产品物流和休闲旅游等第三产业、创意农业等第四产业等方向拓展，现代农业也被称作横跨一二三四次产业的产业链最长的“第十产业”。产业链的延长为农业价值链的提升创造了巨大的空间，农业低效益的落后产业的历史正在被改写。

9. 农业园区化集群化发展的新趋势

近年来，农业生产经营与发展的机制体制创新始终是推动现代农业发展的关键动力。全国各地出现了一大批农业科技园区、农业示范园区、农业精品园区、农业生态园区、农业循环园区等的现代农业园区。以这些园区为载体，成了推进农业规模化、产业化、集约化和品牌化发展，为培育现代农业经营主体、集聚农业生产要素、拓展提升农业功能提供了重要路径。进入新的发展时期，农业现代园区在整合农业生产、农民生活和乡村休闲等功能，推进传统农业改造和现代农业发展过程中的作用越来越突出，农业生产园区化、农村居住社区化、农民就业兼业化趋势越来越明显，与社会主义新农村建设和城镇化发展的结合越来越紧密，将深刻改变乡村传统的生产生活方式，建设起布局优化、功能齐全的中国美丽乡村。这一趋势的出现，为创意农业发展提供了全新的平台和载体。同时，随着社会分工的高度专业化和精细化，不同产业之间界线逐步淡化，形成了现代农业产业体系和工业、服务业之间你中有我，我中有你的格局，现代农业和与之相配套的上下游产业和相关服务业在一定的区域范围内互促共进，协同发展，农业的产前、产中、产后各环节已进入深度融合和一体化发展阶段，并以产业集群区块的形态出现，产业的集群化发展优势不断凸显。这一趋势的出现，为创意农业发展提供了产业融合提升的条件。

10. 创意产业在全球范围内飞速兴起

创意产业又名创造经济，发源于英国。1998 年，英国创意产业小组首次对创意产业进行了定义："源于个人创造力与技能及才华、通过知识产权的生成和取用、具有创造财富并增加就业潜力的产业"。根据英国政府对于"创意产业"定义的界定，共有 13 个行业部门包括在内：广告、建筑、艺术和古玩市场、工艺品、设计、流行设计与时尚、电影与录像、互动休闲软件、音乐、表演艺术、出版、软件和电视广播等。进入本世纪以来，以文化艺术为核心的创意产业在全球快速发展，其概念被新加坡、澳大利亚、新西兰等国家和中国台湾、香港等地区调整采用。创意产业为各国经济注入了新的活力，其发展浪潮也在全球范围内方兴未艾。在中国，发展创意产业与中央创建创新型国家的战略是一致的，创意产业已经成为经济发展的一个新高地。发展创意产业，特别是发展科技与文化相互融合而诞生的高新文化产业已经成为一种经济浪潮和文化时尚。创意产业已经发展成为一个国家或者地区的经济快速、健康、持续发展的重要动力，创意产业的发展是由传统经济时代向新世纪知识经济时代转变的产物，以文化科技知识与某个行业相结合的创意产业已经是一个国家发展经济潜能的重要手段，特别是为一些具有深厚历史文化传统的国家提供了转型契机。

（二）现实意义

1. 促进农业增效农民增收

中央连续10年把指导农业、农村工作的文件作为“一号文件”，强调坚持把“三农”工作作为重中之重、难中之难、急中之急，大力促进农业增效、农民增收。农民收入的提高关系到“扩大内需”方针的实施，关系到全面建设小康社会大局。近年来各地都把促进农民增收作为农业和农村工作的重要任务，采取了一系列政策措施，农民收入呈现快速增长的态势。但由于我国农业还较为落后，农民增收的基础还比较薄弱，增收的长效机制尚未建立，促进农民收入持续增长任务还十分艰巨。在当前形势下，解决农民增收问题，既要立足当前，大力推进农业结构调整，优化资源配置，挖掘农业内部就业增收的潜力，也要放眼长远，针对国际金融危机背景下我国产业结构的升级换代，加大农村劳动力转移性培训，提高劳动力综合素质和专业技术技能，促进农村劳动力向二、三产业转移，实现农民稳定就业、持续增收。发展创意农业可以有效地促进农业增效、农民增收。

首先，创意农业可以有效优化农业产业结构。合理的产业结构是保证农村经济实现可持续发展的关键。实践表明，引致农业产业结构变动的动力源泉是产业内部的产品需求收入弹性随着经济发展水平呈下降趋势所致，粗浅产业结构的转换总是遵循由需求收入弹性低的产品生产转向需求收入弹性高的产品生产的发展曲线。创意农业为农业产业结构始终处在动态的演变过程之中提供了条件，并推动农业产业结构随着经济的发展和人民生活水平的不断提高，社会需求结构的变化而做出相应的调整。创意农业可以使农业和农村产业结构的调整具备超前意识，以市场需求结构的变动为导向，保持永不衰竭的活力。

其次，创意农业可以提高农业附加值。创意农业通过大幅度提高农业产品的文化和知识含量，提高产品附加值，有利于推动农业向高增值产业升级，优化农业内部结构，提高农业的市场适应能力。创意农业以知识、智慧、创造力为主要生产要素，集技术密集、产品附加值高、环境污染少、资源能源消耗低等内涵型发展优势于一体，可以成倍地提升农产品附加值。把创意农业作为新的经济增长点，发挥文化产业在优化农业产业结构中的巨大催化作用，将促使传统农业迅速裂变出新兴产业群，推动农业经济增长向创新驱动型转变。

再次，创意农业可以推动农业品牌建设。农产品品牌是消费者在产品差异化条件下识别产品质量的重要标志。在信息不对称的情况下，塑造农产品的差异化，是建设农产品品牌的重要路径。除自然禀赋要素如品种、地域和生产方式外，创意是塑造农产品的差异性的重要手段。发展创意农业，对于推动农产品品牌建设，大力发展品牌农业，具有十分重要的意义。

最后，创意农业转变了传统农业的“低产”属性。传统乡土中国的农业生产，是以“低效、粗放、低价”为主，不仅农业生产的单位产值低，而且农业成了城乡二元经济结构的表征。创意农业的提出，催生了大量的特色农业、景观农业、科技农业、都市农业等新型产业形态，因其优良的社会效益，吸引了大批企业和投资商。传统农业的“低劣形象”逐步转变，“创意、时尚、休闲、生态”成为新时代农业的特色标签。

2. 促进传统农业文化传承

中国自古以来就是一个农业大国，也是最悠久的文明古国之一。中国新石器时代的考古发现已经证明，早在史前时代中国的长江流域及其以南地区就发展出了较成熟的稻作农业。中国史前稻作农业经历了从起源、产生、发展，到成熟的全过程。正是在史前稻作农业发展的基础上，中国长江流域及其以南的广大地区才产生出了丰富多彩的新石器时代文化，显示出史前稻作农业的辉煌成就，并最终从史前走向了文明。农业文化是人类社会在长期的农业生产实践活动中所创造的各种文化现象的总和。我国是个农业大国，我们中华民族的祖先在历史上所创造出的丰厚的农业文化，不但使我们这个土地贫瘠、自然条件并不算十分优越的古老国度，在数千年间实现了超稳定发展，同时我们的祖先也通过利用施用农家肥、轮种、套种等传统技术，基本上实现了对土地的永续利用。站在 21 世纪这个时代背景之下考察，农业作为一种生产方式、生活方式，作为工业化、城市化的重要补充，对于正在发展着的文明具有重要的作用。在农业文明基础上发展起来的农业文化，对于建设生态文明的新文化也会发挥不可替代的重要作用。对传统文化的传承与创新，是创意农业应有的使命和永恒的使命，发展创意农业，可以传承传统农业文化，促进特有的文化心态、社会意识和审美理念等民族文化性格的形成，从而引导和影响国家经济发展和社会走向。

首先，创意农业把传承农业文化与理念创新结合起来。创意农业的发展使农业功能不拘泥于提供食品和原料方面，而是开阔视野，把其多种功能开发出来。富裕起来的人们，生活消费正在从物质追求转向精神追求。农民对文化关注之热切、期待之殷切、追求之迫切，也不亚于城市居民。这是因为，改革开放以来，农村经济社会发展，经历了四个阶段，即从“讲温饱”到“讲增收”，到“讲生态”，到“讲文化”。随着物质生活水平的日益提高，现在已到“讲文化”的时候了，这是历史发展的必然。顺应这种趋势，就要大力发展与社会主义新农村建设相适应的文化，把开发农业的文化传承功能摆到重要位置，使其发扬光大。

其次，创意农业把传承农业文化与优化农业结构结合起来。创意农业按照当地自然与人文条件，培育发展具有区域优势的特色产品，实现“一村一品”，“一乡一品”。重点是发展特而专、新而奇、精而美的各种物质与非物质的产业，特别是园艺业和特种养殖业。在实现农业增效、农民增收的同时，传承农业文化。以生产促文化，让文化促生产，适应人们日益多样化的物质与文化需求。

再次，创意农业把传承传统农业的物质文化遗产与非物质文化遗产结合起来。农民长期以来，在继承与改造赖以生存的居住环境中，沉淀着深厚的文化资源，保护好这些资源是乡村悠久历史的见证，也是传统文化的载体，富有民族精神与观赏价值。因此，创意农业发展中对具有地方特色和文化价值的各种地面景观，进行了原汁原味的保护。同时，还利用农村人文资源丰富、文化底蕴深厚的优势，对具有强烈想象力、创造力，代代相传的民俗风情、民俗文化等优秀的非物质文化遗产，进行了继承发扬并加以保护。

最后，创意农业把传承农业文化与发展乡村旅游业结合起来。作为创意农业的重要部分，横跨农业与旅游的乡村旅游

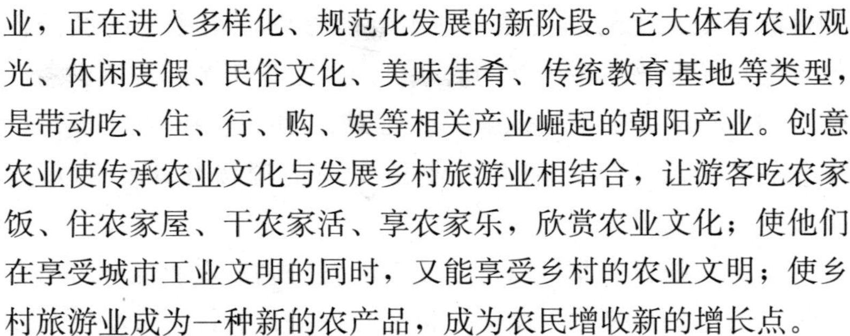

业，正在进入多样化、规范化发展的新阶段。它大体有农业观光、休闲度假、民俗文化、美味佳肴、传统教育基地等类型，是带动吃、住、行、购、娱等相关产业崛起的朝阳产业。创意农业使传承农业文化与发展乡村旅游业相结合，让游客吃农家饭、住农家屋、干农家活、享农家乐，欣赏农业文化；使他们在享受城市工业文明的同时，又能享受乡村的农业文明；使乡村旅游业成为一种新的农产品，成为农民增收新的增长点。

3. 促进资源要素优化配置

人口众多、资源相对不足、环境承载能力较弱，是中国的基本国情。今后一个时期，人口还要增长，人均资源占有量少的矛盾将更加突出。能源短缺是中国经济社会发展的“软肋”，淡水和耕地紧缺是中华民族的心腹之患。这种基本国情，决定了我国必须走建设节约型社会的路子。在中国经济社会发展进入新的历史阶段，中共中央明确提出了建设节约型社会，就是要在社会生产、建设、流通、消费的各个领域，在经济和社会发展的各个方面，切实保护和合理利用各种资源，提高资源利用效率，以尽可能少的资源消耗获得最大的经济效益和社会效益。这是关系到我国经济社会发展和中华民族兴衰，具有全局性和战略性的重大决策。发展创意农业，可以最大限度地开发利用农业各类资源。

首先，创意农业可以实现资源优化再生。传统农业倚重土地、劳动、资本和技术等生产要素。而通过创意农业发展，农业生产和消费过程中产生的副产品、废弃物可以实现资源化利用和深度开发利用。这些农业废弃物进入生产经营过程就会与其他生产要素产生“化学反应”，从而提高要素配置效率。特别是农业跟文化的高度融合，不仅能够创造出更高的经济价值，而且还能够衍生出新的农业资源、文化资源和价值。浙江临安的山核桃壳加工成碳雕工艺品，缙云的茭白叶加工成出口工艺品的实践表明，创意农业是实现资源优化再生的重要手段。

其次，创意农业可以优化要素配置。创意农业强调对风土人情、历史文化等非物质文化资源特别是人的智力资源的开发利用，将其开发利用为新的生产要素。这些新的生产要素犹如“催化剂”，进入生产经营过程就会与其他生产要素产生“化学反应”，从而提高要素配置效率。青田田鱼、诸暨珍珠、德清青虾等浙江特种水产养殖的实践表明，创意农业可以使农业和农村产业结构的调整具备超前意识，以市场需求结构的变动为导向，保持永不衰竭的活力。

4. 促进农业功能拓展

随着社会的不断发展，农业产业的作用也在不断地增加和完善，如今它已不仅仅是为了满足人们的生产与生活需要，还必须担负一定的社会和环保责任。从全球农业发展实践看，随着经济社会发展阶段不同，农业的功能定位会相应发生变化。作为国民经济的基础产业，农业是国家粮食和食物安全的基本保障，是解决农民就业和农民增收的重要途径。同时，农业作为生命产业，也是维护生态环境，实现人、自然、社会和谐相处和促进经济社会协调可持续发展的有效载体，不论社会如何发展，农业的多功能性的这一本质特征并没有改变。多功能农业既是农业历史进步的结果，也是当代农业进一步发展的必然方向。2007 年中央一号文件《关于积极发展现代农业扎实推

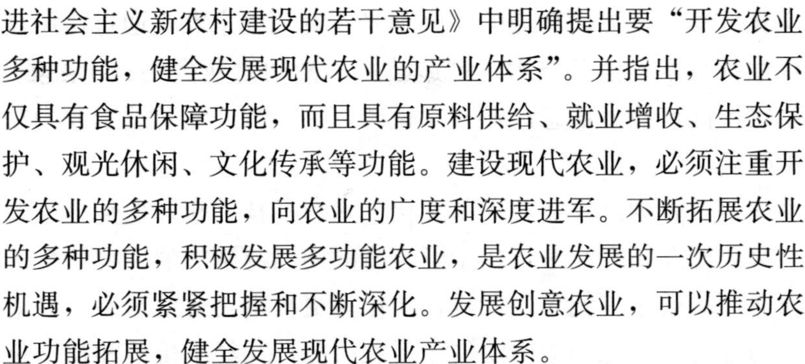

进社会主义新农村建设的若干意见》中明确提出要“开发农业多种功能，健全发展现代农业的产业体系”。并指出，农业不仅具有食品保障功能，而且具有原料供给、就业增收、生态保护、观光休闲、文化传承等功能。建设现代农业，必须注重开发农业的多种功能，向农业的广度和深度进军。不断拓展农业的多种功能，积极发展多功能农业，是农业发展的一次历史性机遇，必须紧紧把握和不断深化。发展创意农业，可以推动农业功能拓展，健全发展现代农业产业体系。

首先，创意农业的发展模式，最核心的观念在于透过创意打造“创意农业全景产业链”，这个全景产业链又被日本学者称为“第六产业”。创意农业的产业链是包括核心产业、支持产业、配套产业和延伸产业相互关联的一系列产业，它构筑了融合一、二、三产的全景产业链条。这极大转变了传统农业单一产业结构的限制，突破第一、二、三产的限制，实现传统产业与现代技术的有效嫁接，文化与科技紧密融合，带来产业融合的经济乘数效益。

其次，创意农业可以引导农业生产经营主体应用新材料、新技术、新工艺，发展农产品精深加工、现代物流业、农业服务业，促进农业产业分工合作，建设农业全景产业链，提高农业整体竞争力。浙江仙居油菜花节、安吉竹海经济发展的实践表明，创意农业可以开发和拓展农业多样性功能，推动农业特色精品生产、休闲观光农业、农业加工物流和生物信息以及其他农业新兴产业的发展。

再次，通过加强规划设计和科学管理，创意农业能充分利用田园景观、自然生态、环境资源等，全面结合农耕文化、农民生活和农业设施，形成集生产、教育、环保、游憩、保健、文化传承等多方面功能的休闲观光农业。创意农业通过运用现代生物技术、信息技术、制造技术，推动农业生物技术产业、生物质能产业、信息产业、文化产业、旅游产业乃至工业的交叉融合。

最后，创意农业融入了文化艺术、科技元素，把传统开发与文化开发结合起来，赋予了丰富的内涵与附加值。将传统的农业产品透过“创意”工具，转化为更具审美价值形态、健康生态理念、文化创造内涵的全新农产品，其经济价值和社会价值有了显著的提升，这是传统农业生产所无法比拟的。当前，我国高端农产品稀缺，市场亟待开发。可以预测，不久的将来，创意农产品将是中国高端农产品市场的主力军。

5. 促进美丽乡村建设

2005 年 10 月，党的十六届五中全会提出建设社会主义新农村的重大历史任务，提出了“生产发展、生活宽裕、乡风文明、村容整洁、管理民主”的具体要求。党的十八大报告提出：“要努力建设美丽中国，实现中华民族永续发展。”第一次提出了“美丽中国”的全新概念，强调必须树立尊重自然、顺应自然、保护自然的生态文明理念，明确提出了包括生态文明建设在内的“五位一体”社会主义建设总布局。美丽乡村建设是推进生态文明建设和深化社会主义新农村建设的新工程、新载体，是统筹城乡发展、建设社会主义新农村实践的又一重大创新。创意农业的发展，对促进美丽乡村建设具有重要意义。

首先，创意农业可以实现村庄美化。农业是世界上最美的产业。但长期以来形成的“贱农”思想，使得人们对农业的美熟视无睹。浙江安吉的“美丽乡村”、浙江德清的“和美家园”

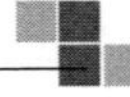

建设的实践表明，创意农业特别是农业景观创意、规划设计创意，可以促进村庄绿化、美化水平不断提高，优化农村居住环境。通过发展创意农业，可以加速“科学规划布局美、村容整洁环境美”的美丽乡村目标的实现。

其次，创意农业可以促进农业资源利用。创意农业充分融合现代工业、现代信息技术、现代生物技术、现代新能源等现代新兴技术，创造和推广各种生态高效的循环农业经济模式，可以使节地、节水、节材、节能等各种技术在农业生产经营中得到普遍推广，实现资源的合理利用，提高农村土地集约利用水平和农业资源综合利用水平，促进低耗、低排放的生态循环农业的创新发展。

最后，创意农业通过特色农业开发、农业景观设计、农业休闲旅游、农村基础设施跟进建设等一系列创新，提高了农业的效益、增加了农民的收入、提升了农民的文化水平、改善了农村环境、创造了农民“居家就业”的新型就业形式，并最终实现农村地区的经济形态、生活形态的结构变迁，改变农村的生产力布局和城乡生活格局，促进城乡经济社会发展的一体化，保障了城乡一体化建设的可持续性与落地性。

6. 促进农村文化建设

农村文化建设作为社会主义文化建设的重要组成部分，在构建幸福、和谐社会的今天，不仅肩负着为社会主义新农村建设提供强有力的思想保证、精神动力和智力支持的重要使命，还担负着建设和谐文化的重要责任；同时还要满足广大农民群众日益增长的多层次、多方面精神文化需求。保障农民的文化权益，对于巩固和扩大党的执政基础，培育新型农民，推动农村经济社会发展，实现国家对乡村社会的有效治理具有重大意义。发展创意农业能够加快促进农村文化建设和精神文明繁荣。

首先，创意农业可以加快城乡文化一体化发展。浙江东海文化明珠、省级文化示范村建设的实践表明，通过发展创意农业，可以使广大农村充分而广泛吸收现代先进文化，增加农村文化服务总量，缩小城乡文化发展差距。发展创意农业，也有利于把农村纳入公共文化服务体系，有利于建立以城带乡的文化联动机制，优化乡村文化体系，合理配置城乡文化资源。

其次，创意农业可以促进公共文化服务体系构建。加强农村公共文化服务是实现农村居民基本的文化权益的主要途径。发展创意农业，可以促进农村社区公共文化设施建设，完善农村公共文化服务设施，可以调动社会力量以兴办实体、资助项目、赞助活动、提供设施等形式参与农村文化资源开发，提供农村公共文化服务，在广大农村营造传承、发展农业和农村文化的良好氛围。

再次，创意农业有利于加强基层文化人才队伍建设。通过发展创意农业专业组织，实施创意农业培训，一方面可以发现和培养乡土文化能人、民族民间文化传承人特别是非物质文化遗产项目代表性传承人，促进他们健康成长、发挥作用，可以增强农村居民和农业从业人员的创意意识，提高其创意能力；另一方面也可以吸引优秀文化创意人才下沉农村，扎根农业，服务农民，有利于建立有专业文化工作者和社会各界人士参与的农村文化建设和农民群众文化活动，形成专兼结合的农村文化工作队伍。

最后，创意农业可以发挥人民群众文化创造积极性。发展

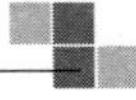

创意农业，可以引导农民群众在农村文化建设中自我表现、自我教育、自我服务。特别是通过搭建农村公益性文化活动平台，依托农业节庆和农村民间文化资源，组织开展农民群众乐于参与、便于参与的农业和农村文化活动，有利于挖掘农村文化资源，总结来自群众、生动鲜活的文化创新经验，推广农业和农村传统优秀文化，在广大农村营造传承、创造、发展农业和农村文化的良好氛围，充分发挥农村居民和农业从业人员的文化创造活力。

7. 促进乡村旅游发展

国务院《关于加快发展旅游业的意见》明确指出“要实施乡村旅游富民工程，开展各具特色的农业观光和体验性旅游活动。在妥善保护自然生态、原居环境和历史文化遗存的前提下，合理利用民族村寨、古村古镇，建设特色景观旅游村镇，规范发展‘农家乐’、休闲农庄等旅游产品”。积极发展乡村旅游，对于促进城乡协调发展，拓展农民增收途径具有重要意义。

首先，通过发展创意农业，可以因地制宜地发展多种形式的乡村旅游，推进休闲农林牧渔业发展，促进乡村生态旅游、休闲度假旅游的融合发展。浙江宁波大桥生态农庄、宁波天宫庄园等乡村旅游点发展的实践表明，发展创意农业，还可以建设开发主题特色鲜明、产品创意独特、游客乐于参与的农业文化和乡村文化体验产品，促进乡村旅游消费，促进乡村旅游发展。

其次，创意农业能促进旅游业与第一产业的融合发展。创意农业可以加强农林牧渔水等相关产业和行业与旅游业的融合发展。通过发展创意农业，积极推进休闲农林渔业发展。因地制宜地发展创意农业，可以推进以中心城市为依托的环城乡村旅游带建设，促进重要旅游城镇和高等级旅游景区周边的乡村旅游业发展，推进乡村旅游产业集群建设。

再次，创意农业能培育特色鲜明的新型旅游产品。发展创意农业，可以充分利用各地优势特色农业文化资源和乡村文化资源，依托博大精深的中医文化和竹炭、中草药、富硒土壤、高矿物质水等特色农业资源，整合利用现代医疗保健技术和各类养生保健设施，可以开发建设种类繁多、功能各异的养生保健产品。

最后，创意农业可以提升旅游惠民富民能力。发展创意农业，可以加快发展乡村旅游业，不断提高乡村旅游的就业吸纳能力和增收致富能力。发展创意农业可以推动旅游与农林渔业、加工制造业和其他服务行业的融合发展，形成旅游经济新亮点，为城乡经济社会发展做出新贡献。

8. 促进低碳农业发展

温室气体造成的全球变暖问题引起人们越来越多的关注，气候变化问题已成为人类社会面临的共同问题。面对气候变化的严峻挑战，尽管经过 20 年的不懈努力，中国单位 GDP 碳排放量比世界任何一个主要经济体都低，但是 2010 年中国仍是世界上最大的碳排放国，来自国际的减排压力与日俱增。农业本质上是依赖太阳辐射、土地、大气和水等来自自然界的初级资源转化为食物的过程，具备碳汇和碳源（排放）的双重特征，是低碳经济的最佳落脚点。“低碳农业”以“低物耗、低排放和低污染”为特征，以提高碳汇能力和减弱碳源为突破

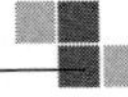

口，是统筹经济功能、生态功能和社会功能，在整个生命周期内进行低碳化设计的资源节约型和环境友好型农业形态。发展创意农业，能够有效促进低碳农业发展。

首先，创意农业可以减少大气温室气体含量，减少碳排放、增加碳汇。通过发展创意农业，完善基础设施、优化产业结构、修复土壤活力、科学防治病虫害、发展可再生能源等措施，可以实现农业生产方式的低碳转变，实现高效率、低能耗、低排放、高碳汇的农业发展目标。发展创意农业是实现低碳农业目标的最好途径。

其次，创意农业可以促进农业节能减排。创意农业通过技术创意，可以创造和推广各种生态高效的循环农业经济模式，促进低耗、低排放的生态循环农业的创新发展，减少农村能源消耗、减少农业废弃物排放。

最后，随着经济全球化进程的加深，国际农业竞争的日益加剧，一国的农业安全问题日益受到各方面的重视。农业是国民经济的基础，农业安全不仅关系我国的经济安全，也关系到政治稳定与社会和谐。创意农业的性质和特点决定了创意农业对于提高区域农业安全水平，也具有十分明显的作用。

第二章 创意农业的内涵特征与理论支撑

本章系统梳理现代农业发展阶段、现代农业内涵、现代农业发展模式理论及其各自演变，试图把握现代农业发展阶段、核心内涵、主导模式，以明确创意农业在整个现代农业进程中所处的位置。综合已有创意农业内涵研究和上述现代农业理论推理，提出由基本概念、核心要素、典型特征构成的创意农业内涵体系以及由核心理论、支撑理论、基础理论构成的创意农业理论体系，为创意农业后续研究和实证分析提供理论基础。

（一）现代农业发展理论及其演变

1. 农业发展阶段理论及其演变

现代农业的开创性研究始于1964年美国经济学家西奥多·舒尔茨，其代表作《改造传统农业》中心问题是：如何把弱小的传统农业改造成为一个高生产率的经济部门。20世纪80年代初，我国学者分别从工农关系演变、农产品商品化程度、农产品供求关系、农业生产目标和增长方式等角度，对农业发展阶段和现代农业发展阶段进行了系统研究（见表2-1）。

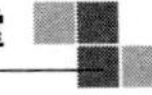

表 2-1　我国农业发展阶段以及现代农业发展阶段代表性研究成果

	代表人物	划　分　阶　段
农业发展阶段	林子力（1983）	自给生产阶段、半自给生产阶段、商品化和社会化生产阶段
	郭保熙（1995）	传统农业阶段、传统农业向现代农业过渡阶段、农业现代化阶段
	传统农业向现代农业转变课题组（1997）	传统计划经济体制下农业现代化的变迁；市场化取向改革中的农业现代化的变迁
	牛若峰（1997）	（1）废除人民公社，实行家庭联产承包责任制；（2）发展适度规模经济，发展集体经济，发展社会化大生产；（3）农业产业化兴起，家庭承包制、农业产业化经营、农业市场体系建设整体推进。
	农业部软科学委员会课题组（2000）	（1）传统投入数量发展阶段：农产品供给全面短缺，以解决城乡居民温饱为主；（2）传统投入与资本和技术集约相结合的优化发展阶段：农产品供求基本平衡，以提高农产品质量、优化产业结构和增加农民收入为主；（3）资本、技术、信息集约的现代农业发展阶段：农产品供给呈现多元化，以提高生产流通效率、市场竞争力、生活质量为主，知识和信息成为农业发展的重要资源。
	马晓河（2005）	以工补农期、工业反哺农业的转折期、大规模反哺期
	李红玫（2006）	传统农业、现代农业、可持续农业
	何　君（2010）	（1）（1928—1950 年）《土地改革法》均分田地；（2）（1950—1956 年）土地收归集体所有，建立互助组、初级社、高级社；（3）（1956—1978 年）高级社合并到人民公社废止；（4）（1978—1996 年）家庭联产承包责任制；（5）（1997 年至今）国家工业化和城市化对农业资源和农业发展的影响。

（续）

	代表人物	划 分 阶 段
现代农业发展阶段	杨万江（2001）	农业现代化的准备阶段、起步阶段、初步实现阶段、基本实现阶段和发达阶段
	施晟等（2012）	现代农业初步实现阶段、基本实现阶段、全面实现阶段

资料来源：作者整理。

在上述理论研究的基础上，一些学者尝试用定量分析法对我国现代农业发展进程做出评判。徐星明和杨万江（2000）根据系统学、数理统计学和计量经济学原理，采用弹性系数方法，测算了我国各地 1978—1998 年农业现代化进程，测评表明，我国沿海发达地区将于 21 世纪 20 年代前后率先基本实现农业现代化。黄德林和蒋和平（2006，2009）借鉴世界银行对农业现代化发展阶段评价资料，对我国农业现代化发展 5 个阶段①进行赋值，根据对 14 个特征值进行定量测算，对 2003 年我国农业现代化发展阶段的总体水平进行评价，得出除北京为成熟期，吉林、黑龙江为起步期外，大部分省份农业现代化处于发展期。施晟等（2012）借鉴世界银行对发展中国家类型界定②，通过构建 4 个一级指标和 12 个二级指标的综合评价体系，对我国各区域现代农业发展进行评估，提出当前我国农业发展总体处于从现代农业初步实现阶段到现代农业基本实现阶段的过渡阶段。

① 蒋和平等（2006）将农业现代化发展划分为五个阶段：初始期、起步期、发展期、成熟期、实现过渡期.

② 《2008 年世界发展报告》“以农业促发展”将发展中国家分为三类：传统农业国、转型中国家、已经城市化国家，指出中国正从传统农业国转变为转型中国家。

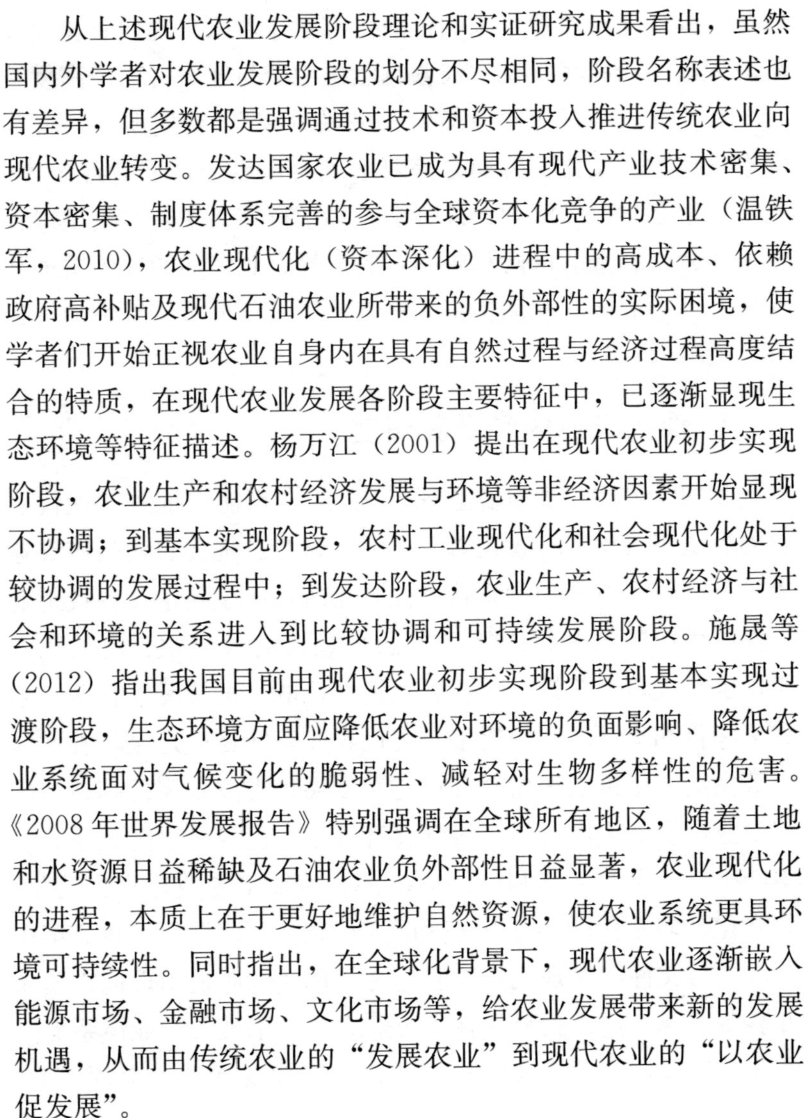

从上述现代农业发展阶段理论和实证研究成果看出，虽然国内外学者对农业发展阶段的划分不尽相同，阶段名称表述也有差异，但多数都是强调通过技术和资本投入推进传统农业向现代农业转变。发达国家农业已成为具有现代产业技术密集、资本密集、制度体系完善的参与全球资本化竞争的产业（温铁军，2010），农业现代化（资本深化）进程中的高成本、依赖政府高补贴及现代石油农业所带来的负外部性的实际困境，使学者们开始正视农业自身内在具有自然过程与经济过程高度结合的特质，在现代农业发展各阶段主要特征中，已逐渐显现生态环境等特征描述。杨万江（2001）提出在现代农业初步实现阶段，农业生产和农村经济发展与环境等非经济因素开始显现不协调；到基本实现阶段，农村工业现代化和社会现代化处于较协调的发展过程中；到发达阶段，农业生产、农村经济与社会和环境的关系进入到比较协调和可持续发展阶段。施晟等（2012）指出我国目前由现代农业初步实现阶段到基本实现过渡阶段，生态环境方面应降低农业对环境的负面影响、降低农业系统面对气候变化的脆弱性、减轻对生物多样性的危害。《2008年世界发展报告》特别强调在全球所有地区，随着土地和水资源日益稀缺及石油农业负外部性日益显著，农业现代化的进程，本质上在于更好地维护自然资源，使农业系统更具环境可持续性。同时指出，在全球化背景下，现代农业逐渐嵌入能源市场、金融市场、文化市场等，给农业发展带来新的发展机遇，从而由传统农业的“发展农业”到现代农业的“以农业促发展”。

从上述农业发展阶段和现代农业发展阶段理论演变进程来看，随着现代农业不断深化，现代农业早期形态所显现的弊端以及气候变化给农业带来的挑战，都意味着未来现代农业发展阶段理论的研究将正视“农业自然再生产与经济再生产高度结合”和“人口与资源对政策调整的硬约束”，将资源、环境与资本、技术、文化、劳动力等要素耦合，更强调农业经济学、农学、生态学、经济学、社会学等多学科交叉融合，更重视环境、社会、经济的权衡和协同，更依赖农业多功能性的发挥和与多个市场的嵌入互动所带来的基于更具环境可持续性的现代农业持续增长。

2. 现代农业内涵及其演变

我国学者主要通过农业现代化①的实现途径推进对现代农业内涵认识的深入。黄祖辉（2003）认为：现代农业是使农业成为具有较强竞争力的现代产业，用现代科学技术、现代工业提供的生产数据和组织管理方法来经营的社会化、商品化农业，也是人口、资源、环境、经济协调的、可持续的农业。刘战平和蒋和平（2006）提出：现代农业发展目标是保障农产品有效供给、促进农民增收和可持续发展，支撑是现代高新技术和工业提供的生产设施和科学管理方法，途径是提高农业劳动生产率，资源产出率和产品商品率，特征是专业化、集约化、商品化、多元化的产业形态和多功能的产业体系。2007年中央“一号文件”对现代农业表述为：现代农业是用现代物质条件装备农业，用现代科学技术改造农业，用现代产业体系提升农业，用现代经营形式推进农业，用现代发展理念引领农业，

① 孟秋菊（2008）认为，现代农业是传统农业质变后的新农业，而农业现代化是改造传统农业，发展现代农业的过程及手段。

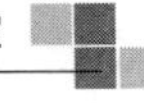

用培养新型农民发展农业，提高农业水利化、机械化和信息化水平，提高土地产出率、资源利用率和农业劳动生产率，提高农业素质、效益和竞争力。

随着现代农业蕴含的危机凸现，学者们开始认识到现代农业是一个历史的、内涵不断演进的过程。魏德功（2005）指出在不同时代谈现代农业，指的是具有当下时代特征的农业，当前的现代农业是工业化农业向“替代农业”、“未来农业”转型过程中的中间态农业。李启平（2010）指出现代农业实际上是“现代西式农业”，即工业化农业或石油农业，认为它是建立在现代理性基础上的将机械的、线性的现代技术运用于农业生产中，大量使用高强度耕作制度和化学投入品进行大规模单一品种连续耕种的工厂式的农业生产方式。檀学文（2010）指出石油农业只是现代农业的早期形态，提出后现代农业[①]是对石油农业的反思和超越，本质上是对大规模农业在环境和食品安全方面负外部性的改进。

概括起来，我国现代农业内涵演进除主要与技术进步和工业化程度直接相关外，还与国家执政理念和经济方针密切相关。1956年因国家工业化需要而确立了“农业现代化”的指导思想，现代农业内涵常被表述为机械化、化学化、水利化、电气化；2003年提出科学发展观，科学化、标准化、集约化、商品化、组织化、产业化、信息化、社会化常作为这一阶段现代农业内涵的核心；2005年提出资源节约、环境友好，现代农业内涵又扩充了循环化和生态化；同时，农业多功能性

① 后现代农业没有一个统一的定义，檀学文（2010）提出了后现代农业的八类特征：生态性、可持续性、可再生性、和谐、多元、感恩、以“共同福祉”为旨归、不排斥大，但以小为美。

也逐渐进入政策制定者的视野，2007 年中央“一号文件”特别强调“农业不仅具有食品保障功能，而且具有原料供给、生态保护、就业增收、观光休闲、文化传承等功能。建设现代农业，必须注重开发农业的多种功能。”可见，无论在理论抑或是政策层面，农业多功能性已成为现代农业基本特征之一。

3. 现代农业发展模式及其演变

农业发展模式是现代农业的实现方式。根据资源禀赋，现代农业发展模式大致分三类：一是人多地少、耕地资源短缺型模式。典型国家是荷兰，以提高土地单位面积产量和种植高附加值农产品为特色，以资本要素、技术要素相结合的工厂化设施农业生产模式为主。这类国家还有日本和韩国以及以色列和我国的台湾。二是人少地多、劳动力短缺型模式。代表国家是美国，以大量使用农业机械来提高农业生产率和农产品总产量为特色，以技术要素、资本要素和土地要素相结合的高度机械化大生产模式为主。此类国家还有澳大利亚、加拿大以及巴西和瑞典等。三是土地、劳动力适中型模式。典型国家是法国、德国以及英国。这类国家一般都有自给自足的小农经济传统，发展现代农业多以进行农业制度变革为特色，以农业资本化与生态化相结合的农业发展模式为主。我国属人多地少，耕地资源短缺型国家，人多地少且小规模农业是影响我国农业现代化进程的重要瓶颈。

按照现代农业发展阶段演变轨迹，现代农业发展模式被分为常规现代农业、替代农业、可持续农业（张忠根，2001），现代农业发展阶段及相应的农业发展模式演变如表 2－2 所示。

表 2-2　现代农业发展阶段及相应农业发展模式演变趋势

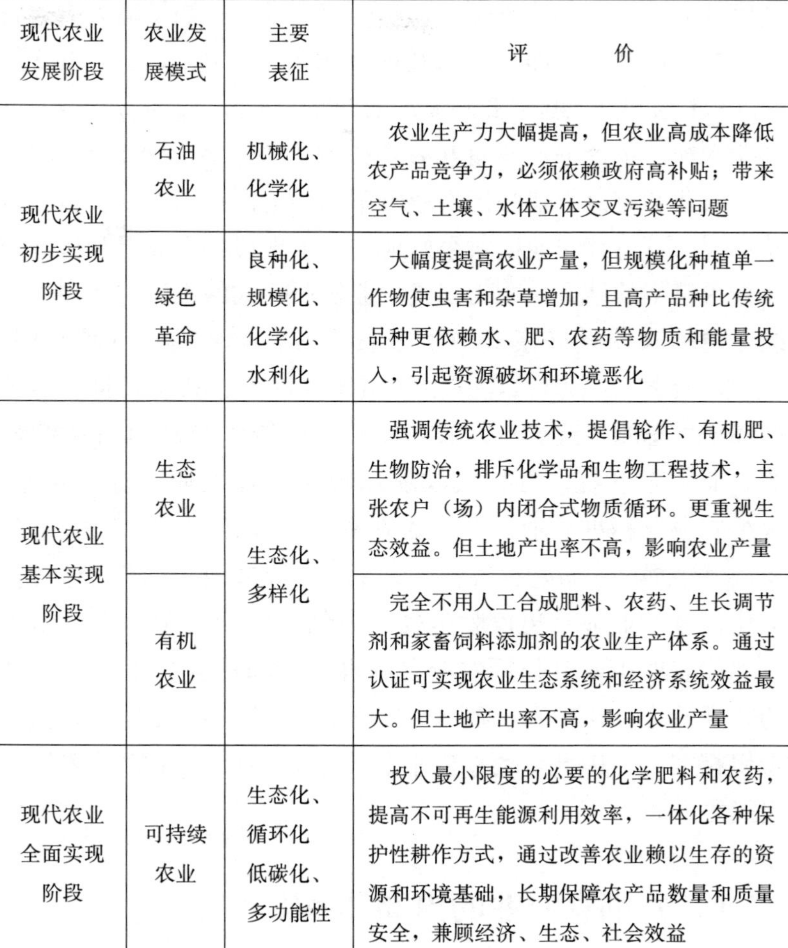

现代农业发展阶段	农业发展模式	主要表征	评　　价
现代农业初步实现阶段	石油农业	机械化、化学化	农业生产力大幅提高，但农业高成本降低农产品竞争力，必须依赖政府高补贴；带来空气、土壤、水体立体交叉污染等问题
	绿色革命	良种化、规模化、化学化、水利化	大幅度提高农业产量，但规模化种植单一作物使虫害和杂草增加，且高产品种比传统品种更依赖水、肥、农药等物质和能量投入，引起资源破坏和环境恶化
现代农业基本实现阶段	生态农业	生态化、多样化	强调传统农业技术，提倡轮作、有机肥、生物防治，排斥化学品和生物工程技术，主张农户（场）内闭合式物质循环。更重视生态效益。但土地产出率不高，影响农业产量
	有机农业		完全不用人工合成肥料、农药、生长调节剂和家畜饲料添加剂的农业生产体系。通过认证可实现农业生态系统和经济系统效益最大。但土地产出率不高，影响农业产量
现代农业全面实现阶段	可持续农业	生态化、循环化低碳化、多功能性	投入最小限度的必要的化学肥料和农药，提高不可再生能源利用效率，一体化各种保护性耕作方式，通过改善农业赖以生存的资源和环境基础，长期保障农产品数量和质量安全，兼顾经济、生态、社会效益

资料来源：作者整理。

值得注意的是，现代农业发展模式并不存在后者替代或淘汰前者，即使到了现代农业全面实现阶段，可持续农业模式也并不排斥机械化、化学化以及生物工程技术的合理运用，而是借助现代科学技术不断提高不可再生能源以及化学肥料和农药利用效率，提高环境质量和自然资源基础，长期保障人类对食品数量、质量、功能日益增长的基本需求（Poincelot，R. P.，1986；USDA，1990；Dunlap，R. E.，et al.，1992）。与石油农业和绿色革命强调产量和效益而忽视农业资源和环境保护，生态农业和有机农业强调农业资源和环境保护而忽视产量和效益不同，可持续农业模式很好地实现了现代科学成果和传统农业技术精华的结合，成为现代农业发展模式的主流。体现可持续思想的农业发展模式中生态农业占有重要地位（蒋高明，2007；檀学文，2010），其主张用光温水土、共生互抑、养分循环等生态原理改造石油农业弊端，创造更具环境可持续性的农业生态系统。可持续农业还包括循环农业、有机农业、永续农业、精准农业、节水农业等具体实现形式。随着全球经济发展模式从传统经济步入信息经济进而步入知识经济，文化创意产业显示出蓬勃生气，当创意作为一种生产要素引入现代农业中，其强调农业自然再生产和社会再生产相融合的“高效率、高效益、高效能”基本特征与可持续农业核心思想相契合，因此，创意农业也属于可持续农业的具体发展模式之一。

（二）创意农业的内涵体系

综合第三章创意农业研究综述中创意农业已有概念评述以及上文对现代农业发展阶段、现代农业内涵、现代农业发展模式演变的梳理，本部分尝试对创意农业的内涵体系进行深入分析、阐述与诠释，以奠定本书理论基础。

1. 创意农业的基本内涵

本书认为，创意农业是以农业为载体，在农业产业化推动下，将创意作为一种新型农业生产要素，以创意为引领和手段，以综合技术为支撑，通过创意嵌入、渗透和整合，拓展农业多功能和农业产业链，形成农业发展的新业态，实现新型农业现代化发展支撑城乡融合、产业融合、产城融合、产村融合的现代农业发展模式。要清晰界定创意农业内涵，将创意农业与其他农业发展模式区别开来，至少要从以下几方面理解其内涵：

第一，创意农业应尊重农业的基本属性和既定的"社会事实"。创意农业并不意味着鼓励"工商资本家"或具有较多经济资本、社会资本等的"农民精英"对农业进行"破坏性创意"（creative destruction）。相对于工业系统，农业自身内在具有自然再生产和社会再生产高度结合的特征。任何现代农业发展模式创新都应基于对农业生态系统结构与功能的原理与方法的把握，良好的空气、水体、土壤所构成的农业生态系统和当地特色文化资源禀赋是创意农业的根基所在。同时，尊重既定的"社会事实"是进行创意农业研究应坚守的基本原则。发展创意农业，一定要与当地的地理环境、自然资源、社会习俗等相结合，否则再好的创意也可能是昙花一现，不可能做到可持续发展。当地的自然资源、农业资源、文化资源、农民智力资源是创意农业发展的基础，也是最有可能创造具有唯一性的创意农产品和农业活动。

第二，创意农业应彰显农民的主体地位和农业产业化的引领作用。无论搞什么农业，其目的是为了使农民得到更多的实惠，以提升其生活质量和幸福指数，进而使得“民富而国强”。因此，在创意农业发展过程中需树立农民的“主体”本位意识。如卢勇（2010）所言：“无论多好的创意，如果不能让农民得到增收和持续增收的实惠，创意者将会成为孤芳自赏的孤家寡人，创意农业的社会意义也将无法体现。”为达到发展创意农业实现农民增收的终极目标，通过产业化发展使资源转化为资本是创意农业的发展主线。首先，创意农业借助创意产业的思维逻辑和发展理念，以农村的生产、生活、生态资源为依托，通过创意拓展和整合，将科技、文化、社会、人的创造力等各项资源作为一种生产要素，投入到农业研发、生产和销售全产业链的各个环节中，实现产业链各环节的增值。其次，创意农业是一种文化艺术含量高、附加值高的农业新业态。创意农业强调用文化元素提升农业产业附加值，通过创意的投入使农产品具有市场吸引力和竞争力，创造出新价值和新市场空间手段，从而实现农产品和产业的增值。第三，创意农业是一组相互关联的产业链，能够实现反复交易的知识产权（专利、商标、品牌等）位于农业产业链的价值高端，是创意农业的价值核心，具有强大的辐射力，能够带动相关产业，形成产业群，提升农村区域的整体价值。

第三，创意作为生产要素的“渗透、辐射、融合”是创意农业的核心特征。具有极强的渗透、辐射和融合能力是创意农业与其他现代农业发展模式最显著的区别。首先，创意农业融合食品加工、商贸物流、科普会展、教育培训、休闲观光、文化创意等多个相关产业，构建多功能、复合型、创新性产业结合体（陈剑平，2012）；形成一、二、三产业各领域全面拓展，多种业态并存，有机交织，多元经营，共同发展，生产、生

 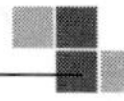

活、生态和谐的良好格局。其次，创意渗透到不同层次的产业体系，以多种形式与不同的产业相融合，形成以文化创意为核心的产业系统和价值实现系统，给农村带来新的区域品牌和系列衍生产业。形成基于创意农业的包括核心产业、支持产业、配套产业和衍生产业四个层次产业群的全景产业价值体系（厉无畏等，2009）。在整个创意农业产业体系中，第一、二、三产业互融互动，传统产业和现代产业有效嫁接，文化与科技紧密融合，传统功能单一的农业及加工食用农产品成为现代时尚创意产品的载体，发挥引领新型消费潮流的多种功能，也因此开辟了新市场，拓展了新的价值空间，产业价值的乘数效应十分显著。

第四，创意农业的产业优势来自知识经济及范围经济。创意农业是知识经济的典型业态，其关键在于它除了具有科技生产力这一引擎外，又增添了一个“新引擎”——文化生产力。创意农业的发展就是文化生产力在农业生产和农村生活中大释放的过程。它是一种以无形的智力消耗来创造有形价值的生产模式，其产值来自源源不断的创意，其发展不是创新活动在空间上的简单集聚，而是通过向相关产业渗透、重组、改造产业链各环节并提升其产值。创意农业在赢得竞争时凭借的不仅是成本节约的优势，更主要的是基于价值链整合的组织优势。它以产业融合为依托，改变了以往以追求规模经济为目标的产业技术范式，转而采用以追求跨领域范围经济为目标的新的产业技术范式。

第五，创意农业的发展动力源自技术与非技术领域的双重创新因素。创意农业是经济发展到一定阶段的产物。其创新首先来自技术领域的创新因素。创意思维在向价值转化之时，除了依赖市场竞争机制外，还要有信息经济提供的技术能力和传播能力作为必要条件，从而使个体层面的创意获得广泛受众的积极响应，并成为下一轮创新活动的先导力量；使创新不仅体现在研发等源头环节，而且还贯穿于生产的中间环节及产品的终端环节。其次，非技术领域的创新因素，如制度、组织、战略、政策等，起到了协同与保障创意农产品或服务市场价值增长的作用，并将最终引起技术创新模式的适应性变革，从而使得创意农产品的价值来源更趋多样化，创新过程也大大缩短，专业化分工的效率及创意农产品的市场竞争力随之进一步提升。

第六，创意农业本质是一种现代可持续农业发展模式。创意农业有其特定的产业背景、技术体系和基本模式，属于可持续发展农业具体发展模式之一。尤其是相对传统的农业经济发展模式以资源消耗为代价，创意农业主要依靠非物质的智力、社会及文化等资本，来提升农产品的市场价值。其是一种以无形智力消耗来创造有形价值的生产模式，这种发展模式不仅体现了经济生态文明以及自然生态文明的要求，同时也促进了文化社会生态文明的发展，还原当地的社会生态，大力拓展其社会功能，从而实现了生态、经济、社会多元复合可持续发展。具体而言，创意经济和创意产业的发展理念通过政府（政策支持）、农户（理念采纳）、产业化组织（组织载体）三者的协同推进（co-stakeholders）；种养技术、创意理念、管理措施的协同控制（co-control）；农业多功能性多目标多利益的协同发展（co-benefits），通过农业产业各环节渗透和一、二、三产业的相互融合，让第二、第三产业附着在第一产业上，使原本为第一产业的农业拓展为综合产业（陈剑平，2012）。最大程

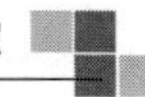

度地丰富农业的功能，使农产品的产前、产中、产后整个过程都产生经济效益和社会效益，提高农产品附加值，增加农民收入，引入人文关怀，促进新农村建设，并逐步推动农业发展方式的根本转变。最终依托区域创意农业综合体，形成以生态文明和文化建设引领城乡一体化建设，以新型农业现代化发展引领支撑新型城镇化发展，以新型城镇化和高效生态化提升新型工业化的城乡融合、产业融合、产城融合、产村融合的"新融合"路径实现"四化同步"、美丽城市建设与美丽乡村建设双轮驱动的美丽中国建设。

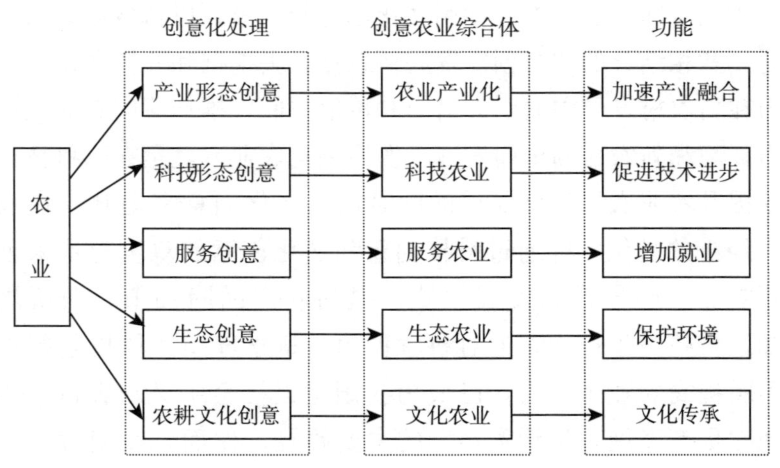

图 2-1　创意农业的科学内涵及功能图示

2. 创意农业的创新理念

发展创意农业是我国由现代农业初步实现到基本实现进程中可持续农业的具体实现模式之一。从经济角度来讲，发展创意农业是农业自身多功能性供给与消费者多功能性需求的契合。作为诞生于农业发展新阶段的新生事物，创意农业首先是创新发展理念，以文化建设渗透经济社会发展的新理念、生态优势生成持续发展优势的新理念、“三位一体”（产业一体、产村一体、产城一体）推进城乡一体发展的新理念、集成创新驱动突破转型发展障碍的新理念、群众路线激活民间创新创业的新理念，带动新内涵的理解、新模式的拓展、新机制的创新，彰显创意农业其鲜明的时代特征。创意农业的创新理念具体体现在以下四大方面。

首先，从科技创新和文化创意的角度提升农业附加值，拓展市场空间创意。农业运用文化创意新力量，以科技创新与文化创意相结合的“两创”发展新思路，去挖掘和开拓文化生产力在新农村发展中的巨大潜力和价值空间，推动我国农业生产力提高和新农村的全面发展。发展创意农业，就是在以科技创新提升农业农村经济品质的同时，以文化创意来提升农业农村经济的品位，即通过科技创新和文化创意的双重力量来创新农业生产方式和发展模式，提高农产品附加值。众所周知，科技是生产力，通过科学种田、科学养殖、科技创新将不断提高农业生产力，已成为我国建设社会主义新农村，实现“生产发展，生活宽裕”的主要路径。然而，在创意经济时代，文化创意所释放的文化生产力也已经成为推动经济发展不可忽视的原动力。党的十七大报告首次提出了要解放文化生产力以及提高文化软实力的战略要求。所谓文化生产力是指“人们围绕满足人类心理需求，运用文化资源，把人类自身的思想、意志和情感作为文化资源生产文化产品、提供文化服务和创造社会财富的能力”。而农业作为自然生态系统，本身具有多功能性和自然淳朴的农耕文化禀赋。这里文化资源已成为一种生产要素，可投入各类产业，提高产业附加值和创造财富。

其次，从创意产业的角度建设农业产业链，实现价值最大化。相对于现代农业研发、生产、加工和销售的产业发展模式，创意农业的特色及其优势在于能够以文化创意为核心，构筑多层次“全景产业链”，通过创意把文化艺术活动、农业技术、农副产品和农耕活动以及市场需求有机结合起来，形成彼此良性互动的产业价值体系，为农业和农村的发展开辟全新的空间，实现产业价值最大化。创意农业已经跳出了传统农业生产的范畴，是一个产业体系，包括核心产业、支持产业、配套产业和衍生产业等多层次（见图 2-2）。目前我国大城市郊区有不少特色农业园区，也拓展了观光农业、休闲农业等功能，但仅仅停留在农业生产过程的一些采摘、观赏、休闲等活动，真正的第一、二、三产业融合互动的产业体系尚未形成，农业生产活动和科技创新、文化创意的综合效能尚未得到有效发挥。

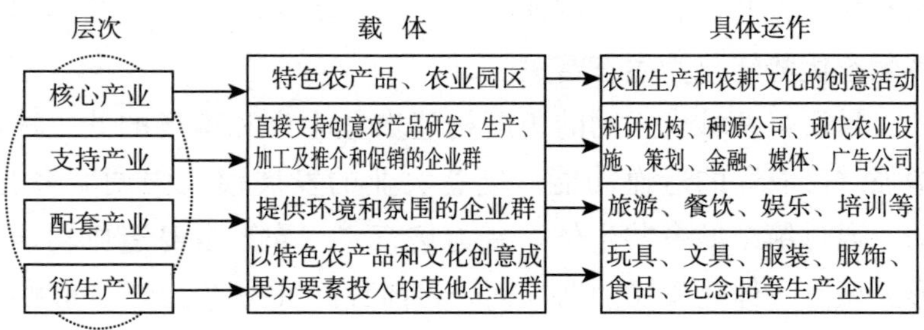

图 2-2　创意农业全景产业链示意图

再次，从综合目标的角度创新农业发展模式，弘扬农村地方文化。创意农业强调以自然、经济、社会共同发展的多元目标取代单一的经济目标，在发展经济的同时注重人的发展，回归农业经济发展的本来目的，即提升人居生活品质，为农民创造物质利益和精神利益双丰收的新格局。随着科学发展观的贯彻，农业技术的创新发展以及工业、农业、服务业的融合，现代农业、休闲农业、精致农业和生态农业等在我国发达地区的农村相继发展起来，这些农业新业态通常以现代农业园区为载体，以追求高效农业为目标，强调的是农业生产力的提高、农产品品质的提升、农业生态休闲功能的拓展，其资源配置和规划建设以农业生产和农产品为核心。一些园区通过招商引资方式，由追逐利润最大化的投资商承包经营大规模的土地，一些农村几乎沦为“农业工厂”，规模化所导致的现代农业园区“工业化”的思维和布局倾向显著。一方面，造成了城市各郊县在农村自然景观上的雷同，在产业结构上的同构化；另一方面，田园风光趋于人工化，这不仅弱化了农村的人文环境，也使得鲜活的乡土文化气息和民俗风情逐渐丧失。创意农业本身首先是尊重农业的自然属性，强调充分开发区域农业原有的资源和文化以及具有个性特征的多样化“城乡阴阳”之美，同时将生态优势转化为生态富民。

最后，从城乡互动的角度构建农业生产和市场的共生体，增强“三农”的造血功能。创意农业的发展模式强调城乡互动，通过缔结城乡共生体，着力培育“三农”自身造血功能，形成城乡一体化发展的新局面。目前我国解决“三农”问题通常的办法是采取救济，即通过“输血”的方式在短期解决生存问题，而从根本上解决农业和农民的自身“造血”功能是政府一直在探索和寻求的创新之路，创意农业通过“创意”作为生产要素的渗透、辐射、拓展的特性，推动“城乡融合、产业融

合、产城融合、产村融合”创新理念和构建的新型生活方式，将为“三农”增强自身造血功能提供一条创新之路。

3. 创意农业的基本功能

创意农业除了农业的基本功能即农业生产功能外，还具有生态涵养功能、文化传承功能、城乡融合功能等多种功能，创造多元复合的生态文明是创意农业的突出功能。

创意农业基本生产功能。生产是农业最基本的功能，在创意农业的多元复合功能体系中，可持续性的农业生产是创意农业的基本功能。农业生产的粮食、副产品、工业原料等特色农副产品是创意农产品、创意景观、农业园区设计的主要载体。同时，各地根据当地自然条件形成的种植制度（农耕制度）、各种时令农产品采摘收获本身即可作为创意农业开发的基础。

创意农业文化传承功能。创意农业强调用文化元素提升农业产业附加值，通过创意的投入使农产品具有市场吸引力和竞争力，创造出新价值和新市场空间的手段，从而实现农产品和产业的增值，文化传承功能可以说是创意农业最独特的功能所在。农业文化包括农耕文化和游牧文化，其中农耕文化是以种植经济为基本方式的农业社会文化，是农业生产实践活动所创造出来的与农业有关的物质文化和精神文化的总和。它是在传统自给自足自然经济基础上形成的一种思维方式、价值取向、生活和社会行为模式的总和。内容包括农业科技、农业思想、农业制度与法令、农事节日习俗、饮食文化等。由于中国地域广阔，地理条件差异大，加上农业发展历史悠久，积淀形成丰富的农耕文化。创意农业引入文化生产力，围绕满足人类心理需求，将农村生产、生活、生态“三生”资源融入到农业节庆、农业旅游、观光农业、休闲农业等各类新业态发展之中，满足城乡居民对休闲、体验、教育、文化等功能的需求。

创意农业生态涵养功能。作为自然生态系统的一部分，农业的生态功能是其固有的功能。创意农业以优美的自然农业生态为依托，采用生态农业、循环农业、有机农业等可持续农业生产模式，最大限度将传统农业生产精华和现代农业科学技术结合在一起，尤其是强调遵循农业自身生态循环和生物多样性，提高农药、化肥、农膜等工业投入品的利用效率，区别与传统农业对自然资源的掠夺性消耗，重视知识、信息、文化等无形资产对产出的贡献。对于解决现代农业初级阶段集约化生产对空气、水体、土壤的立体交叉污染和食品不安全等负外部性具有积极作用，构建出经济生态、自然生态、文化社会生态“三位一体”的生态文明。

创意农业城乡融合功能。创意农业是创意经济在农业中的实现形式，其作为诞生于农业发展新阶段的新生事物，以新理念、新内涵、新模式、新机制、新使命彰显其鲜明的时代特征，亦使其具有其他农业形态所不具备的资金融通功能。创意农业通过第一、二、三产业互融互动，传统产业和现代产业有效嫁接，文化与科技紧密融合，从城乡互融互动的角度构建农业生产和市场的共生体，其发展模式强调城乡互动，通过城市消费市场的培育和倡导新型生产方式以及农业生产文化、农居生活文化与乡村自然环境的综合塑造，实现创意农业消费市场和生产者之间的有效对接，通过缔结城乡共生体，形成“城乡融合、产城融合、产业融合、产村融合”的“新融合”路径开创城乡一体化发展的新局面。

（三）创意农业的典型特征

1. 创意农业的基本属性

创意农业依然是农业，因此，也仍然具有农业的自然属性、经济属性和社会属性。另外，根据上述创意农业的概念和内涵解析，创意农业还具有文化属性和精神属性。创意农业的多种属性是其多功能性开发的基础。

自然属性。自然属性是农业的固有属性。创意农业以农业为载体，受自然资源禀赋和自然环境的影响，因而具有自然属性，只不过创意农业的目标不再是数量，尤其是受自然环境影响的程度要小一些。

经济属性。创意农业的经济属性表现为它的生产功能。创意农业的产品不仅有物质产品，更重要的是精神产品。创意农业产品多是以物质产品为载体，以满足人们精神需要为目的，兼有物质属性和精神属性。创意农业产品不再追求数量，而是追求创意性和唯一性。因此，生产属性虽然仍然是创意农业的基本属性，但已不是主要属性。

社会属性。创意农业的社会属性表现为社会提供具有物质和精神双重属性的产品，提供直接或间接的就业岗位，是人们生活的一个重要内容。客观上，农业比任何一个行业都更能激起人们对其了解、感知和体验的需求。

文化属性。这是创意农业的显著属性。农业是人类文明的基础，也是文化形成的重要基础。农业本身具有丰富的文化内涵。尽管农业创意可以有多种途径，但文化创意无疑是其中最重要的一条途径。赋予农业产品、农业生产过程等以文化（农业文化和非农业文化）内涵，是创意农业的主要功能。

精神属性。创意农业产品不管是有形的还是无形的，都具有满足人们精神需求的属性。人们对真善美的追求，对美好生活的享受，对不良情绪和压力的释放等，在一定程度上，都可以借助创意农业来实现。

2. 创意农业的核心要素

根据上述概念解析，创意农业应该具备四个核心驱动要素，包括：资源禀赋、发展阶段、技术支撑、消费模式。创意农业（Creative Agriculture，CA）可用如下概念模型表示：

$$CA=f\ \{R,\ E,\ T,\ C\}$$

R：代表资源禀赋，是实现创意农业的物质基础。与创意农业关系最密切的资源包括：环境资源、文化资源、特色农产品资源。区域农业资源禀赋以及特色农业产业（农产品）是创意农业的“创意源”；各类社会文化资源是创意与农业融合的重要推动力。此外，还包括人力资源，正如王志刚等（2010）所言“创意的产生，更多的是农户建立在已有知识基础上的个人思想行为和学习行为”。

E：代表（经济）发展阶段，是向创意农业转型所具备的起点和背景。主要体现在产业结构、人均收入和城市化等方面。创意农业作为现代农业发展模式之一，与发展阶段密切相关。经济发展到一定程度，社会财富的累积效应能够在三个方面促进创意现代农业的发展：一是知识和技术的积累导致文化创意在农业中广泛运用；二是对创意农业经济资本存量累积的需求大大降低；三是城镇居民对农业多功能性的需求“倒逼”创意农业发展。从宏观上来看，目前我国已处于工业化中期阶

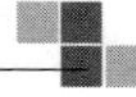

段，人均 GDP 已经超过 1 100 美元，步入到中等发达国家的收入水平，农业在 GDP 中的比例同中等发达国家的水平接近（周玉新，2010），客观上具备了发展创意农业的经济基础；而城镇居民对农业多功能性的需求也为农业向创意转型“以工补农”、“以城补乡”提供了充足理由。

T：代表技术进步，是实现创意农业的重要手段。科技创新和文化创意是推动现代农业腾飞的两个翅膀，创意农业具有高附加值的特点，科技手段成了创意农业实现其利用更少的自然资源获取更多经济效益目标的主要途径。技术进步能够从不同角度推进创意化进程，既包括通过现代生物技术、现代信息技术和新材料技术，改造育种繁种、农产品精深加工、农业标准化生产以及工程装备技术等方面的专业技术支撑；亦包括市场营销、节庆会展策划、创意产品设计、旅游市场开发等提升农产品文化含量和品牌知名度人文社会知识的融合。这些技术和知识可以从其他的领域中寻求与创意农业相结合的点，从而萌生更有价值性的创意和模式来规划创意农业的运作。这实质上是通过以人造资本替代自然资本的基础性作用进行生产的过程。人造资本具体表现就是以科技和知识的运用来打破自然资本的束缚，从而实现创意农业的高附加值。

C：代表消费模式，是实现创意农业的外部驱动。一切社会经济活动最终都要体现为现实或未来的消费活动。通过城市消费市场的培育以及农业生产文化、农居生活文化与乡村自然环境的综合塑造，实现创意农业消费市场和生产者之间的有效对接，从而使得各种创意农业活动和创意农产品直接转化为市场效益。一方面，创意农产品的消费者效用除了表现为传统意义的知识吸收外，更重要的是在文化认同基础上的共鸣和被

感染过程，甚至激发消费者也参与到创意中来，从而将消费者的效用提高到最大限度；另一方面，随着城乡居民生活水平不断提高，对个性化高端创意农产品、休闲农业、科普教育、历史文化、乡土风俗等本身具有多元化需求，通过提高消费者创意生活意识，最终形成消费者驱动创意农业发展的倒逼机制以及经济学意义上的需求拉动创意农业发展的蓬勃态势。

3. 创意农业的基本特征

根据上述分析，创意产业与物质产业相比，既有产业属性，又具有意识形态属性。产业属性决定了它必然遵循经济学中普遍的供求法则和市场规律，而其意识形态属性又使它受到社会文化规律本身的制约。创意农业是一产与文化产业相融合的新型业态，它充满了创造力、想象力和艺术感染力，既具有创意产业的共有属性和特征，也具有农业特色。归纳起来，创意农业应具有以下五个显著特征。

创意农业具有极强的产业融合性。创意可以说是不同知识、不同学科、不同技术和不同产业间的交叉、辐射和融合的产物（任钰，2011）。创意农业已超过作为生存物质的特性，借助于创意思维逻辑和发展理念，可以与任何产业融合，拓宽延长产业链，实现产业间互动和创新，实现农业生产方式的转变，创意农业可与服务产业相融合，也可以与加工业相融合，从某种意义上讲创意农业实现了“三产”融合、城乡融合、产城融合、产村融合，通过创意拓展和整合，将技术、文化、社会、人的创造力等各项资源作为一种生产要素，投入到农业研发、生产和销售产业链的各个环节，形成创意农业综合体，实

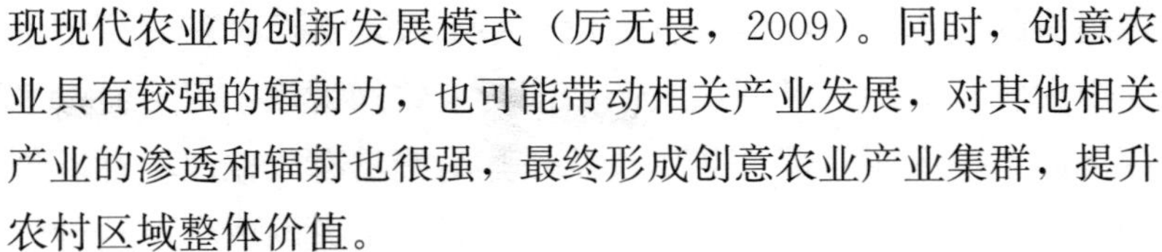

现现代农业的创新发展模式（厉无畏，2009）。同时，创意农业具有较强的辐射力，也可能带动相关产业发展，对其他相关产业的渗透和辐射也很强，最终形成创意农业产业集群，提升农村区域整体价值。

创意农业具有高效高值性。在农产品生产过程中，通过加入创意元素，形成创意农产品，可以最大限度地满足各类消费者的高档次、感观性、猎奇性追求，实现消费者的精神效用最大化。创意农业不仅能够提高农业综合效益，直接增加农民收入，而且能够拓展农民就业空间，实现多环节增收；有利于全面提高农产品性能、劳动生产率和资源利用率，科技和文化知识附加值比例明显高于普通农产品和服务。创意农产品直接面对消费者，其产品已超出农产品作为生存物质的特性，具有了一种精神和文化需求的特性，更大程度地满足和丰富人们精神需求，既拉长了农产品产业链，更提升了农产品价值链。

创意农业具有文化欣赏性。创意农业是以文化、创意为核心，运用知识和技术，产生出新的价值，是创意灵感在农业中的物化表现。它是文化与技术相互交融、集成创新的产物，呈现出智能化、特色化、个性化、艺术化的特点，创意产品的价值并非局限于产品本身的价值，还在于它们所衍生的文化艺术附加价值。通过创意，不断创造出农业和农村的新观念、新技术和其他新的创造性内容，其典型特性是通过语言、文字、艺术等，将农产品和农业生产过程赋予文化内涵和价值，给人以超越物质的精神享受。

创意农业具有外部经济性。创意的价值并不是来源于稀缺，而是来源于普及，普及程度越大，其价值也越大，创意农业具有正外部性。创意农产品的生产成本很大程度上取决于创意提供的成本，而与消费者数量关系不大，生产者在生产中享受规模收益递增。对创意农产品消费人数的增加不仅不会带来拥挤成本，反而会带来共享收益，其消费具有收益递增性。创意提出后，追随者的模仿成本小于创意提出者的成本，这种创意外溢有利于追随者发挥后发优势。

创意农业具有技术集成性。创意农业是现代生物技术、工业技术、农业技术、信息智能技术等各种技术以及经济、文化、生活习惯等相互融合的产物，创意农业所生产的产品、所创造的农业活动是新思想、新技术、新内容的物化形式，是多领域、多知识、多学科、多文化和多种技术、多种思想交叉、渗透、辐射和融合的产物，具有较强的技术集成性和产业融合性、渗透性。

（四）创意农业的理论支撑

根据创意农业实践所表现出的特点，创意农业应该属于应用性学科（或称实践性学科）；从学科角度来讲，创意农业属于以创意经济学和可持续发展为主导的交叉学科，作为一个具有极强综合性和交叉性的研究领域，创意农业涉及到众多学科，可以有不同的重点。其中创意产业经济学、现代农业多功能论及农业生态学等的一些重要理论和分析方法可用于创意农业的理论支撑。

1. 创意农业的核心理论

（1）可持续发展理论

可持续发展理论既是创意农业的指导思想，又是终极目

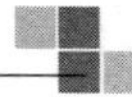

标。从全球范围来看，比较有影响的可持续发展的理念如表2-3所示。相对传统的农业经济发展模式以资源消耗为代价，创意农业主要依靠非物质的智力、社会及文化等资本，来提升农产品的市场价值，其是一种以无形的智力消耗来创造有形的价值的生产模式，这种发展模式不仅体现了经济生态文明以及自然生态文明的要求，同时也促进了文化社会生态文明的发展，还原当地的社会生态，大力拓展其社会功能，从而实现了生态、经济、社会多元复合可持续发展。发展创意农业，应以可持续发展理论为指导，以不牺牲农业生态环境的"破坏性"（creative destruction）创意（造）为指导，既满足当代人的需求，又不危及后代人创意农业发展的基础农业生态环境。

在可持续发展理论的指导下，创意农业确立了社会效益、生态效益和经济效益协调发展的多样性、多模式、多维度的复合型目标体系，为基于农业发展提供了一个新的产业业态和发展模式。传统经济增长方式以资源消耗为代价，而创意农业主要依靠非物质的智力、社会及文化等资本来提升产品的市场价值。可以说，创意农业带来了农业增长模式的转型。它是一种经济、组织和制度均具可持续性的增长模式。

表2-3 全球具有较大影响的几类可持续发展概念

不同属性	代表人物	核心思想
自然属性	国际生态学协会和国际生物科学联合会（1991）	保护和加强环境系统的生产和更新能力
社会属性	世界自然保护同盟、联合国环境规划署和世界野生生物基金会（1991）	在生存于不超出维持生态系统涵容能力的情况下，提高人类的生活质量

（续）

不同属性	代表人物	核心思想
经济属性	Edward B. Barbier（1998）	在保持自然资源的质量和其所提供服务的前提下，使经济发展的净利益增加到最大限度
科技属性	—	转向更清洁、更有效的技术，尽可能接近“零排放”或“密闭式”工艺方法，尽可能减少能源和其他自然资源的消耗
国际普遍接受概念	布伦特兰（1987）	可持续发展是指既满足当代人的需要，又不损害后代人满足需要的能力的发展

资料来源：作者整理。

（2）创意经济学理论

创意经济学是研究创意产业经济规律的科学，更具体地说，是一门研究经济创意生成及其在产业各层面具体运用的经济学。具体包括创意、创意产品和创意经济的内涵界定；创意经济的微观基础——创意产品的供给、需求与价格；创意产品的生产分析——创意产品生产、生产要素与生产函数；创意产品的成本分析——创意产品的成本构成和成本特点等。事实上，创意农业属于经济学范畴，因此创意经济学自然成为创意农业的重要学科基础。创意经济学中一些理论观点对创意农业发展具有启发性，例如，其强调人力资本的积累是创意农业的源泉（Barro，1991），而人力资本投资差异体现在教育投资、劳动力技能培训投资的差异上，因此，要重点培养创意农业专门人才，也同样需要发挥底层农民的创意作用，要从他们之中

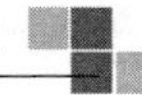

去挖掘更多更好的创意方案，要激励农民主体自我发展，关键不是“输血”，而是自我“造血”，应由以政府补贴为主的制度逐步过渡到政府奖励制度（钱静，2010）。

创意经济学的一个重要分支是创意产业经济学，又叫创造性产业发展理论，是指通过创造性智慧促使产业发展的客观规律的总和。具体包括创意产业的要素选择理论、创意产业的结构优化理论、创意产业的生命周期理论、创意产业的组织理论、创意产业的制度设计等。创意产业经济理论借助于创意产业的思维逻辑和发展理念，人们有效地将科技和文化要素融入农业生产，进一步拓展农业功能，提升农业附加值，从而使一种新兴特色农业业态——创意农业得以产生和发展。因而，创意农业的本质是创意产业。创意产业发展的内在机理，如“‘技术进步＋创意＋文化’是创意产业运行与增值的关键”等从本质上显示出创意农业的发展源泉及其发展路径。

2. 创意农业的支撑理论

(1) 内生经济增长理论

内生经济增长理论为创意作为一种生产要素促进经济增长提供了学理解释。尽管新古典经济增长理论为说明经济的持续增长引入了技术进步和人口增长率作为外生因素，但这种外生的技术进步率和人口增长率并没有能够说明经济如何能够持续增长的问题。当新古典模型不能很好地解释增长时，人们会尝试将包括创意创新在内的技术进步作为内生变量来考虑，内生经济增长理论就是基于新古典增长理论发展起来的，突破在于把包括创意创新在内的知识技术进步内生化。1986 年罗默的“收益递增和长期增长”一文的出现标志着经济增长理论进入新的发展阶段。他认为，生产要素包括资本、非技术劳动、以受教育程度衡量的人力资本以及创新创意，其中创意创新是推动一国经济增长的“内生性”原动力，而这是部分非竞争性的，具有准公共品的特征。也就是说，对于一种给定的技术以及相关已有的知识水平的情况下，对诸如劳动、资本和土地等竞争性生产要素的规模报酬不变是合理的。但是，如果生产要素中包括非竞争性的观念，要么这种要素的规模报酬是递增的，这种递增效益不仅可以抵补一般生产要素的边际收益递减的情况，还可以促使资本、劳动等产生递增的收益，与此同时会衍生出无穷的新产品、新市场和财富创造，保证经济的长期增长。

基于上述内生经济增长理论，创意农业实际上是创新创意与农业的巧妙结合形成的新型业态，其整合农村的生产、生活、生物、生态等资源，使无形要素（如文化、知识、信息、技术、制度等）内化为产品报酬递增的主要源泉，从而突破传统农业资源报酬递减约束边界，形成以人为本的创意农业发展模式。从更广义的生产要素配置理论来看，创意农业发展就是城乡之间、产业之间以及企业之间诸要素的再整合过程，其发展的衡量并不是单一的经济指标，也不能仅仅依靠单一生产要素，而是包括经济、社会和生态在内的综合指标评价以及全要素的发展。

（2）农业综合体理论

众所周知，发展现代农业，一靠政策、二靠科技、三靠投入、四靠市场。因此，探索创建一个新型载体，将这四大要素有机联结、有效整合，使之成为现代农业发展的有效抓手，具有现实意义。陈剑平（2012）基于这样的基本认识，提出借鉴

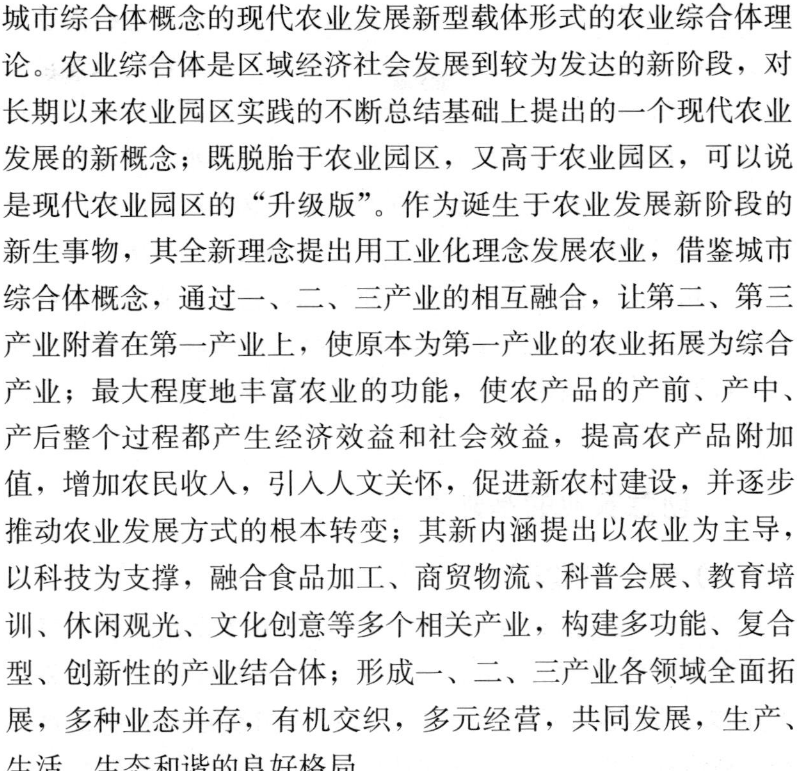

城市综合体概念的现代农业发展新型载体形式的农业综合体理论。农业综合体是区域经济社会发展到较为发达的新阶段，对长期以来农业园区实践的不断总结基础上提出的一个现代农业发展的新概念；既脱胎于农业园区，又高于农业园区，可以说是现代农业园区的“升级版”。作为诞生于农业发展新阶段的新生事物，其全新理念提出用工业化理念发展农业，借鉴城市综合体概念，通过一、二、三产业的相互融合，让第二、第三产业附着在第一产业上，使原本为第一产业的农业拓展为综合产业；最大程度地丰富农业的功能，使农产品的产前、产中、产后整个过程都产生经济效益和社会效益，提高农产品附加值，增加农民收入，引入人文关怀，促进新农村建设，并逐步推动农业发展方式的根本转变；其新内涵提出以农业为主导，以科技为支撑，融合食品加工、商贸物流、科普会展、教育培训、休闲观光、文化创意等多个相关产业，构建多功能、复合型、创新性的产业结合体；形成一、二、三产业各领域全面拓展，多种业态并存，有机交织，多元经营，共同发展，生产、生活、生态和谐的良好格局。

正如前文创意农业特征分析所述，创意农业具有极强的产业融合性。所谓产业融合是通过产业之间的功能互补和价值延伸实现产业之间的相互融合，主要是通过赋予原有产业新的附加值和更强的竞争力，形成融合型的产业新体系。产业融合的本质是在技术创新推动下对传统产业的组织形态以及发展方式的突破和创新，对于传统产业来说，是对其内部组织结构变迁的一种动态过程。产业融合通过推动市场结构演进和改变产业内企业市场行为，产生新型产业组织形态，优化产业组织结构。从经济学角度看产业融合可以有效地降低交易成本，从管理学角度看可以简化过程并提高效率。因此，产业融合能够带来更好的产业绩效和巨大的财富增长效应，在给传统产业带来更多就业机会的同时，也产生新的业态，给消费者带来多样化和差异化的消费选择，从而促进社会整体福利水平的增加。创意农业不是单一的第一产业内部的发展，这种新型的农业产业发展方式已经不局限于传统农业的发展模式，是与第二、第三产业的相互融合而产生的新型产业形态，它是产业融合理论的具体应用。而现代农业综合体实际上是为创意农业“创意”要素发挥其融合、渗透、辐射特性尤其是产业融合提供了一个组织载体和发展平台。

3. 创意农业的基础理论

(1) 农业多功能论

1992 年联合国环境与发展大会通过《21 世纪议程》正式提出农业多功能性（multi-functionality of agriculture）。关于农业多功能性的基本分类，联合国粮农组织强调农业食物安全、环境外部性、经济功能和社会功能四个方面；欧盟强调农业乡村景观和环境保护功能；世界银行在“以农业促发展”为主题的《2008 年世界发展报告》中指出：作为环境功能提供者，农业产生着正面和负面双重功能。20 世纪 90 年代以来，国内学者对农业多功能性的认识不断深化，提出两功能论（朱启荣，2003；姜国忠，2004；张红宇，2006；王勇，2007；梁世夫，2008）；三功能论（石言波，1999；陈秋珍，2007）；四功能论（孙新章，2010）；五功能论（陶陶等 2004；李俊岭，2009）；六功能论（吕耀等，2004；李健等，2007；郭晓燕等，2007；刘奇等，2007；高林英，2008）。同时，农业多功能性

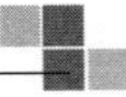

也逐渐进入政策制定者的视野，2007 年中央“一号文件”特别强调“农业不仅具有食品保障功能，而且具有原料供给、生态保护、就业增收、观光休闲、文化传承等功能。建设现代农业，必须注重开发农业的多种功能。”可见，无论在理论抑或是政策层面，农业多功能性已成为现代农业基本特征之一。

农业特有的多功能性为创意农业提供了创意“源”，而创意农业助力农业多功能性实现其经济效益。一方面，通过农业动植物及其赖以生存和发展的土地、田园、水域和环境，乃至整个农村地区（包括农村道路、城镇、集市、村庄和自然环境等）为载体；特别是通过田园景观化、村庄民俗化、自然生态化，即通过增强农业生产过程及其环境、产品的美感，来拓展农业的多种功能，上述内容亦成为创意农业的创意“源”。另一方面，农耕文化是由农民在长期农业生产中形成的一种风俗文化，是依托农村特有条件，以为农业服务和农民自身娱乐为中心而形成的。实际上，我国的农耕文化集合了儒家文化及各类宗教文化为一体，形成了自己独特的文化内容和特征，主要包括语言、戏剧、民歌、风俗及各类祭祀活动等，是我国存在最为广泛的文化类型。但在我国长期处于城乡二元结构的情况下，它又与城市文化形成了鲜明的不同。因此，无论是在利用其与农业的亲缘关系方面，还是满足城市居民了解农村文化的需求方面，农业特有的农耕文化为创意农业提供了另一个特色创意“源”。

(2) 农业生态学

农业科学是研究农业发展的自然规律和经济规律的科学，因涉及农业环境，作物、畜牧生产，农业工程和农业经济等多种科学而具有综合性。其中，把农业生物与其自然和社会环境作为一个整体，研究它们之间的相互关系、系统演变、调节控制和平衡发展规律正是农业生态学研究的主要内容（骆世明，1987）。实践中，创意农业常常利用农业科学改变农业生产过程、农业生产条件、农业生产环境，以及农产品的品性，从而给人以新奇之感。因此，农业科学（含农业生态学）也是创意农业的重要理论基础。

任何现代农业发展方式和模式的创新都应基于对生态系统结构与功能的原理和方法的把握，以此通过适用性技术实现农业生产系统优化。以农学和农业生态学作为创意农业发展的基础科学，旨在综合动植物科学、土壤科学和农业工程技术等，通过农业生态系统“功能良性循环”，为创意农业发展提供坚实基础。

（3）协同论

协同理论和协同创新理念是当今学科创新发展的基础理论。协同论又称为“协和论”或“协同学”，它是由 Hermann Haken 于 20 世纪 70 年代创立的一门横跨自然科学和社会科学的综合学科，与耗散结构理论、突变理论并称为非平衡系统理论。所谓协同，就是系统中诸多子系统的相互协调、合作或同步的联合作用与集体行为，协同是系统整体性、相关性的内在表现。系统科学中的协同理论的“协同效应”是指复杂开放系统中大量子系统相互作用而产生的整体效应或集体效应①。创意农业发展内在机理在于农业生态系统、经济系统和社会系统的协同，根据协同理论，三者之间的发展是一个动态发展变化过程，其整体作用的发挥是由低级逐渐向高级发展。目前我国

① H·哈肯．协同学引论（M）．北京：原子能出版社，1984，序言．

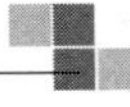

正处于农业现代化初步实现阶段到基本实现阶段的过渡时期，现代农业的发展仍处于对资源消耗的基础上的，石油农业发展模式不仅使农业进入高成本时代，而且化学投入品和农机的低效利用所带来的土壤、水体、空气立体交叉污染和食品不安全等严重的负外部性亦使农业生态系统、经济系统和社会系统三者矛盾不断深化，三者处于整体作用不能充分发挥的初级协同发展阶段。随着生态农业、循环农业、低碳农业、创意农业等可持续发展模式的采纳推广，整体作用得到基本发挥则属于中级协同发展阶段。只有整体作用得到充分发挥的时候才标志着进入协同发展高级阶段。因此，协同理论可以成为构筑“农业生态系统、经济系统和社会系统”同步发展的基础理论，创意农业发展就是在三者协调发展基础之上现代农业向可持续发展高级化演进的一种协同效应。具体而言，创意农业的发展涉及政府（政策支持）、农户（理念采纳）、产业化组织（组织载体）三者的协同推进（co-stakeholders）；种养技术、创意理念、管理措施的协同控制（co-control）；农业多功能性多目标多利益的协同发展（co-benefits）。

第三章 国内外创意农业的研究现状

本章主要对国内外创意农业研究文献进行综述，侧重研究主题与研究方法匹配的系统分析，以明确目前创意农业研究的空白点和有待深入探讨的领域及方法。

（一）创意农业问题文献检索情况

文献检索本身可以从时间脉络上明确创意农业问题的发展趋势，包括：成果数量、主要期刊、研究成果类型（期刊/著作/论文等）、研究主题、研究方法，从而在整体把握相关文献的基础上，为明确研究的落脚点和细致分析经典文献提供坚实基础。本书关于创意农业问题国内外文献检索分三步进行：首先，按年份搜索创意农业问题时间序列并明确主要期刊、成果数量、代表作者，构建“文献池”（article pool）；其次，对文献检索按照研究主题（research topic）分类；最后，对文献检索按照研究方法（research method）分类，并归纳研究主题和研究方法的匹配。

1. 创意农业问题英文文献检索情况

利用浙江省农业科学院“Google Scholar”、“CALIS 外文

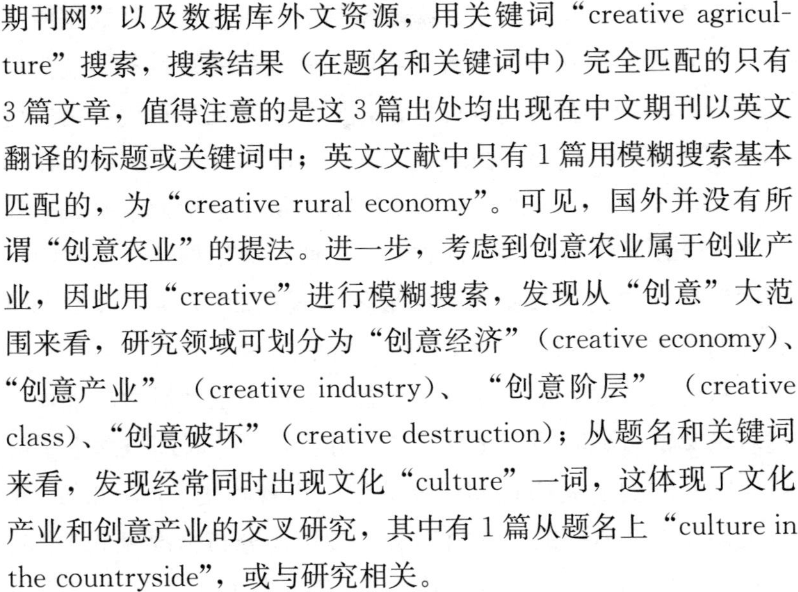

期刊网”以及数据库外文资源，用关键词“creative agriculture”搜索，搜索结果（在题名和关键词中）完全匹配的只有3篇文章，值得注意的是这3篇出处均出现在中文期刊以英文翻译的标题或关键词中；英文文献中只有1篇用模糊搜索基本匹配的，为“creative rural economy”。可见，国外并没有所谓“创意农业”的提法。进一步，考虑到创意农业属于创业产业，因此用“creative”进行模糊搜索，发现从“创意”大范围来看，研究领域可划分为“创意经济”（creative economy）、“创意产业”（creative industry）、“创意阶层”（creative class）、“创意破坏”（creative destruction）；从题名和关键词来看，发现经常同时出现文化“culture”一词，这体现了文化产业和创意产业的交叉研究，其中有1篇从题名上“culture in the countryside”，或与研究相关。

“creative”一词最早出现在1957年，“creative economy”初始研究始于2000年，而创意农业研究往往体现在“creative uralountrysideulture
ourism”，即与乡村旅游和农业文化等交叉研究中。绝大部分“creative economy”和“creative industry”方面的研究集中在“Culture Studies”、“Creative Industries”、“Urban Studies”、“Creative Economy”、“International Journal of Culture Study”、“International Journal of Culture Policy”六个杂志。而涉及“creative countryside”和“creative rural”方面研究的则集中在“Journal of Rural Studies”杂志。

2. 创意农业问题中文文献检索情况

以《中国学术文献网络出版总库》（CNKI）为数据源，它是目前我国收入期刊最全、文献量最大的综合性文献数据库之一，所收入的期刊基本覆盖了我国正式出版的社科和科技类期刊，对其收录所有期刊进行检索，回溯至其创刊年代，用关键词“创意农业”搜索，截止到2013年6月，搜索结果（在题名和关键词中）完全匹配的有276篇。从文献检索结果看，我国关于“创意经济”和“创意产业”研究最早均始于2003年，而明确提出“创意农业”一词最早出现在2007年，大量创意农业研究集中在2008—2013年5年间。

从论文发表数量年度分布来看。根据文献计量学原理，通过对论文数量随时间变化进行统计分析，可从时间概念上了解该研究专题的发展历程和研究热度，作者收集2007—2013年有关创意农业研究的276篇论文，其年代分布情况见表3-1。最早发表的创意农业论文是在2007年，共发表4篇，仅占总发文量的2%；近5年我国创意农业发表论文数量整体上呈不断上升趋势，从2007年的4篇增长到2013年6月的276篇，几乎是每年翻番增长。说明我国的创意农业研究已引起了一部分学者的重视，其发文总量尽管偏少，但已经成为一个新兴研究点。

表3-1 创意农业问题时间序列中文文献检索结果

年　份	创意农业问题中文文献检索数量（篇）
2007	4
2008	28
2009	44
2010	87
2011	11

（续）

年 份	创意农业问题中文文献检索数量（篇）
2012	90
2013	12
合 计	276

资料来源：CNKI中国知网，作者整理。统计时间截至2013年6月。

从论文核心作者分布来看。在发表论文的作者中仅计算第一作者，发表文章由多到少的作者依次是章继刚（38篇）、李瑞芳（8篇）、刘军萍（5篇）、任荣（5）、姜成新（3篇）、张成龙（3篇）。可以把他们看作是创意农业领域的核心作者。另外，发表2篇文章的作者共有43人，只发过1篇文章的有71人。从这些数据中，笔者通过进一步分析得出，创意农业研究已经有了一定的发展，但是其作者群显著少于其他农业科学类的研究，研究的作者分布分散，核心作者不明显。由此可见，创意农业研究还比较薄弱，单打独斗的作者比较多，没有形成核心的研究群体，大部分作者没有进行进一步的深入研究。

从论文核心机构分布来看。由表3-2可知，创意农业的研究主要集中在四川省工商局、中共濮阳市委党校、四川省工商行政管理局、北京市农村经济研究中心、北京农业职业学院、北京市农林科学院等机构，文章数量都在5篇以上。从这些发文机构也可以看出，创意农业发文最多的不是研究机构，而是管理部门或者是实践单位，这也反映了这一领域本身就是一个实践性很强的一个领域，研究来源于实践的探索和总结。

表 3-2　创意农业问题研究核心机构分布表

机构名称	发文数量（篇）
四川省工商局	18
中共濮阳市委党校	7
四川省工商行政管理局	8
北京市农村经济研究中心	6
北京农业职业学院	6
北京市农林科学院	6
成都农业科技职业学院	4
民革四川省委参政议政委员会	4
北京市农村工作委员会	3
同济大学	2

资料来源：CNKI 中国知网，作者整理。

从论文核心期刊分布来看。主要文献源分析是指刊载某一研究领域学术文章较多的文献源，是获知本领域学术前沿问题和最新研究成果的主要来源（刘冰和张洁，2006）。统计过程中，作者将载文数量 5 篇及以上的期刊按照载文量依次递减排序（表 3-3）。表 3-3 中列出主要文献源所对应的文章数量，是在没有考虑期刊性质（即月刊或双月刊）的前提下得到的绝对数值，但通过上述数据可以看出，这几种期刊载文数据量占文章总量的近 1/3，可以说是创意农业研究的一个核心期刊源群。此外，中国创意农业发展论坛（2008 年开始，每年一届）和中国创意农业国际合作与发展高层论坛（2011 年，长春）形成了一些会议论文。

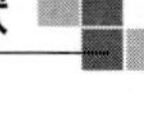

表 3－3　创意农业问题主要文献源期刊分布

期刊名称	载文数量（篇）
农产品加工（创新版）	18
企业研究	11
农产品加工	10
上海农村经济	5
中国农学通报	5

资料来源：CNKI 中国知网，作者整理。

从来源期刊类别分布来看。文献来源类别是指刊载某个专题文献的期刊所归属的学科领域。通过对文献来源类别分析可以确定研究主题的性质、横向研究程度等（刘冰和张洁，2006）。在该项分析中，笔者主要以农业科学类、非农业科学类为来源期刊的类别划分标准，以主题检索结果为依据，对创意农业来源期刊的类别进行分析（表 3－4）。我国创意农业研究的文章核心部分主要刊载在农业类期刊上，农业类刊物集中刊登一批这方面的研究成果。但从总量来看，非农业类刊物占的比重也很大，并且最初介入研究的往往不是农业领域的专家，可见创意农业的跨行业性、产业融合性是很明显的。近 5 年该领域内研究论文除农业类期刊外，越来越多的文章分散出现在管理类、经济类、信息类的学术期刊上，这一趋势在一定程度上说明创意农业研究在近几年，尤其是 2007 年以后，已经受到多学科人员、多方机构的重视，并不再像以前的农业研究一样，仅仅局限于专业人员的研究。作者认为，这一现象的出现是因为随着城市化进程，农业特别是都市农业发展已经不再是农业一个产业的问题，而是涉及到多产业融合的问题，其研究也就成为了一项跨学科交叉研究，研究成果对农村发展、城乡统筹等有着重要的应用价值。

表 3-4　创意农业来源期刊年代分布

年份	农业科学期刊类（篇）	非农业科学期刊类（篇）
2007	1	3
2008	12	15
2009	25	19
2010	60	27
2011	9	2
2012	58	32
2013	9	3

资料来源：CNKI 中国知网，作者整理。

研究结论：2007 年以后，论文量明显增加，创意农业研究总体呈上升态势，并且绝大多数论文表现出理论和实践相结合的研究倾向，这也为这一领域的进一步研究奠定了良好的基础。但是从总体上来说，创意农业研究还处于起步阶段，相关文献分布分散，267 篇论文发表于 86 种期刊，研究文献并没有达到相对集中的程度，绝大多数文献分散到各个期刊，缺乏稳定、高水平的核心著者群和真正的核心期刊群，呈现一种“百花齐放、百家争鸣”的倾向。从学理意义上讲，其可以大大丰富这一研究领域的内容；但是此种“见仁见智、各说各话”的解读，也给刚刚涉足这一领域的研究者带来理解上的困难和选择上的困惑。同时，从统计来看，以个人研究为主要方式，合作研究并不是主要研究方式，这也是普遍缺乏深入研究的原因之一。作为一个交叉学科，相互合作可以达到优势互补

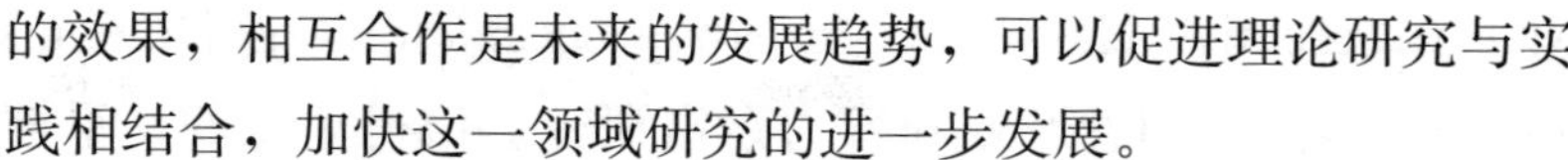

的效果，相互合作是未来的发展趋势，可以促进理论研究与实践相结合，加快这一领域研究的进一步发展。

（二）国外创意农业研究文献综述

本部分主要是基于前文英文文献检索结果显示国外创意农业直接研究成果不多的现状，首先，对创意产业和创意城市的经典文献进行综述，为我国创意农业研究提供理论研究基础；其次，对创意农业（村）的相关文献进行综述，为我国创意农业研究提供相关借鉴。

1. 创意经济的相关研究

近年来，创意作为经济发展的重要生产要素引起了越来越多学者和政策制定者的关注，涌现出了创意经济（creative economy）、创意产业（creative industries）、创意阶层（creative class）等词汇。

"创意"是个很广义的概念，相关研究也横跨了多个学科（文化政策、文化经济学、区域发展、经济地理等），因此，很难对其作出定义。在英文文献中，当涉及知识经济和人力资本时，往往用"creative class"表达；当涉及产业背景时往往采用"creative industries"；而当指向消费市场时往往采用"creative economy"或"experience economy"。

从相关概念代表学者来看，创意经济最早是 Peter Cop 于 2000 年发表在 Business Week 的一篇文章中提出的，他将创意经济定义为"智力财富和理念"；Florida（2002）在其著作《The Rise of the Creative Class》中定义了 13 种创意阶层（或称职业）（“creative class” or “creative occupation”）；Howkins（2001）聚焦于创意产业和智力财富研究。值得注意的，早期Florida（2002）和 Howkins（2001）的创意经济理论集中在城市（urban and metropolitan regions），并未涉及农村创意经济（rural creative economy）。

综观已有创意经济研究，作为创意领域研究的代表性人物，Florida 的相关理论对创意农业（村）有很好的借鉴意义，其研究集中在创意经济三大组成部分即创意产业（industries）、创意人才（workforce or class）以及创意载体（community or region）（如图 3－1 所示）以及其著名的经济增长“3T 理论”。

创意人才（workforce or class）是创意经济中最重要的因素，Florida（2002）创意人才分为两类：一类是将创意作为职业，生产或设计出新的产品或形态；另一类是创意专家，创意问题解决、构思复杂知识体系和解决特定复杂问题。相对于前者，后者需要很高的学历，属于知识密集型职业，聚焦在解决方法更广泛的应用领域。创意产业（industries）是指源于个体创意、技巧及才华，通过知识产权的开发与运用，具有创造财富和就业潜力的产业（Department for Culture，Media and Sport（DCMS），United Kingdom，2001）。创意产业的核心是知识产权（intellectual property），知识产权通过版权、专利权、商标等形式获利（Howkins，2001）。英国的创意产业包含了 13 个项目：广告、建筑、艺术及古董市场、工艺、设计、流行设计与时尚、电影与录影带、休闲软件游戏、音乐、表演艺术、出版、软件与电脑服务业、电视与广播。根据Florida（2002，2005），“创意载体”（community or region）是吸引创意人才和创意产业集聚的区（领）域，这种区域应该能够激发创造、尊重多样化和勇于尝试变化。为了吸引创意人才和创意产业，Florida（2002）进一步提出了著名的经济增长“3T”理论，即技术（区域本身就是或具有技术和创新集聚）、人才（创意人才的集聚）、包容（能接受创意包容变化）。Florida（2002，2005），McGranahan（1999），Deller and Disart（2000），Segedy（1997）研究发现自然环境、文化环境、生活质量也是吸引创意人才和产业的因素。概括来说，创意经济是由创意产业、创意人才（阶层）、创意载体构成的，创意载体是区域创意经济成功的核心，根据 Florida（2002）所言，“创意需要一个支撑环境，提供一系列的社会、文化和经济激励。”

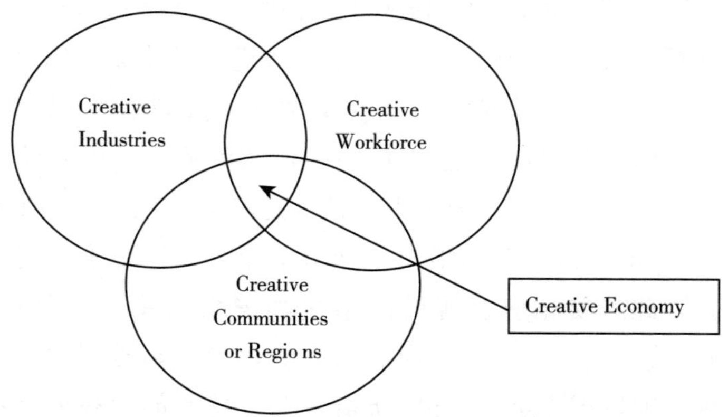

图 3－1　创意经济及其组成部分示意图

资料来源：根据 Florida（2002，2005）表述绘制。

2. 创意城市的相关研究

从 Landry's The Creative City（2002）到 Florida's The Rise of the Creative Class（2002）再到 The Creative Class and the City（2005），大量学术期刊、会议、专题讨论会都聚焦于

创意城市（creative city），主要是通过城市和区域创意产业发展获得后工业时代经济增长和文化活力，基于创意城市促进经济增长案例研究遍布欧洲、澳大利亚、加拿大、新加坡、美国、新西兰，最近又扩展到非洲、中国和拉丁美洲（相关创意城市的研究案例参见，Barrowclough and Kozul-Wright，2008；Cunningham，2004；Fleming，1999；Florida，2002，2005；Jayne，2005；Landry，2000；Uricchio，2003；Volkering，2001）。大量的学术研究和政策建议集中在城市活动对创意经济的关键作用以及促进创意活动的必要前提（Florida，2002，2005；Landry，2000）。

在以城市为创意经济中心的研究中，一条基本信条是以城市为依托，将创意产业空间集聚作为关键，并将城市作为知识经济时代国家和区域经济与文化竞争力的核心（Florida，2002；Scott，2004）。在这种构想中，城市及其周边被认为对于创意产业具有极强的吸引力，尤其是对企业家们（entrepreneurs，creatives），他们崇尚“勤奋工作、疯狂玩乐”的职业理念，因此需要相应资源的网络化和关系构建（McRobbie，2002）。城市提供了一个时尚而前卫的环境，刺激创意天才产生灵感，即城市满足 Florida 所指一个成功的创意载体具备的“3T”环境：技术（区域本身就是或具有技术和创新集聚）、人才（创意人才的集聚）、包容（能接受创意包容变化）。城市被看作是产生创意理念、创意项目和具有创意产品市场需求不可分割的资源要素的基础载体（Banks et al.，2000）。

3. 创意农业（村）的相关研究

1970 年后，一个明显的现状是大城市已经成为产业资本化集聚的中心，经济重构开始出现远离大城市的趋势。同时，乡村区域也经历了全球农业经济重构——后产品时代乡村（post-productivist countryside）（Wilson，2001），乡村功能从产品生产转化到成为消费、旅游、休闲地。农村共同体开始被认识到其吸引创意人才和创意产业的潜力，例如，农村区域开始利用其自然景观、文化遗产、生物和生态多样性，提供文化和休闲的场所和自身发展的机会（Rosenfeld，2004）。McGranahan and Wojan（2007），Gabe et al.（2007）研究表明，即使城市是创意经济产生的理想地点，但是乡村也具有吸引和留住创意人才和公司的能力。

2006年"农村文化峰会"（Rural Cultural Summit）的召开规划构想了英国农村文化发展战略和系列政策文件，倡导创意中心向创意乡村转移（详见 Lister and NRTF，2004：http://www.emailout.org），在英文文献中，"creative rural economy"开始出现在学术期刊和政策研究中。其中，创意乡村经济的倡导者 Littoral 发表了系列文章支持，提出了一系列连贯的农村文化开发战略，包括：利用技术和文化资源促进农村新的就业领域和经济发展机会、鼓励技术和文化团体多维度地支持乡村创意团体发展、促进乡村旅游、农场多样性、手艺和食品市场发展（Hunter，2006）。这些乡村创意倡导者不可避免地展示乡村创意实践的特性，也提出了一些非常有趣的观点，例如将关于乡村创意的偏远性描述为"距离产生自由去体验不同的经历"（Matarasso，2005）或描述城市文化是古板的和传统的，而乡村才是真正的创新地（Hall，2000）。Hoey（2005）提出了生活方式移民（lifestyle migration）的理念支持创意乡村发展，在这里，人们选择乡村定居不仅仅是出于经济考虑，而是综合“生活质量”和“适于居住性”的综合考量。从城市转向农村的动机来自城市生活的问题和乡村生活的好处，创意生活方式移民主张改变生活和闲暇的节奏和生活质量，重新调整“工作—生活”的平衡关系。这并不是说重新选择乡村发展创意产业完全没有经济原因，相对低廉的农村工作区和本身具有的文化旅游市场使得创意乡村经济发展具有吸引力。

Bell，B. and Jayne，M. （2010）对“创意经济——创意产业——创意城市——创意乡村”发展历程的相关文献进行了综述，并提出促进乡村文化创意经济发展的实践和政策建议。Hrace，B. J. （2005）提出农业创意经济核心是乡村休闲旅游，具体形式包括文化遗产游、生态旅游、乡村旅游、艺术和文化游、养生游等。Baeker，G. （2008）提出了创意乡村可供开发的资源及其形式（其核心思想见图 3－2 和图 3－3）。

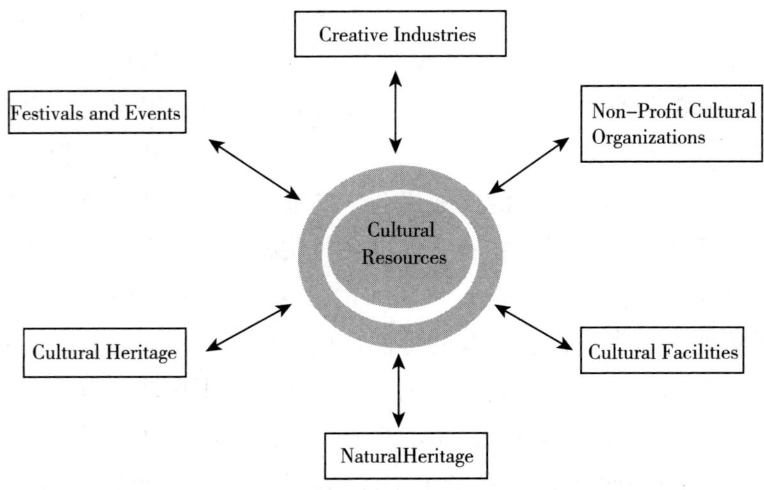

图 3－2　创意乡村经济可利用的资源地图

资料来源：根据 Baeker，G. （2008）表述绘制。

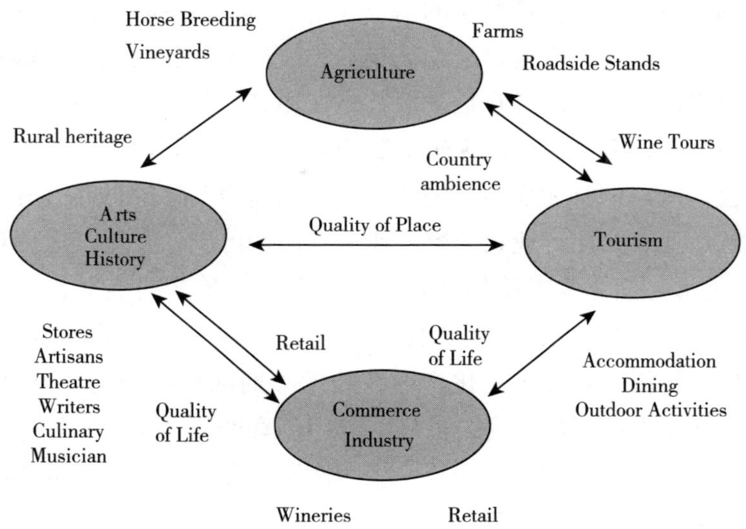

图 3-3　创意乡村经济“四维”发展战略

资料来源：根据 Baeker，G.（2008）表述绘制。

（三）国内创意农业研究文献综述

本部分基于前文中文文献检索结果，按逻辑顺序对国内创意农业问题比较聚焦的研究主题的相关文献进行综述。

1. 创意农业提出背景的相关研究

学者们从创意产业（又称创意经济）的起源和发展、知识经济背景和人们消费模式的变化提出创意农业的产生背景。

褚劲风（2005）梳理了世界创意产业的兴起、特征和发展趋势。提出创意产业产生的背景：一是现代服务业的发展（生产性服务和消费性服务），二是人们的消费模式由满足物质需求的消费向满足精神愉悦的消费或文化消费转变；追溯了创意产业产生的理论轨迹，从熊彼特的长波理论（创新是经济增长的根本动力）到法兰克福学派首先使用“文化工业”概念，再到罗默“创新会衍生出无穷的新产品、新市场和财富创造的新机会，所以创意才是一国经济成长的原动力”理论；并区分了创意产业、文化产业、内容产业三者内涵区别，文化产业侧重“以无形、文化为本质的内容，经过创造、生产与商品化结合的产业”。内容产业是“依托数字化技术对文化制品的复制、再生与传播，是传统文化产业在技术方面的升级与提高。”创意产业是对两者的结合与发展。其中创意产业“文化的思想性与知识的技术性的有机融合、生产性服务业与消费性服务业的有力组合、产业组织区域集群化与企业组织小型化的有效结合”的三大特征对创意农业的发展具有借鉴意义。

秦向阳等（2007）、任钰（2010）、王爱玲等（2010）从创意产业背景和内涵的视角引出创意农业。基本观点概括起来是，1994 年澳大利亚最早公布了第一份文化政策报告，当中提到了以建设“创意国家”为目标。创意产业一词最早出现在 1997 年，当时英国首相布莱尔组织成立了“创意产业特别工作小组”，1998 年该工作小组率先对创意产业的概念做出了界定：“是指源于个体创意、技巧及才华，通过知识产权的开发与运用，具有创造财富和就业潜力的产业”。从此，以文化艺术为核心的创意产业在全球快速发展，成为新的经济增长点。创意产业的概念被新加坡、澳大利亚、新西兰等国家及中国台湾、香港等地区采用。香港为明确创意产业的核心，将创意产业改称为“文化创意产业”，这一概念被内地学者广泛接受。文化创意产业与多个产业产生融合，催生了新的产业形态。根

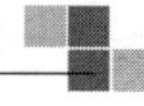

据英国对创意产业定义可知，创意产业是对现有产业中富有创意部分的总称。从创意产业本质来看，任何有智慧性活动参与的产业都在其范围内。从这个意义上讲，创意农业也是创意产业的一个组成部分。

通过上述已有文献，可进一步概括为，创意农业是世界步入知识经济、创意经济时代，伴随消费需求的逐步升级而出现的一种新型农业发展模式。20 世纪 90 年代兴起于发达国家的创意产业，日益成为发达国家推动经济和社会持续发展的新引擎，成为发展中国家实现经济转型和跨越式发展的重要战略。借助创意产业的思维逻辑和发展理念．人们有效地将科技和文化要素融入农业生产，进一步拓展农业功能，提升农业附加值，从而使一种新兴特色农业业态——创意农业于 20 世纪 90 年代后期在发达国家率先发展起来。中国的创意农业于 21 世纪初在发达省、直辖市起步并逐渐发展起来。

2. 创意农业基本概念的相关研究

现阶段，比较一致的看法是，“创意农业”一词来源于“创意产业”；而“创意产业”一词最早则出现在英国，英国首相布莱尔组织成立的创意产业特别工作小组于 1998 年还专门对该词进行了概念上的界定。就创意农业的概念而言，当前国内比较有代表性的观点主要有以下三种：

一是从农业生产的研究视角，把创意农业界定为与农业生产过程相关的各类创意活动及其载体。认为创意农业是指对农业生产经营的过程、形式、工具、方法、产品进行创意和设计，从而创造财富和增加就业机会的活动的总称（秦向阳等，2007）。这一定义强调的是创意农副产品和农业园区的设计、规划，局限于单一产业的层面，未能涵盖多层次产业链的整合及农业发展模式的创新，或可称之为狭义的创意农业。在此，秦向阳是比照创意产业的定义，同时结合农业生产经营特点，而对创意农业进行定义的，这就表明了创意农业还是属于农业产业的范畴，与一些学人所认为的创意农业是一种“无边界的产业”存有一定的分歧。

二是从生产要素的视角认识创意农业，提出创意农业是把创意作为一种新型农业生产要素。杨良山和胡豹（2012）提出创意农业是把创意作为一种新型生产要素，把农业生产消费活动与文化创意活动相融合拓展农业多种功能，提升农产品附加值的新型农业业态，是创意产业中的一种新门类。钱静（2010）指出创意农业是以农村的生产、生活、生物、生态等资源为依托，以市场需求为导向，以个性化创意对各种要素的集成整合为动力，突破传统产业边界，使无形要素（如文化、知识、信息、技术、制度等）内化为产品报酬递增的主要源泉，以满足都市居民日益增长的物质和精神消费需求的农业发展模式。这类内涵具有明显的经济学属性，强调知识经济下，创意作为一种外生变量内化以及与其他生产要素相互耦合，推进农业经济增长的新型农业发展方式和现代农业发展模式。

三是从“无边界产业”和“全产业链”视角，以科技创新和文化创意作为驱动引擎，开发农村生产、生活、生态“三生”资源，提升农业的价值。厉无畏（2007）提出创意农业是通过构筑多层次的全景产业链，通过创意把文化艺术活动、农业技术、农副产品和农耕活动以及市场需求有机结合起来，形成彼此良性互动的产业价值体系，为农业和农村的发展开辟全新的空间，并实现产业价值的最大化。王爱玲等（2010）提出广义创意农业的概念，它是指利用农村的生产、生活、生态“三生”资源，发挥创意、创新构思，研发设计出具有独特性的创意农产品或活动，以提升现代农业的价值与产值，创造出新的、优质的农产品和农村消费市场与旅游市场；并提出创意农业的兴起是现代农业发展的必然，是都市型现代农业的重要组成部分的基本观点。张延海（2008）认为创意农业是以现代农业为基础，以观光休闲农业为载体，以智力资源为依托，以社会精神需求市场为导向，以实现农业产业链价值最大化和农民持续增收为重要目标，通过人文文化元素的注入、新意灵感的激活、想象力的张扬，创造美型、美色、美态、美感的人文艺术的农业生产经营过程、工具、形式和方法，以及新奇时效个性化的唯一性智慧产品或服务的一种新型农业产业业态。章继刚（2008）提出创意农业是“以市场为导向，以农业生产为依托，以创意为核心，以知识产权为基础，充分应用美学、艺术学、生态学、农学、养生学、景观学、知识产权学、休闲学、环境学、农业技术经济学、园艺学、市场营销学以及现代旅游学的基本原理和方法，指导人们将农业的产前、产中和产后诸环节联结为完整的产业链条，将农产品与文化、艺术创意结合，使其成为具有‘四高’即高文化品位、高知识化、高赢利性、高附加值，‘四化’即智能化、特色化、个性化、艺术化，‘五型’即审美型、文化型、娱乐型、科学型、观赏型的新型农产品；通过‘三生’即创意生产、创意生态、创意生活，创造‘三农’即创意农村、创意农居、培养创意农民，达到‘六美’即美色、美形、美味、美质、美感、美境的目的，以实现资源优化配置，产生更高附加值，促进农业增效、农民增收，建设社会主义新农村的一种新型农业生产方式。”此表述的优点是全面、完整，不仅对创意农业的学科背景知识、目的等进行了描述，而且对创意农业的基本特征进行了详细的列举。不足之处也正是由于面面俱到，所以表述就显得过于冗长而又复杂，没有做到定义所要求的简明扼要，似乎有点大而无当的感觉，使人不得要领。如果把这段话进行高度的“缩句”处理，其结果（即核心思想）是“创意农业是一种新型农业生产方式”，但这样一来，又可能与作者表达的初衷相背离。

除上述三种被较多引用或较具代表性的观点外，还有一些学者如任钰、顾农、史亚军等，也依据自己对创意农业的理解进行了相关界定和剖析，但其研究旨趣和核心规定与上述三种观点在本质上并无多大差异，更多的只是具体分析视角的不同。综观已有概念，主要存在两大问题：

一是缩小化倾向，将创意农业等同于休闲农业，甚至仅仅是乡村旅游；或形而上学地套用创意产业概念。农业作为一种特殊的产业，自然有它固有属性和特质，比如，农业是一种准公共产品，具有天生的弱质性、外部性以及生产的地域性、周期性等。它在很多方面不能与第二、三产业相提并论，因此，当人们把创意产业的概念“位移”到农业上，就需要格外的小心和谨慎，而非简单的推断和臆想（龚春明和朱启臻，2012）。而上述有关创意农业概念，在某种程度上只是创意产业概念的不同程度的翻版和迁移。如果人们把创意农业的概念仅仅限定于一个产业的领域，将创意农业（属于农业中的一种模式）的价值同样局限在产业价值、经济价值、GDP 的价值上面，而对其所能带来的心理价值、政治价值、人文价值、社会价值、历史价值、安全价值以及自然价值视而不见，实则是一种狭隘和短视。在此基础上，所产生的“创意”，无论出自何方何人，

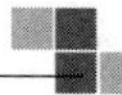

最终无非都是直指 GDP，跳不出经济的藩篱（刘孝全，2010）。

二是扩大化倾向，将创意农业视为“统领”，其他任何农业都可纳入其“门下”。创意农业成了一个无所不包的“代名词”，但细究起来，又似乎不具备任何信服力。当一个概念的外延被无限放大时，这个概念本身也就失去了其学理上的意义。当然，也有人认为创意农业是一种无边界的产业，这自然很有新意，但在其概念界定中没有得到很好的体现，就此可以说明他们在对概念的界定时，并没有把创意农业的内核真正理解透彻，所以在界定时才会出现举棋不定的情况，以致最后只能通过“后补”的方式来进一步阐释。这自然也不符合“概念”就是“反映事物类别的本质属性及其分子的思维形式”等内在要求。

3. 创意农业典型特征的相关研究

关于创意农业的特征研究实际上与创意农业概念界定构成了创意农业内涵的完整阐释。

秦向阳（2007）最早对创意农业的概念、特征和类型作了阐释，简略地提出创意农业以农业为主要创意对象、富含创意、文化附加值高、与三产高度结合的四大特征。章继刚（2009）在《创意农业学》著作中提出，创意农业具有“三个集中”和“双重生产”的特点。“三个集中”即以推进农业龙头企业向总部基地和园区集中为重点，提高农业集中集约集群发展的水平，适应农业规模化、精准化、设施化等要求，增强农业总部企业反哺农业的能力；以推进农用地向规模经营为重点，促进传统农业向现代农业跨越，提高农业综合生产能力；以推进农民向城镇集中为重点，促进大中小城市和小城镇协调发展，增强城市带动农村的能力。“双重生产”，即“农产品生产与创意生产”双重生产，创意农产品生产负有社会效益和经济效益双重责任；通过发挥文化生产和消费的双重属性，食品保障与生态保护双重功能，实施科技和文化双重战略，物质生产与知识生产紧密结合，推进创新、创意产业双重发力，安全和营养的双重保证，获得味觉与视觉的双重满足，审美健康双重享受，绿色时尚双重魅力，收获环境和经济双重效益。

从创意产业视角，张荣娟和陶卓民（2010）提出创意农业是一种体验性产业、一种融合文化性的产业、一种综合性的产业、一种具有特色创意的产业四大特征。张若琳和连丽霞（2012）详细剖析了创意农业具有如下基本特征：一是创意农业是具有高附加值、高收益的产业活动，通过市场动作，可以直接增加农民的收入，提高农业综合效益，在城镇化过程中增加农民的就业率。二是创意农业的产品和服务具有多样性。它融合发展，打破了传统农业单一的生产功能，使传统农业与现代产业相互嫁接，促进传统农业现代化进程。三是创意农业是传统农业的产业升级，构筑多层次的农业产业链，促使农业生产和农产品价值转移，开拓了新的消费市场。四是具有风险性。即它比传统农业在市场上有着更大的商机，但创意农业科技投资较大，作为新兴产业市场认知度不高，市场定位有待加强，这些使创意农业在发展过程中面临着较高的风险。

其他学者也从各自研究专长，提出了对创意农业特征的阐释。任钰（2011）在其《北京创意农业发展研究》硕士论文中提出创意农业的四大特征：创意农业具有时代性和创造性、融合性和辐射性、较高文化品位和附加值、具有一定发展规模。毕亮亮和郭铁成（2012）从人类经历的原始经济、农业经济、

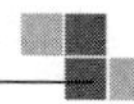

工业经济、知识经济等四种经济形态以及相应的农业发展模式的视角，指出创意农业是知识经济形态中的农业发展模式，并提出创意农业功能多元的创意理念、专业化系统化的农业设计、三次产业融合的产业链三大特征。杨良山和胡豹（2012）分析了创意农业消费参与性、产业融合性、文化欣赏性、经济高效性、功能多样性五大典型特征。马俊哲（2010）深入分析了创意农业对文化和科技等元素的高度吸纳性（创意农业产品往往融入了很多的文化、科技元素，大大提高了其价值），价值形态的附加性（创意农业产品往往具有很高的附加价值，是普通农产品难以比拟的），消费目标的综合性（创意农业产品不仅能满足消费者的物质需求，而且还能满足其精神需求），三次产业的融合性（创意农业使以利用自然力为主的第一产业向农产品加工的第二产业及观赏游览、采摘体验和餐饮品尝的第三产业延伸，使三次产业融为一体）等特征。

综观已有研究，关于创意农业特征认识比较一致的方面主要集中在产业融合性、高附加值、功能多元化和文化欣赏性。

4. 创意农业发展模式的相关研究

作为一个实践性研究领域，关于国内外创意农业发展路径和模式选择（含国内外创意农业发展模式经验借鉴）的文献占了已有研究的绝大部分。

从创意农业发展路径研究来看。王爱玲等（2010）提出创意农业的创意路径，即科技创意、文化创意、服务创意、生态创意。刘丽伟（2010）提出创意农业的本质是创意产业，“技术与非技术进步＋创意＋文化＋市场”是创意农业运行、增值及可持续发展的关键，并系统分析了创意农业的运行与增值路径：一是对农业产业各环节进行文化创意以形成产业价值体系；二是运用知识产权位于农业产业链价值高端的优势，带动形成产业群；三是发展模式的深刻转型，即传统的农业经济发展模式以资源消耗为代价，创意农业则不然，它主要依靠非物质的智力、社会及文化等资本，来提升农产品的市场价值。张荣娟和陶卓民（2010）以南京为例，分析了南京发展创意农业的基本条件，探讨了未来南京发展创意农业在突出创意农产品新奇特色、展示创意农产品生产过程、打造农产品创意营销过程、挖掘农产品创意农耕文化、培养创意农业品牌五方面的发展路径。

从创意农业发展模式研究来看。厉无畏和王慧敏（2009）发表在《农业经济问题》上的题为《创意农业的发展理念与模式研究》的文章是创意农业发展模式研究引用和转载率最高的一篇文章，在深入分析了创意农业创新理念的基础上，提出创意农业四种发展模式：一是资源转化为资本模式，具体包括：以创意产业的手法将资源转化为推动农村发展的资本；以创意产业的思维整合各类社会文化资源为农业生产服务，提升农产品的附加值；二是全景产业价值体系模式，是指通过农业知识产权的反复交易，形成不同层次的产业体系，带动相关产业和整个区域的发展；三是市场消费拓展模式，采取城乡互融互动的手段，通过城市消费市场的培育和乡村自然环境、生活文化与历史脉络的综合塑造，在创意农业的市场和生产两者之间实现有效对接，使得创意农业的新业态、新商品和新价值能够直接转化为市场效益；四是空间集聚发展模式，表现形式是创意农业园区和创意农业集聚带。任钰等（2010）基于北京农业资源和文化资源，提出民俗文化植入、低碳生态强化、特色产业

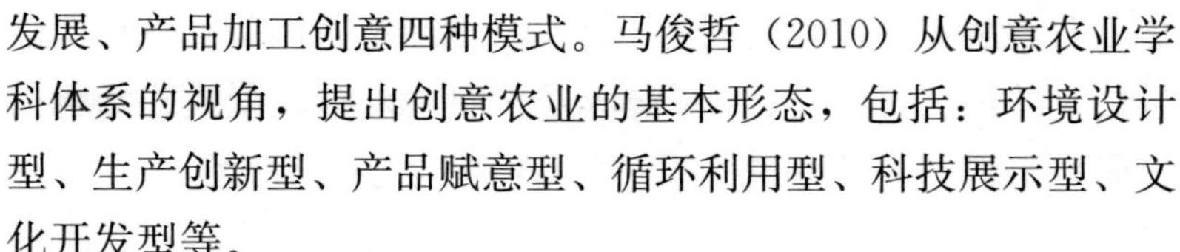

发展、产品加工创意四种模式。马俊哲（2010）从创意农业学科体系的视角，提出创意农业的基本形态，包括：环境设计型、生产创新型、产品赋意型、循环利用型、科技展示型、文化开发型等。

从创意农业发展模式国内外经验借鉴研究来看。从国外创意农业发展模式经验借鉴研究来看，主要集中在荷兰、日本、德国、英国、法国、新加坡等国家。刘丽伟（2010）总结了世界都市型现代农业代表慕尼黑、巴黎、新加坡的创意农业发展经验，其中德国为了满足都市居民在生活、休闲、娱乐等方面的需求，在郊区农村实施了“绿腰带项目”（包括干草方案、菜园方案、森林方案和骑术治疗项目）；法国以环保生态功能为主的创意农业，巴黎的创意农业具有较强的生态、景观、休闲和教育功能，其中生态环保功能尤为明显；新加坡高科技（设施农业）高产值为主的创意农业，重点发展现代化农业科技园，尤其是具观赏休闲和出口创汇功能的高科技农业园区，发展高经济价值作物的同时，大力开发农业的休闲、生态及美化等功能，市区周围创造了被称为“城市动植物园”的特别饲养场及农耕区。刘丽伟（2013）结合荷、日、德、英等国实践，总结了其发展创意农业在宏观调控扶持；挖掘区域特色资源潜力、开发农业多功能性（三个主要观点：农村的生产、生活及生态资源是发展创意农业的基础，各类地方文化资源是发展创意农业的重要组成部分，创造多元复合的生态文明是创意农业的突出功能）；产业高度融合，价值乘数效应显著；创新生活，塑造品牌，开拓消费市场四方面的经验。并介绍了荷兰的“高科技创汇型”创意农业、日本的“多功能致富型”创意农业、德国的“社会生活功能型”创意农业、英国的“旅游环保型”创意农业四大集创意经济、文化经济及体验经济环境基础之上的创意农业发展模式。从国内创意农业发展模式经验借鉴研究来看，主要集中在台湾、四川、北京、上海、浙江等地。任钰（2010）总结了四川红砂村、万福村、驸马村、幸福村和江家堰村“五朵金花”在打造花乡农居、幸福梅林、江家采地、东篱菊园、荷塘月色，将创意农业与休闲旅游产业融合发展和创意农业推进城乡一体化整体发展方面的经验。干经天等（2008）总结了上海创意农业发展模式，包括：信息开发型创意农业（基本模式为：现代信息技术＋栽培创意＋农业产业）；形态开发型创意农业（基本模式为：现代科技＋形态创意＋农业产业）；文化开发型创意农业（基本模式为：文化＋内涵创意＋农业产业）；艺术开发型创意农业（基本模式为：艺术＋情景创意＋农业产业）。陈良伟等（2010）总结了北京“多点开花”发展创意农业、台湾“以民本农本理念”发展创意农业、上海“深度挖掘含金量”发展创意农业的主要经验，提出了浙江省在以休闲体验为主题，打造休闲旅游型创意农业；以农业会展为依托，打造节庆会展型创意农业；以涉农组织和农业基地为支撑，打造科技品牌型创意农业；以农业资源与特色文化为基础，打造文化工艺型创意农业方面的主要经验。

综观已有研究，创意农业发展路径基本上是以科技创新和文化创意作为两翼，通过科技创意、文化创意、服务创意、生态创意四大路径；而创意农业发展模式可概括为产业“接二连三进四”模式、农产品生产布局创意模式、农业与自然景观结合模式、农产品后续加工创意模式、农业文化挖掘与博览模式以及产业升级与耕作创新模式。

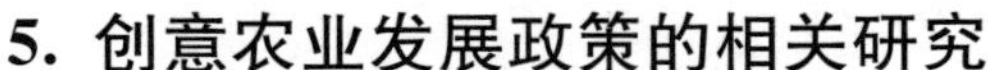

5. 创意农业发展政策的相关研究

从已有文献看，尚未见创意农业发展政策与机制设计的系统研究，主要是在文章结尾部分以“政策建议”体现。

一些学者分析了目前我国创意农业发展存在的问题，并基于此提出了相应的推进创意农业发展的相关对策。陈良伟等（2010）在总结了创意农业发展理念尚未深入人心、创意农产品认证难制约了规模化生产、创意农业组织队伍体系建设急需加强、创意农业产业链条较短使得产业尚处于从属地位存在四大问题的基础上，提出营造全社会认同创意农业、支持创意农业发展的良好氛围；加强资源整合，健全创意农业发展的合作服务体系；制定标准体系，认定一批创意农业园区、组织和产品；加强队伍建设，健全创意农业发展的人才支撑体系；完善政府政策，健全创意农业发展的支持引导激励机制。钱静（2010）指出目前我国发展创意农业的制度缺失，包括尚未建立起创意农业投资稳定的增长机制；缺乏认知基础导致农民主体创造力欠缺；政策、资金、科技、管理等要素支撑不够；硬软件水平与管理人员素质有待提高；生产要素流动性差导致难以产业化运营，在此基础上提出了行政体制改革；产权制度改革；创新激励制度；创新利益均衡、产学研一体的长效机制；积极推进都市型现代农业、生态旅游和文化创意产业融合等发展创意农业的制度安排。张若琳和连丽霞（2012）从创意支撑、消费群体、文化内涵、科技和知识的运用等影响创意农业产业化发展的主要因素进行分析和总结，在此基础上提出了我国发展创意农业的相关对策，包括注重创意农业专业人才引进和培养、打造企业文化品牌、创意农业相关产业合理配合、

“一村一品”与产业化发展。

另一些学者针对国内外创意农业发展经验，提炼出推进我国创意农业发展的对策建议。任钰（2010）提出促进创意农业发展的政策包括：推进金融支持，构建创意农业金融体系（创新性地提出了财政投入和金融机构信贷构成的直接投资和直接授信的创意农业金融体系构建图）；增强品牌意识，构建创意农业品牌（提出了创意农业品牌构建体系）；扩大经营规模，构建创意农业聚集区。厉无畏和王慧敏（2009）提出创意农业是一项综合性的系统工程，需要设计有利于创意产业与农业融合发展的推进机制，具体包括：转变发展理念，充分认识文化生产力对农业发展的重要意义；做好创意农业的综合规划和具体项目策划；加强合作，培养人才，提高农民整体素质；建立城乡互动互融的推进机制，加快不同产业融合发展的促进机制。陈宏毅等（2008）提出发挥政府的导向和服务作用，为创意农业的发展铺平道路；实施人才培育工程，为创意农业提供人才支持；鼓励科技创新，为创意农业提供科技支撑；建立新型投融资机制，为创意农业提供资金保障；加速培育生产要素市场，为创意农业提供公平有序的竞争环境；推进农民合作组织建设，增强农民在市场经济条件下的竞争能力六大发展创意农业的对策建议。杨良山和胡豹（2012）提出运用创意经济的思维逻辑和发展模式推进高效生态农业发展，并通过组建专业的创意农业研究机构、建设创意农业试验示范区、成立浙江省创意农业协会、组建浙江省创意农业网络，将创意农业作为浙江新兴产业加以培育。张荣娟和陶卓民（2010）以南京为例，分析了南京发展创意农业的基本条件，探讨了未来南京发展创意农业的途径与方法，并从出台支持政策、举办节庆活动、培

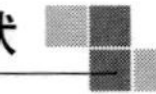

育专业人才、建立品牌、加强基础设施建设和引进科技创新等方面提出了南京发展创意农业的对策建议。

综观上述已有研究，推进我国创意农业发展政策建议基本围绕发展理念、产业定位、科技支撑、主体培育、政策支持和资金扶持六大方面。

除上述五个比较聚焦的研究领域外，还有一些学者选择了其他研究视角对创意农业进行分析。龚春明和朱启臻（2012）从学理角度，对目前我国有关创意农业的内涵进行了梳理，尖锐地对目前创意农业研究的进行了理论反思，发现在进行创意农业的研究过程中，存在着一些认识误区和研究缺陷：误解农业的基本属性和特质，形而上学地套用创意产业的概念；忽视中国现实而又特殊的国情，盲目机械地引介西方的学术话语；在认识的片面或理解的肤浅的表层下，根本性的问题是严谨的治学精神的缺失。在此基础上提出创意农业发展所应持有的学术立场，要想有效地提升创意农业这一领域研究水准，应胸怀“经世济民”的社会责任感，尊重既定的“社会事实”以及彰显农民的主体地位。王志刚等（2010）根据北京市城郊四区的调研数据，构建农户认知模型和采纳模型分析影响农户对创意农业认知和采纳的影响机制。结果显示，在认知模型中，文化程度、设施果树栽培、培训示范、加入合作社和技术服务队均对农户认知产生显著的正向影响；在采纳模型中，文化程度、家庭年收入、风险偏好、设施果树栽培、加入合作社和技术服务队均对农户的采纳产生显著的正向影响。张俊（2009）在 Romer 和 Jones 模型的基础上构建一个创意农业发展的理论模型，通过经济模型演绎证明了“创意”作为一种生产要素对农村经济增长的贡献。

（四）关于创意农业研究的总体评述

综观国内外创意农业研究文献，国外文献几乎没有“创意农业”这个词，多采用“creative rural economy”一词，研究集中在基于创意经济和创意产业原理基础上，以及从与创意城市比较的视角，对创意乡村经济在产业（industries）吸引力、创意人才（workforce or class）保障、创意载体（community or region）三方面对创意产业和创意人才吸引力进行阐述，根据乡村所具有的各种资源，提出具体乡村创意农业发展的具体模式。值得注意的是：采用“rural”而非“agriculture”一词更强调创意农业除生产功能外的生态和社会等多种功能。国内文献研究集中在创意农业内涵研究和发展模式方面。从研究方法上看，除采用罗默生内生技术进步模型推导证明“创意”作为一种生产要素具有促进经济增长的可能外，国内外创意农业的研究都采用定性研究方法。

我国创意农业无论在研究视角、研究内容和研究方法上与国外都存在一定差距，主要存在以下突出问题：

一是缺乏深入理论研究。即使创意农业研究强调农业多功能性和多学科交叉研究视角，属于应用研究，但是也应该有主导学科基础的支撑，并为实践提出新的发展方向，如以经济学为基础研究创意农业经济增长数量和结构特征以及对农户和消费者福利影响等，或以社会学为基础研究创意农业多种生态效益和社会效益。因为缺乏深入理论研究基础，所以对于农业如何吸引创意产业和创意人才以及如何搭建创意载体等创意农业可持续的长效机制极度匮乏，而缺乏学理基础且尚存概

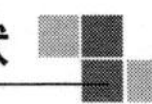

念界定含糊、零碎的学科知识观点运用到实践中去，很容易造成创意农业短期化，甚至造成“破坏性的创意”（creative destruction）。

二是缺乏成本—收益分析。创意农业作为一种现代农业发展模式和新型业态，国内外研究表明，创意平台的建设、创意环境的营造、创意氛围的塑造、创意意识的提升、创意产品的创建、创意人才的培养等项目，前期投入时间长、资金沉积量大，创意农业目前还需要政府的积极引导和政策的强力扶持，需要能够激励经营主体推动创意农业发展的全面、系统的制度和体制设计，更需要社会各界的通力协作，因而对发展创意农业的经济效益、社会效益、生态效益进行全面分析以及“成本—收益”定量分析十分必要，显然目前此方面的研究几乎处于空白状态。

三是缺乏对微观农户创意农业意愿和农业产业组织相关作用研究。创意的产生，更多的是农户建立在已有知识基础上的个人思想行为和学习行为，而目前只有王志刚等（2010）构建了农户认知模型和采纳模型分析影响农户对创意农业认知和采纳的影响机制。而缺乏理论研究和微观农户研究，正如陈良伟等（2010）调查指出，目前农户对发展创意农业主要有三种理念理解方面的偏差：第一种是认为农业发展就是实实在在的种养殖业，“创意”是工业或第三产业的特有词汇，农业中不可能存在创意。第二种是认为创意农业只是换个称谓而已，实质上并没能脱离休闲观光农业、都市农业、多功能农业的范畴，纯粹是一种文字游戏，不可能有持久的生命力。第三种是认同创意农业，但在参与创意农业发展的过程中，简单地停留在模仿层面，盲目跟风、盲目拷贝，创意不足，千篇一律，而没有把握农业“创意”的灵魂。此外，尚未见作为“下联农户、上联市场”具有中介作用的农民专业合作组织、农业龙头企业、专业协会等农业产业化合作组织和服务组织在创意农业发展中的地位和作用的研究。

四是缺乏系统的创意农业发展政策和机制设计研究。由于目前研究主要集中在创意农业的泛泛研究，而实际中最大的问题是农业用地的合理流转利用及土地制度问题，尤其是创意农业土地利用规模、交易成本和机会成本等，以及工商资本从事创意农业的管理问题。缺乏如何通过产业定位、科技支撑、主体培育、政策支持、资金扶持等系列体制机制创新和政策设计，使农业成为兼具生态、人文、文化禀赋，又具有极大包容性和吸引力的创新载体，吸引创意人才和创意产业集聚。

第四章 发达国家和地区创意农业发展状况

作为现代农业发展演变的一种新型农业业态，创意农业起源于20世纪30年代的西方国家，70年代得到大规模发展，90年代后快速扩展至全球。当今，起源于欧美的创意农业已被视为一种全球现象，发展十分迅猛。本章首先介绍国外这些典型的创意农业发展模式，随后结合相关文献，讨论国外创意农业的发展趋势。

（一）发展现状

国外创意农业发展主要是融合科技和文化创意到现代农业生产过程中，既丰富了农产品的功能，又提高了农产品的附加值。在文化经济与体验经济的引领下，荷兰、德国、英国等欧洲发达国家经过近20年的探索与实践，各自形成了适合本国国情的创意农业发展模式。这些模式在全球创意农业的发展领域极具代表性。一些亚洲国家的创意农业虽然起步较晚，但在其快速的发展过程中逐渐形成了自己的特色，并有超过欧洲国家的势头。

1. 高科技支撑型创意农业

(1) 荷兰

——概况

荷兰创意农业自上世纪 90 年代后期兴起以来，发展势头强劲，其创意农业以科技含量领先于世界。荷兰属于地中海国家，地势低洼、国土面积小，人均耕地面积少。由于这些条件的限制，促使荷兰在农业方面不断创新。荷兰在发展农业时注重创新科技的广泛应用，在发达的设施农业、精细农业基础上，研发高科技作物新品种，集约生产以花卉等高产值园艺作物为主的高附加值农产品。现在，荷兰形成了完整的创意农业科技生产服务体系，保证了创意农业的规模化经营及持续、健康的发展。具有传统文化特色的创意农业产业使荷兰农业发展的可持续性不断增强，具有市场竞争力的创意农产品大量出口，为荷兰创造了丰厚的外汇收入（郑艳伟，2012）。

荷兰政府将花卉业定位为持续、独立、具有国际竞争力的产业，并把花卉业作为一个高度发达的完整产业体系进行运营和发展。这个体系包括了花卉产品的研发、育种、生产、收购、加工、储运和销售的全部环节。荷兰以先进的手段装备花卉产业各环节，广泛运用精细设施，着力提高各环节的科技含量及其附加值。花卉产业链的成功整合给荷兰的创意农业带来了聚合效应和规模经济效益（白明月，2011）。

——荷兰农业的产业链

追求创新，强化产业链条整合是荷兰形成完整发达的创意农业的秘诀所在。通过全力打造创意农业产业链，除提高了产业链的经营水平、与其他产业形成了良性互动外，还实现了农

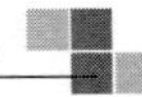

业经济发展方式的深层次转变（刘丽伟，2012a）。

目前，荷兰已形成完整、发达的创意农业产业链条。通过构建良性互动的产业价值体系、融入技术与非技术创新因素、强化链条整合、提高文化创意感召力等关键性举措，大大提高了荷兰创意农业产业链的经营水平。荷兰创意农业产业链，尤其是花卉产业链经营的成功实践，不仅有助于提高其创意农业产业化程度、减少行业波动风险、规避价格风险，更有助于促进创意农业产业升级、提高产业集中度、扩大规模经济效应，从而保持荷兰创意农业的世界领先地位（白明月，2011）。

由于世界农业经济领域的竞争已上升到产业链经营层次，荷兰政府高度重视创意农业产业链的整合与分工协作。荷兰创意农业产业链经营也因此成为荷兰“链战略行动计划”的重要组成部分。在农业关联企业供应链管理研究方面，荷兰享有国际声誉的主要研究机构有“链网、链群和信息通讯技术研究中心”及“农业产业链竞争能力中心”等。其中，“农业产业链竞争能力中心”在果蔬业、畜牧业、园艺业等领域开展了一系列研究，有关产业链——价值链管理和运作的研究水平在世界领先。

荷兰创意农业产业链的整合强调物流、信息流、价值流以及经营主体的多重整合，同时也注重区域内和跨区域的产业链整合，由此壮大了创意农业产业链的规模，并促进规模经济效益的发挥。在产业链整合过程中，创意农业的生产资源由低效益行业向高效益行业配置，提高了产业集中度，增强了市场竞争力。特别是大宗农产品已有比较完整的基于经济技术联系而形成的产业链，这些链环分属多个不同领域（农业、工业和商贸）。整条产业链的各环节环环相扣，链环上的各利益主体协同服务于共同的产业链，发挥聚合效应，共同分享产业链的整体价值。通过资源与生产要素的合理配置和各链环之间的紧密联系，使得所形成的规模经济效应进一步扩大（刘丽伟，2012a）。

——荷兰花卉业的研发

荷兰的花卉业世界闻名，其根本原因在于花卉业的科研发展十分突出。其花卉业的发展战略以技术为中心，强调适度规模经营、高度集约化管理、发展高新技术产品、占领技术制高点。

在研发和育种环节，荷兰高度重视花卉资源的收集和新品种的培育，科研机构研发出的花卉新品种、新技术、新工艺、新设备层出不穷。几乎每种花都有专门的育种公司，每年进行成千上万个品种的组合杂交；与此同时，政府倡导并推动开发地方文化资源，使花卉新品种体现出荷兰地方特色及其文化附加值。在生产、收购和加工环节，荷兰70%的花卉生产面积采用现代化的新型温室无土栽培，电脑自动控制，播种、移栽、采收、分级、包装等生产环节全部机械化作业。专业化生产使种植者在技术知识方面精益求精，努力提高产量，改善质量，降低生产成本（白明月，2011）。

——荷兰花卉业的物流系统

在储运和销售环节，荷兰拥有完整的储运和销售体系。比如，位于阿姆斯特丹西南的阿尔斯梅尔花卉拍卖市场是世界最大的花卉拍卖场所，凡进入该拍卖市场的花卉都要登记并按国际标准进行质量检测，随即被送到库房或冷库储藏以待拍卖。拍卖成交的产品按照客户要求进行包装，然后送到发货中心。发货中心设有植物检疫和海关。集装箱货车等在海关出口处，待海关放行后立即发送到附近的斯希波尔机场。这一连串的运作都分秒必争，以保证出口花卉新鲜。市场附近设有中转站，花卉产品在此进行配送，以保证充沛的货源、及时的运输和可靠的供应。为保护生产厂家利益，在其成为该拍卖市场会员后，因故未能当天卖出而销毁的花卉均按当日出售同类产品的最低价格予以80%～90%的赔偿。此外，荷兰的航空物流很发达，斯希波尔飞机场是重要的农产品物流枢纽。荷兰65%的花卉通过此机场运送到世界各地。

荷兰花卉产业链的各环节环环相扣，链环上的各利益主体协同服务于共同的产业链，发挥出聚合效应，共同分享产业链的整体价值。在完善的整合机制下，花农可专注生产高品质鲜花，花商则专注提供高效率的冷藏供应链，在包装和运输上不断创新。花农之间有着良好的同业合作，并大力发展与上、下游相关产业间的合作（白明月，2011）。

——荷兰创意农业的文化体现

荷兰的创意农业是一种文化艺术含量高、附加值高的农业新形态。荷兰的涉农企业和农户精益求精，力求生产出能满足社会需求、适销对路、科技含量高、有文化韵味的创意农产品。他们强调在运用农业科技动力提高创意农业效益增长的同时，积极挖掘地方文化传统价值，运用文化元素提升农业产业附加值，使农产品具有更大的市场吸引力和竞争力，创造出新价值和新的市场空间。荷兰花卉产业链经营的巨大成功就是建立在其独特的花卉文化基础之上的。

荷兰花卉业是一种综合农业复合体，它与当地的特色文化资源、城市市场消费需求、物流载体、人文环境、创意人才等有机衔接和融合，与其他产业形成了良性互动，关联度极高。

在荷兰政府的倡导与推动下，荷兰的创意农业产业链不仅科技含量高，而且融入了大量文化、制度、组织等非技术因素，使各环节的附加值大增。

荷兰是郁金香的国度，郁金香文化和种植历史可追溯到400年前。19世纪，法国作家大仲马所写的传奇小说《黑郁金香》，更使得荷兰的郁金香文化在世人印象中留下深刻烙印。现在的荷兰不仅是世界郁金香最集中的生产地，也是郁金香最大的集散地。在荷兰西部的利瑟，郁金香田地一望无际。当地花农根植于郁金香文化，将传统的以花卉生产为导向的发展模式转化为以市场或消费为导向的模式，使郁金香生产及其产品成为现代时尚创意的多种载体。利瑟每年的郁金香季从3月持续到8月，这期间会举行距离长达40千米的郁金香花车游行，几十辆用数以亿计的郁金香和风信子装饰而成的花车在乡间缓缓穿行，前有乐队引路，后有马车护卫。花车上的花娘，就像播撒春光的花神，经过时留下满径芬芳。这一活动每年吸引来自世界各地的几十万游客，强大的文化感召力不断提升郁金香在世界范围内的需求量，市场也随之拓宽，产业发展的可持续性更强。

——荷兰创意农业的其他领域

荷兰是世界最大的花卉生产国和出口国，世界花卉进出口贸易的67%来自荷兰。除此，荷兰创意农业产业链经营几乎囊括所有大宗出口农产品。荷兰不少农产品单产都居于世界前列，番茄、马铃薯、干洋葱等产品的出口额均居世界第一位；荷兰是世界最大的蘑菇生产国、乳制品出口国、禽蛋出口国。自20世纪90年代以来，荷兰每年农产品净出口值一直保持在130多亿美元，约占世界农产品贸易市场份额的10%，其人均

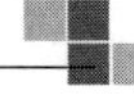

农产品出口创汇居世界榜首。

荷兰的风车、木屐、奶酪、郁金香被誉为“荷兰四宝”。在阿姆斯特丹北部的风车村，人们不仅可以领略美丽祥和的田园风光，而且能够切身体验17世纪以来的风车文化、木屐文化、乳酪文化以及郁金香文化。当地的农户们开设了木鞋作坊和乳酪作坊，现场演示木鞋加工及乳酪加工，依托乡村的创意农业全方位地展示了地方文化（刘丽伟，2010a）。

——创意农业中荷兰政府的作用

在荷兰，政府对创意农业实施了一系列符合国情的宏观调控和引导。考虑到荷兰可耕地面积有限，雨量大，日照少，政府就提倡种植不需要大量日照、产量高、质量好的禾谷类作物。荷兰大部分地区是平原，政府就提倡发展畜牧业、奶业及与之有关且附加值高的园艺作物，并从政策、资金、技术等方面提供切实的便利。在政府的政策指引下，荷兰无机肥料和合成化学杀虫剂的使用量逐年大幅减少，而使用有机肥料的农作物面积大幅上升。此举不但实现了有害物质对土壤和水的零排放，而且提高了农产品在国际市场上的可信度。

荷兰政府还出台若干相关激励政策，促进创意农业产业链的各环节有机地联结在一起，然后根据社会资源状况和市场需求状况的变化，在产业链环之间合理配置生产要素，协调各产业链环之间的比例关系，从而产生协同效应和能量聚合，实现产业链效益的最大化（刘丽伟，2012b）。

（2）丹麦

在丹麦靠近奥尔胡斯（Arhus）景观河谷的加尔滕（Galten），由建筑师戈特利布·帕卢丹（Gottlieb Paludan）和建筑学博士尼·伦茨-彼得森（Nee Rentz-Peterson，Ph. D.）联合设计的“猪之城”项目（Pig City Project）是一项农业新生产设施的架构，同时也是科技创意农业的典型案例。

虽然命名为“猪之城”，但是这个“城市”里有的却并不只是猪。这是一个超大型楼层组合，地下一楼养殖生猪，地上一楼的温室里面则种植西红柿。这是一个创新的概念，项目的想法是希望在生猪养殖业和农产品种植业之间建立一个可持续的农业模式，从而减少养猪时二氧化碳的排放，以及污染气体释放到水生环境时形成的富营养素环境污染的情况，使养猪业变为可持续发展，并且计划有着 20000 头生猪和 1100 吨西红柿的年产规模。

这一系统中，在下层养猪和上层种植蔬菜的中间，有着特殊材料和结构制成的过滤层。从下到上，包括混凝土或钢筋结构的地板，配套的废旧轮胎；在地板与农作物生长介质中还有一部分中空的空间，地板中加湿空气的管道中导入楼下猪养殖产生的热量，为植物提供更加温暖的根部环境；因生长介质被盛装在塑料漏缝地板上，西红柿彼此之间的间隔也恰当合理。在下层空间里，外界导入的新鲜饲料、水和空气，供猪成长，这个过程中产生的二氧化碳气体被上层的绿色蔬菜所吸收、进行光合作用后还原为氧气，而猪的排泄物中含有磷酸盐和氨，正是西红柿种植需要的化肥原料。两者之间的协同效应显而易见。此模式中，空气从进入到出去，形成了一个循环系统，最后释放到大气中的仍然是纯净无污染的空气。养殖场里的猪产生的废料也被上层的植物利用，这样就保持了猪舍清洁。

“猪之城”计划对普通的民众公开，这样一来公众可以清楚地浏览许多食品制造方面的信息。项目中还包含一座农产品商店和学习中心，平时可接待游人参观。游客可以看到番茄生

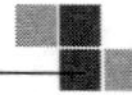

产的过程以及猪养殖的情况。它不同于传统养猪场的脏乱差而是干净整洁。无论是猪还是人在里面都能保持心情愉快。项目向市场供应肉类和蔬菜，并且有着自给自足的能源供应，实现了可持续发展的初衷。这个项目证实和演示了农作物产品的生产过程与对动物、人类以及环境的尊重相结合是有巨大的可能性的（VainyYu，2011）。

（3）新加坡

新加坡作为一个城市国家，土地等各种生产性资源非常有限，几乎没有明显的农村和城市的界限，素有“花园城市”之美誉。尽管农业在新加坡三大产业中所占比重不到1%，但是其农业是典型的都市农业，再加上国土面积有限以及先进的科技、理念装备，新加坡的都市农业很早就有了创意农业的内涵，新加坡发展创意农业的精髓在于通过将休闲、生态等功能融入高经济价值作物，提高农产品的附加值，重点发展现代化的农业科技园，尤其是具有观赏休闲和出口创汇功能的高科技农业园区（任钰，2011）。新加坡的农业园区走经营企业化、生产规模化、产品标准化和效益最大化的发展之路，使资本、技术和土地资源有效地结合在一起，让农业在弹丸之地的新加坡处处生金，取得了良好的经济和社会效益（刘丽伟，2010b）。

新加坡的创意农业在重点发展高经济价值作物的同时，大力开发农业的休闲、生态及美化等功能，不断拓展休闲、观光农业园区的规模，在市区周围创造了被称为“城市动植物园”的特别饲养场及农耕区，包括蓬戈尔养猪场、林厝港养鸡场、淡边观赏鱼场和森巴旺水栽蔬菜场等。猪场、鸡场等饲养场均采用高科技的自动化管理手段来控制畜舍及禽舍，解决了异味释放、畜禽粪便污染等环境问题。

目前，新加坡重点发展现代化的农业科技园，科技园占地面积达到15万平方米，每个园区都有不同性质的特色农产品品种，如养鸡场、胡姬花园、渔场、牛羊场、蘑菇园、豆芽农场和菜园等。这些农场应用高新技术，旨在取得比传统农业的生产方式更高的产量，赋予农产品更高的附加值。这些新技术包括自动化、工厂化，通过集约选育达到遗传性状改良、饲料的基本分析及选择和水处理再循环等。

新加坡政府资助创建具有观赏休闲和出口创汇功能的高科农业园区，旨在通过科技以及深度加工来提高农产品的附加值，并取得良好的经济和社会效益。在现代化农业科技园的基础上，新加坡还大力兴建科学技术公园。公园内兴建大型集约农场，采用最新的适用技术，已取得比常规农业更高的产量和收益，许多相关学科的专家都参与了公园的组建和管理。新加坡利用科学技术公园的研究成果，大力发展高科技农业，其中包括无菌鸡蛋产业、水耕农业新技术、高科技水产场、细胞移植法培育花卉以及食用菌生产工厂化。通过这些新技术、新理念，新加坡市的农户们求新、求变、求高品质、求高附加值，既要形态上的创新，更要追求品质上、味觉上的创新。农业创意不断涌现使得农业越来越精致。他们采用试验水载法、气耕法，成功地栽种甜瓜、椰菜花和其他富有营养价值的蔬菜。农业科技园里的高产值出口性农产品，如观赏鱼、珍稀动物、名优花卉和果树等吸引着世界各地的游客。

新加坡虽然是在几乎没有农业的背景下发展创意农业，但其在利用高科技、新理念来保障食物供应、提高农产品附加值、增加农民收入等方面，对我们具有较大的借鉴意义（任钰，2011）。

2. 社会生活功能型创意农业

德国政府在上世纪 90 年代以来在对国内环境进行保护的同时，一直致力于发展创意农业。主要的发展模式是休闲农庄或农业公园。德国政府在城市郊区划定区域，划分成小块出租给城市居民，居民主要在划定的区域内进行农业生产劳动，在紧张的工作之余享受田园风光和农业劳动的充实。承租者可在农地上种花、草、蔬菜、果树等或经营家庭农艺。通过亲身耕种，市民可以享受回归自然以及田园生活的乐趣。在农业生产过程中，不同的种植区形成了起到满足城市居民各种生活需求的社会功能型休闲农庄或农业公园。城市居民可以在农业公园欣赏自然风光、进行企业户外管理培训、修养身心等。其中最为著名的城市是慕尼黑，20 世纪 90 年代以来，慕尼黑郊区因其独特的“骑术治疗项目”及其所实施的“绿腰带项目”系列创意农业行动方案而成为人们向往的休养之地（郑艳伟，2012）。

德国慕尼黑位于德国南部，面积 310 平方千米，人口 126 万，人口密度每平方千米 4 277 人，所辖 25 个区，是德国的第三大城市，仅次于柏林和汉堡。与其他世界级大城市相比，无论是从人口数量上看还是从土地面积上看，慕尼黑都像是一个小村庄，但是这丝毫也没有减弱慕尼黑作为国际大都市的重要性。相反，以其独特的人文景观和田园风格在国际大都市中独树一帜。因此，作为德国最大的联邦州巴伐利亚的首府，慕尼黑是德国南部最重要的城市，也是具有国际声誉的经济之都和文化之都（于雪梅，2012）。

巴伐利亚是个传统上的农业大省，尽管在最近的 50 年里巴伐利亚逐渐发展为现代的工业区，但是它仍然保持了原有的农业面貌。如今，巴伐利亚是德国最重要的农业基地，农业用地的面积占德国农业总用地的20%，也是欧洲的核心农业区，农产品的年销售额达330亿欧元。作为巴伐利亚的首府，慕尼黑的郊区农村也是以农业、畜牧业、园艺业和林业为主，虽然随着都市的发展，慕尼黑郊区农村也肩负着垃圾处理、水资源供应、能源供应、污水处理、交通建设等任务，但是它仍然保持了传统的经济结构，呈现出宝贵的原始自然风貌（于雪梅，2009、刘丽伟，2010）。20世纪90年代以来，随着全球化趋势的进一步加强，特别是随着欧洲一体化进程的加剧，慕尼黑的城市发展面临着新的挑战。于是，为了适应可持续发展的需要，也为了满足国际大都市居民在生活、休闲、娱乐等方面产生的新需求，慕尼黑市政府在郊区农村实施了“绿腰带项目”，在发展生态农业、加强环境保护的同时，大力发展创意农业，利用郊区农村的生产、生活、生态资源，发挥创意、创新构思，研发设计出具有独特性的创意农产品和活动，进而提升现代农业的价值与产值，创造出新的、优质的农产品和农村消费市场与旅游市场。这不仅为城市居民提供了优质的农产品和适宜的休养娱乐场所，同时也促进了慕尼黑郊区农村的社会综合发展。

“绿腰带项目”中的“绿腰带”，指的是慕尼黑城市外围没有覆盖建筑物的土地，也是连接慕尼黑城区和相邻乡镇的地带，土地面积约335平方千米（市城区为310平方千米）。在这里，除了发展农业之外，保护动植物宝贵的生活环境，扩大保护区的范围，建立具有战略意义的生态发展区，加强文化休闲场所的建设，也是慕尼黑郊区农村未来发展的重点。为此，

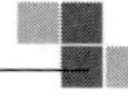

慕尼黑市政府和郊区的农民们一起制定了一系列的行动方案。

(1) 干草方案

“干草方案”是保护性使用绿腰带地区土地的一个典型做法。该方案给予了绿腰带地区的农民新的动力，鼓励他们来保留这块布满鲜花、但却正在不断减少的草地。农民们通过把草地上的干草分成小包装卖给城里的小动物饲养者，获得了更多的收入。而对于城里人来说，在干草包中包含着的不仅是宝贵的、天然的美味饲料，这里还融入了来自慕尼黑绿腰带地区的家乡的味道。由于草地不需要过多的养护，因此此项措施还大大保护了水源和土地。同时，草地上遍布的鲜花给人以视觉上美的享受，吸引了许多城里人来这里踏青、郊游。特别是对于城里的孩子们来说，在广阔的原野上自己采摘一束鲜花实在是个不同寻常的经历（于雪梅，2012、刘丽伟，2010b）。

(2) 菜园方案

“菜园方案”是绿腰带的农民和市政府共同开辟的一条发展道路，旨在满足大城市居民迫切的回归自然的要求。长久以来，许多城市居民都梦想有一个自己的菜园，这些城里的园艺爱好者往往只能在自家的阳台上用小箱子来侍弄花草。“绿腰带项目”实施之后，他们可以在绿腰带上实现自己的梦想。绿腰带上的农民将自家的菜地分成 60 平方米的小块来出租给城里人，菜地的位置要尽可能地靠近城市聚居区，租费也非常便宜，每年只有 110 欧元。“菜园方案”从 1999 年开始实施，目前在绿腰带尚有 10 块这样的地方，提供超过 500 个小菜园。与其他城市郊区的菜园不同，绿腰带上的菜园每年只出租半年，即从 5 月中旬到 11 月中旬。在 5 月中旬之前，土地的翻耕、播种等前期工作都由专业人士来完成，借此来保证正确的种植间距和最优化的种植安排。出租者于每年的5月中旬来接管菜园，每周需要投入2～3小时的工作。在蔬菜的种植过程中，矿物肥料和化学保护剂是绝对禁止的。

在“菜园方案”中，当地政府的直接推动措施至关重要。长久以来，慕尼黑的市民们回归自然的愿望非常强烈，对郊区菜园的需求历来很大。但是，并不是每一个郊区的农民在春季的农忙时节都有时间和精力来照顾这些城里人的菜地，因此，对郊区菜园的需求一直远远大于供给。在当地政府的倡议和协调下，成立了慕尼黑菜园园丁协会，该协会收取会员们一定的费用，策划承担了大部分的组织工作。例如，规定有关的收费标准、管理会员、协调农民与城里人的联系、提供农用器具、出信息板报，等等，协会有时还会根据具体情况雇用有经验的园丁来统一管理菜园。协会的工作大大减轻了绿腰带上农民的负担，为城里人提供了享受自然、享受劳动乐趣的好机会。

“菜园方案”除了为农民带来经济方面的收入，还具有重要的社会意义。对于城里的孩子来说，亲历蔬菜的生长，包括种植和浇水，是一场难忘的经历。这些年轻的小园丁会突然间喜欢上某些蔬菜，而这些蔬菜在以前通常都是被搁置在盘子的边缘。对于成年人来说，和菜园的邻居们进行愉快的交谈，互相交流园艺和厨房的经验，也是一种幸福的享受。在喧嚣的大城市里获得一份自然、协作、安宁和悠闲，绿腰带上的菜园让这些都成为可能[①]（周胜芳，2010）。

---

① 周胜芳．国外政府扶持创意农业发展的经验及启示（J）．农业展望，2010(9)：54-58.

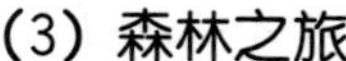

(3) 森林之旅

慕尼黑郊区拥有约 5 000 公顷的森林。丰富的森林资源不仅带来了丰富的木材资源，而且还发挥着蓄水、防风、净化空气及防止水土流失的功能，它是环境保护的重要力量，也是人们理想的休养之地。慕尼黑在保护森林的同时，还开发出森林的科普和环保教育功能。学校和幼儿园经常组织孩子们来到绿腰带上的森林里，在护林员的带领下接触森林、认识森林、了解森林。在这一过程中，护林员给孩子们富有情趣地讲解有关森林里的树木、木材的使用、森林的功能、森林的土地、食物链、森林与水、森林里的动植物以及在森林里正确的行为方式等话题。而对于成人来说，森林之旅也会让他们获益匪浅，护林员会耐心地告诉游客：森林是如何生病的？可持续发展意味着什么？为什么要伐木？树木年轮上的数字代表什么？为什么森林里会有很多枯树？为什么要在森林里修建篱笆？绿腰带上的森林还是一些企业开展培训项目的好场所，如团队精神培训、创造性培训、灵活性培训等。将这些培训项目从公司的会议室搬到郊外的森林里，不仅在形式上是新的创意，而且会带来意想不到的培训效果（于雪梅，2012、刘丽伟，2010b）。

(4) 骑术治疗

“绿腰带”上另一个引人入胜的休闲项目是骑马，特别是在春天的时候，农民们将自己的马匹出租给骑马爱好者，他们可以在自由的天地里任意驰骋，而不是在骑马场里兜圈子。在马背上去重新认识森林和草原，总是会让人有新的收获。

除了典型的休闲项目之外，“绿腰带”上的农民在政府的帮助下，根据自身的优势，开辟了骑术治疗项目。接受治疗者在治疗教练的帮助下，在马背上（通常是不配备马鞍的）完成各种治疗项目。在心理治疗方面，骑马体疗可导致新条件反射的形成和旧的消失，导致新习惯的产生。在马背上可以转移对患病的固定念头和对自己缺陷的思考，从而对人们的情绪和健康状况起到良好的作用，减弱或消除内心的紧张、束缚，形成勇敢、开朗、机敏和顽强的特征。在慕尼黑这样的大都市里，骑马治疗只有在“绿腰带”地区才成为可能。因为治疗用的马匹需要有良好的素质，而这些素质，只有在“绿腰带”上生长起来的马才能具备。它们在“绿腰带”柔软宽阔的草地上与同伴们一起自由生长，不仅形成了健康的体魄，而且养成了平和坚定的性格。这些马个个听话温顺，受到外界刺激也不会受惊和发怒（于雪梅，2012、刘丽伟，2010b）。

骑马治疗给慕尼“黑绿腰”带上的农民带来了新的经济增长点。由于骑马治疗在德国已经得到相当程度的认可，因此除了个别治疗项目之外，骑马治疗的费用基本上由医疗保险公司来支付。另外，一些青少年基金会也出资为青少年提供（心理方面的）骑马治疗。

慕尼黑郊区农村是深受百万都市居民喜欢的休养场所。森林、草地和农庄对城市居民都有很大的吸引力。除此之外，“绿腰带”地区有许多湖泊，这些大大小小湖泊是人们游泳的好去处。而其他的水上运动也将人们的业余生活打造得丰富多彩。此外，采蘑菇、慢跑、野餐、骑自行车漫游……慕尼黑的自然爱好者在“绿腰带”上可以经历很多，而且不分四季。因此，慕尼黑人常说：“慕尼黑绿腰带”永远都是旺季，永远都很热闹。在绿腰带这块335平方千米的土地上，可以找到许多机会，可以成就许多事情，每个人都可以获得自己的位置，“绿腰带”是深受人们欢迎的休养地。单从这一点上看，慕尼

黑郊区农村的地位和作用在未来将会变得越来越重要（刘丽伟，2010c）。

3. 旅游环保型创意农业

（1）英国

英国是世界上发展农业旅游的先驱国家。一方面，高度发达的城市化为农业旅游提供了庞大的目标市场。作为世界上工业化起步最早的国家，在20世纪70年代，英国的城市人口就占全国人口的80%以上。城市人口因长久远离自然，而产生了走进乡村、亲近自然、舒缓心理压力、参与户外活动的共性心理需求，尤其是城里的孩子们由于对农村、农业陌生得很，更渴望体验田园生活。另一方面，经济快速持续增长，也催生了农业旅游。人们的可自由支配收入大幅增加，闲暇时间增多，私人汽车拥有量增多，消费需求层次提高等诸多因素，使得英国农业旅游应运而生并迅速发展起来（刘丽伟，2010a）。

1992年，英国有农场景点186个、葡萄园81个、乡村公园209个，占英国人造景点的1/10。目前，全英近1/4的农场直接开展农业旅游。农业旅游的经营者绝大部分为农场主。每个农场景点都为游客提供参与乡村生产生活、体验农场景色氛围的机会。农场内一般设有一个农业展览馆并配以导游和解说词介绍农业工作情况，备有农场特有的手工艺品，提供餐饮、住宿服务。多数景点有儿童娱乐项目（刘丽伟，2010c）。

虽然农业旅游的收入可能要大于农业生产的收入，但农业生产主体地位并没有被削弱，农业旅游始终是农场经营多样化的一个方面（刘丽伟，2010a）。从农场的经营规模、经营效益以及市场需求特点出发，各景点都坚持小型化经营的取向及私营化的管理方式。由于农业旅游者90%以上是本地区居民，所以各景点普遍运用本土化的市场战略扩大市场以实现利润最大化（刘丽伟，2010c）。最为重要的是，英国的农业旅游与文化旅游紧密结合起来，使游人在领略风景如画的田园风光中体味几千年历史积淀下来的民族文化。英国的农场还通过旅游开发来保护农场环境及农村生态环境。截至2009年，英国大约有2.5万名农场主参加了以保护农村风景为主的农业环境计划，种植了总长4万千米的灌木篱笆墙，他们还管理着23万个农用水塘，大大丰富了农业旅游资源。另外，果蔬采摘在英国有着将近40年的历史。到农场自行采摘，不仅能感受大自然气息，同时还能享受采摘过程中的乐趣、放松心情，更能够带走最新鲜的蔬菜水果，为餐桌增添一分情趣。因此，采摘一直以来在英国长盛不衰（任荣，2009）。

免费的有机农场体验是英国农业旅游的另外一个成功的创意。有机食品由于其天然无污染的特性，越来越为人们所接受并得到重视，需求量也越来越多。在英国中部的小镇卡特梅尔就有这样一个叫Hobarrow的有机农场。这里种植着餐桌上常见的各种蔬菜和水果。然而它的过人之处并不是有机食品的种植——生产——销售一条龙服务，而是其特有的体验式经营。

农场的主要销售方式是通过自己的商店和互联网来销售农场种植的各种有机蔬菜、水果。通过大小不同的包装以及不同种类的搭配来满足人们的需求。由于英国自身气候和地理环境的原因，有些蔬菜、水果是无法在本地种植的。因此，为了能最大程度地满足顾客的需求，农场必须从其他国家进口一些自己无法种植的果蔬。可是，一直专注于本地种植销售的农场主已经无暇再联系进口的业务。于是，农场就和英国本地一家专

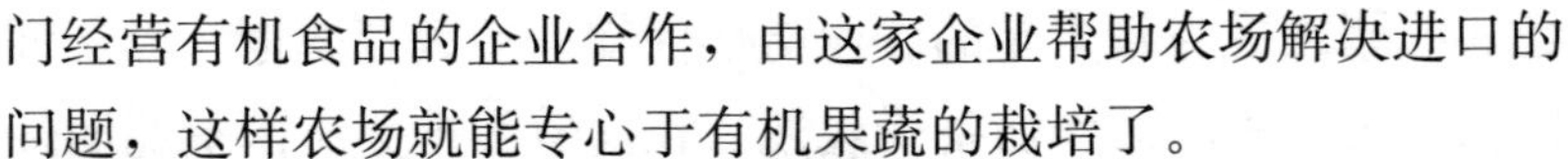

门经营有机食品的企业合作，由这家企业帮助农场解决进口的问题，这样农场就能专心于有机果蔬的栽培了。

然而，这并非农场真正的独到之处。农场本身还为顾客提供住宿服务，让客人在农场享受一份乡间的悠闲。在这里客人不仅能感受田园风情，挑选自己喜欢的有机蔬菜、水果，还能亲自看看有机果蔬是怎么栽培出来的。农场最具特色的服务就是，当你住在农场以后，在农场员工的指导下，你可以亲自参与到有机果蔬的栽培过程中，亲身体验农耕的乐趣。农场为了鼓励游客的参与，特别推出了一项奖励计划。当你付出了辛苦的劳动后，农场会根据实际的劳动时间和强度，免去相应的住宿费用。这样，游客不仅体验了农耕劳作的辛苦与乐趣，还得到了应得的报酬——免费住宿。

这种创新的经营模式，极大地引起了消费者一试身手的兴趣。通过自己的劳动，真切体验农耕劳动的辛劳。汗水与乐趣相伴的体验深受游客的欢迎。尤其是一些父母，他们希望能借此机会给自己的孩子好好上一堂劳动课（任荣，2009）。

（2）法国

法国创意农业属于以环保生态功能为主的创意农业，其典型的案例是法国首都巴黎的创意农业（李勇，2011）。

巴黎的创意农业对城市食品供应的功能并不明显，巴黎的各种食品供应，主要经过四通八达的高速公路网，由法国各地乃至欧洲其他国家完成。所以，巴黎的创意农业突破了自给自足的生产，而突出农业的生态功能。表现在利用农业把高速公路、工厂等有污染的地区和居民隔开来，营造宁静、清洁的生活环境；利用农业作为城市景观，或者种植新鲜的果蔬、花卉等居民需要的产品；一些农业园区成为市民运动休闲的场所，还有些园区成为青少年的农业与环保知识的教育基地。巴黎郊区的葡萄园和酿酒作坊备受欢迎，在向游客推介法国葡萄酒知识与酒文化的同时，还为其提供亲身体验农事的机会。游客可以参与酿制葡萄酒全过程、品酒并将酒带走，享受田园之乐趣（孙大鹏，2010）。

法国巴黎的创意农业建立在发达的现代农业基础之上，其农场规模大、生产专业化程度高、农产品加工的产业链长。其高效益型、生态型的创意农业在创造高产值的同时，还大幅度提升了农业的教育功能、环境保护功能及休闲娱乐功能，其中生态环保功能尤为明显（刘丽伟，2010b）。

(3) 加拿大

在加拿大卑诗省的奥肯纳根湖区，大大小小的葡萄园点缀在弯弯曲曲的湖岸边、山脚下。这里拥有加拿大西岸最大、最多的葡萄酒庄园，光是沿着湖畔就有超过 30 个庄园，而这里出产的红葡萄酒、白葡萄酒、冰酒屡获国际大奖，在酒类市场占有重要地位。

葡萄酒旅游也是这一地区的一个特色。而且一年四季都有不同的旅游项目。春天，葡萄还没长出来，但是山坡上已经便开满各色的野花。一边品尝着美酒，一边欣赏满山遍野盛开的野花，是一种别样的风情。夏天，伴随着当地踢踏舞演员的户外表演，喝下一口香醇的葡萄酒绝对是一种享受。秋天，这里不仅能见证葡萄的成熟，更能和大家一起分享收获的喜悦。如果有幸，还能加入到葡萄采摘的队伍中。冬天，可以在这里体会世界上独一无二的冰葡萄酒。冰葡萄酒的制作方法是在葡萄收获季节时先不予摘收，任其在葡萄树上遭受冰霜的侵袭，直到圣诞节前后温度低于 15℃下霜的时候才用手工摘取。这种

体验可是在别的地方感受不到的。

除去这些之外，酒庄还为游客提供葡萄酒的品尝服务和葡萄酒知识培训。当然，葡萄酒销售也是必不可少的，想买多少钱的酒就要看自己了。不管怎样，临走时带走一瓶中意的葡萄酒是一定的。

酒庄一般都推出 1～2 天的旅游套餐，包括了住宿、参观、品尝、培训等项目。价格最低的只需要 150 美元一个人，最贵的豪华 2 日游则需要 460 美元一个人。如果您愿意再多付 25 美元，就能享受免费的早餐、免费泡一次温泉。同时，游客还可以在庄园享用不同等级的葡萄酒晚餐，费用从 40 美元到 100 美元不等（任荣，2009）。

（4）马来西亚

马来西亚十分重视花卉旅游业。围绕建设农业旅游，从 1992 年起将 7 月 2—9 日定为一年一度的“花卉节”。在花卉节期间举行各种花展、花竞赛、花车游行，各购物中心、酒店也以花为主题营造“百花齐放的绿洲”、“迷人的花世界”、“花的海洋”等购物环境，生动形象地宣传花卉，让花为众人所识，使全社会形成养花、爱花的新习俗。

马来西亚花卉节的其中一个目的是要向本国人及游客呈献马来西亚丰富的花卉品种。除了展现马来西亚遗产的壮美之外，花卉节也希望能够增加市场对花卉的需求，以及增加农业领域对刚在本地萌芽的花卉市场的贡献，以发展这项有可能带来盈利的出口贸易。

马来西亚在花卉节期间还推出了一系列的活动，包括花卉摄影赛、花卉摄影展，花卉设计/装饰竞赛。最具特色也是最吸引人的还是花车游行。马来西亚是东南亚第一个举行花车游行的国家。马来西亚在1988年美国玫瑰花车游行帕萨迪那锦标赛中赢得了最负盛名的五个奖，并因此受到了启发，开始在本国举行花车游行。在花车游行之后，所有参赛的花车都会放置在有冷气设备的帐篷内，以供公众欣赏。此外，为了使游行更吸引人，学校乐队和街头表演也会参与其中。游客可以目睹以最奢华的花卉装饰而成的花车和从各处选拔来的世界一流游行乐队的演出。

为了增加公众对花卉节的了解及参与，马来西亚国内的购物商场及酒店也会在花卉节举办期间参加花卉设计比赛，届时评审团将选出最佳创意的购物广场及酒店大厅。

随着花卉生产的兴起，政府与有关部门紧密结合，实现花卉生产基地化、专业化。大量游客来到马来西亚观花、赏花、购花，大大活跃了花卉市场。与此同时，马来西亚将花卉节与旅游紧密结合起来，生动丰富的旅游业务吸引了国际上更多的游客，使马来西亚旅游业年年连创佳绩。马来西亚旅游业每年能够吸引超过2 000万人次的游客到访，创造445亿令吉（1美元约合3.6令吉）的旅游收入，并带动各相关领域和整体经济的发展，旅游业已经成为马来西亚排名第三的产业（任荣，2009）。

4. 综合功能型创意农业

(1) 概述

日本创意农业发展重点是设施农业、加工农业、观光休闲农业、多样化农业，是综合功能的创意农业。其重点开发农业的绿色、环保、体验、休闲和示范功能，并以高新技术产业和镶嵌式多功能的“绿岛农业”为两大特征。日本的创意农业主

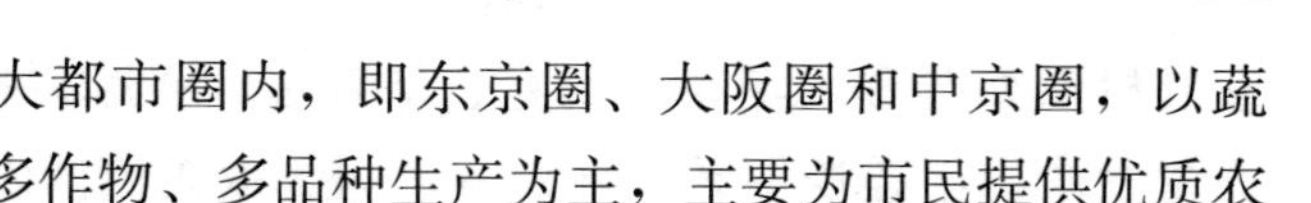

要集中在三大都市圈内，即东京圈、大阪圈和中京圈，以蔬菜、水果、多作物、多品种生产为主，主要为市民提供优质农产品和满足绿化环境的需要。

实际上，在日本至今尚无创意农业的表述。但是，早在20世纪70年代初，日本就已经出现了我们今天称之为创意农业的发展农业、建设农村的农民自发活动，这些活动给后来兴起的大规模创意农业活动，如20世纪70年代末期在大分县开始兴起的一村一品运动以很大的启发，并成为其源头。这些自发活动，如大分县汤布院镇的一头牛牧场运动及品尝肥牛大喊大叫大会和没有电影院的电影节等，表现出了当地居民先驱性的创意思维。其后的"一村一品"运动则通过当地政府领导人的积极倡导和大力、广泛培养创意领军人才而将先前的自发创意活动的思维方式、成功经验继承并发扬光大，依靠农民自己的创意和努力使之运用于每个村、镇的特色产品开发、特色文化、体育、观光旅游活动以及国际交流活动的创设和开展。在持续几十年的"一村一品"运动中诞生了无数个品牌产品、商品以及独特的文化、体育活动，使一个什么特色也没有的农业省份大大提升了其在日本国内及国际上的知名度，农业经济结构和农村面貌都发生了很大变化。

如果说20世纪70年代后期开始的"一村一品"运动是日本创意农业发展的初级阶段的话，那么，90年代中期以后开始展开的旨在实现一种城市和乡村居民新生活方式的城乡交流融合活动、绿色休闲活动，则使日本的创意农业进入了一个新时期，迈上了一个新台阶。

20世纪90年代中期，特别是进入21世纪以后，面对日本农村地区日益深刻的人口过疏化、劳动力结构超老龄化、农业农村活力严重下降的新形势、新环境，日本以政府为主导，通过立法提出要挖掘和发挥地方潜力、振兴搞活农山渔村、建设新农村社区和美丽乡村、实现城乡“交流融合”新生活方式，并出台多项鼓励扶持政策和措施，在全国范围内开展了以创意农业为中心的搞活地方经济、村镇建设、新农村社区建设以及城乡交流融合活动，主要包括提倡绿色休闲、振兴都市农业、设立都市菜园、建设美丽乡村和优良田园住宅、鼓励都市居民到农山渔村定居、半定居从事农业劳动或农业劳动体验等，政府还成立了以相关各部副部长组成的“副大臣项目小组”推进城乡交流融合活动，同时成立了以民间人士为主体的非政府组织：“往来！日本会议”，实施“往来！日本”全民运动，举办各种大奖赛和评比，如设立“往来！日本大奖”表彰和奖励在全国“往来！日本”全民运动中表现突出的组织，以资鼓励和普及“交流融合”新生活方式；“美丽乡村建设竞赛”旨在鼓励农村地区通过自己的努力实现农业可持续发展，保护或形成美丽乡村景观。

(2) 大分县的“一村一品”运动

——“一村一品”运动的兴起及其内容

“一村一品”运动始于1979年，由当时上任不久的大分县知事（相当于我国的省长）平松守彦首倡，作为振兴和搞活以农业为主的大分县社会经济、文化及提升地方知名度的政策和手段而提出并得到推广的。从目前来看，此活动取得了极大的成效。“一村一品”运动的发展大致经历了5个阶段：1979—1982年为初始发展的第一阶段；1983—1988年为创办“建设丰之国学校”培养人才的第二阶段；1989—1993年为发展“一村一文化，一村一体育”运动的第三阶段；1994—2001年

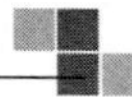

为开展观光、交流的第四阶段；2002 年至今则是将“一村一品”运动与地方国际交流活动相结合的第五阶段。现在，经过将近 30 年的发展，“一村一品”运动已经从发展初期依靠创意培育特色产品活动发展成为与创意文化、创意观光以及国际交流活动相结合的创意活动，波及日本全国、亚洲乃至世界各地。

大分县历史上是数个小藩国分立的地区，各个小藩国都拥有各自独自的文化传统，但却没有明显的县域特色，没有统一的价值观，“什么特色也没有”成为该县的特色。由平松知事所倡导的“一村一品”运动正是从“什么特色也没有”出发，采取逆向思维方式变无为有。这样的思维方式，在“一村一品”运动开展之前，当地一些先驱者就已经自发地开始加以运用和实践了，他们依靠自己的创意创设了诸如“没有电影院的汤布镇电影节”，“一头牛的牧场”、“品尝肥牛大喊大叫大会”等富于创意的活动。而“一村一品”运动则是在倡导将这样的创意思维方式普及运用到每个村镇的农业、社会、社区建设和发展中去。“一村一品”运动主张依靠自己的创意和努力，挖掘、发挥和灵活利用地方潜在资源与潜在能力，使每个村、镇都拥有至少一种独具特色的农产品或别的产品、商品、观光点、节庆“秀”活动等，并使之享誉全国，成为品牌。此外，“一村一品”运动并没有仅仅停留于产品层面，随着“运动”的深入，又开展了“一村一文化”运动和“一村一体育”运动。例如，没有电影院的汤布院镇举办的电影节、中津市山国川的拔河比赛、本匠村的日本第一大水车、九重的冰雪祭典、日田市的自由森林大学、中津江村的地底博物馆等都成为独具特色的文化、体育活动。

——“一村一品”运动的原则和特点

大分县的“一村一品”运动不是一时的“运动”，轰轰烈烈搞一阵子就偃旗息鼓，而是几十年还在进行的一种持续的活动。“一村一品”运动以“立足本地，放眼世界”“自立自助，创意下工夫”和“培养富于挑战精神的人才”为三大原则，目标是要“建设令人感到自信和骄傲的家园”，实现“县民在生活的各个方面都感到充足的GNS（即国民总充足度）型社会”目标。因此，该项运动不仅仅停留于特色农产品的开发和生产，同时还将创设和举办各种文化、体育、节庆“秀”和观光活动以及兴建活动设施纳入其中。实际上，这也正是我们今天所提倡的以创意农业发展模式促进新农村建设的主要形式之一。该项运动之所以能够持续开展几十年，它的三大原则正是其有力保障。

“一村一品”运动还以培育品牌特色农产品为发展主线，依靠富于挑战精神的人才及其创意持续不断地推出新的特色产品。在该项运动开展后的第二年（即1980年），全县培育出了143个特色产品，销售额达到了359亿日元。其中，单品销售额达10亿日元以上的有4个品种；至2000年，特色产品达到了329个品种，1 402亿日元的销售额，是1980年的3.9倍。其中，单品销售额10亿日元以上的品种发展到了19个。

——“一村一品”运动的案例

❖ **案例1：雪子寿司**

大分县本匠村一位名叫高桥文子的妇女本来是开理发店的，“建设丰之国学校”给了该村3个参加培训的名额，其中要一名妇女，村里就让她去。培训结束后，她回到村里组织部分村民成立了一个“家乡本匠会”，一开始他们想到的是将当

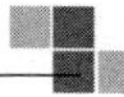

地出产的农产品包装装箱后邮寄给在外地工作的当地藉人，可以借此宣传本地的农产品，但这只是一种简单的包装装箱，高桥文子觉得很不满足，她想应该还要利用这些材料加工制作成美味食品更有意思。于是，“家乡本匠会”会员反复思考、试验，试做成了“香鱼寿司”、“竹笋寿司”这样一些以前没有过的寿司，但并没有名气。2001 年，一个香菇种植者提出可否利用当地产的香菇制作成什么食品，还有人建议将制作的食品再送到林业厅举办的食品竞赛去参加评比，高桥文子采纳了他们的建议，用萝卜、大叶和香菇混合制作成寿司饭，取名“雪子寿司”，并参加了林业厅的食品竞赛，夺得第一名，后又被选送代表大分县参加全国竞赛，又夺得第一名，这引起了媒体的广泛关注并被媒体宣传报道。从此，“雪子寿司”寿司便成为本匠村乃至大分县的名牌产品，吸引了很多旅游者慕名前来当地旅游观光，不仅增加了村民的收入，同时也增加了就业岗位。

❖ 案例 2：品尝肥牛大喊大叫大会

大分县的“丰后牛”是日本有名的食用肉牛品种之一，据称其肥嫩的口感堪称世界一流，但价格很贵，产量很少。而几十年前汤布院周边也有很多农家饲养耕牛，但随着农业机械化的普及，耕牛已经越来越少了。到了 20 世纪 70 年代初，为了有效利用原来饲养耕牛留下来的大片草地，当地人自发开展了“一头牛牧场”运动，他们以 20 万日元为一个认养单位，以居住在大都市的居民为对象，开展了认养肉牛的活动，并以当地的特色产品作为利息每年寄给认养肉牛的主人。后来，从 1976 年开始，这种认养活动发展为每年一度举办的“品尝肥牛大喊大叫大会”。即每年秋天，饲养肉牛的农家邀请认养肉牛的主人（可以带小孩，别的人也可以参加，全部实行人数限定收费制）到牧场来欢聚，现场烧烤品尝肉牛，酒足饭饱之后，再抽签选出 100 人依次向着蓝天在噪音测定器跟前大喊大叫，把自己平常不敢、不愿说的一些心愿、牢骚、不满等喊出来，根据噪音大小、喊叫的内容是否独特有趣等评选优胜者，发给奖品，凡聚会参与者都可以通过抽奖获得奖品，奖品都是大家喜欢的本地葡萄酒、调味品、大米、烧酒以及当地的酒店住宿打折券等实用的东西，活动持续一周左右。这样的活动受到了城乡居民的欢迎，通过这样的活动，不仅振兴了当地的畜产业，使闲置的草地得到了再利用，同时也促进了旅游业，使都市居民能够有机会与乡村居民进行面对面的交流，还给了都市居民们一个亲近自然、宣泄紧张情绪的机会。

❖ 案例 3：川场村与东京的城乡交流

群马县川场村以“农业＋观光业”为发展的基本理念，依靠创意与自主自立进行村落建设。他们认为，要发展“农业＋观光业”，离不开城乡交流与融合，离不开品牌建设。为此，川场村于 1981 年与东京都世田谷区结为姐妹关系，由两区村政府出资设立公益性企业，运营管理“世田谷区民健康村”。通过开办森林教室、农业教室、木工教室、茅草屋教室、世田谷和纸[①]造型大学，开展山村留学活动以及苹果树认种制、梯田认植制、宿营等富于创意的活动。从自然环境、农林业、教育、文化、体育、观光等方面开展全方位的城乡交流。世田谷区居民将川场村作为第二故乡，区政府经常组织居民到川场村观光旅游、购物，而川场村居民则通过周末在世田谷区的各个

① 用日本传统造纸法造的纸称“和纸”，非常柔韧，适宜折叠、成型、绘画。

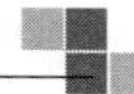

公园、超市以及各种节庆和文化活动中举办川场村物产展示销售会，向世田谷区居民提供“安全、安心”的农产品而创出了品牌农产品，扩大了销路，观光业也得到了很大发展。

❖ 案例4：越后妻有大地艺术节

新潟县越后妻有地区（又称“十日町广域地区”）地处新潟县南部。为扩大城乡交流、增进外界对该地区的了解、搞活地方经济，1996年，该地区的6个市镇村联合制定了以艺术为突破口的“十日町地区理想乡村建设计划”。建立越后妻有地区艺术圈构想，该构想由举办“大地艺术节”、大自然体验交流文化设施（舞台）整备、修建“鲜花之路”、发现越后妻有8万民众的优点等4个项目组成。其中，每3年举办一届“大地艺术节”是重中之重。

大地艺术节是指将6个市镇村共计762平方千米的大地视为美术馆，当地居民与国内外来访的客人在这个没有屋顶也没有墙壁的美术馆里，一边欣赏将大自然中的青山、梯田、森林以及当地风土、历史融为一体而创作的大地艺术作品，一边进行交流的活动。艺术节期间，广场、散步游道、小溪等都被当做一件一件的艺术作品而创造制作。这样，每举办一届艺术节，这些艺术作品作为当地人民的财富就增加一些并被保存下来。艺术节期间，还同时举办地球环境研讨会、美术建筑夏令营、艺术剧场（演剧、舞蹈、音乐会）等活动。2000年的第一届从7月至9月，历时53天，来自32个国家的艺术家的148件作品参加艺术节展示，到访观众达到16多万人；2003年的第二届历时50天，除了展示以大地为舞台创作的艺术作品之外，第二届艺术节还收到并放映了国外参展的电视短片作品，建成了由世界著名建筑家参与设计的3个交流设施，到访观众达到了20多万人，比第一届大幅增加。

艺术节不仅在促进当地经济发展方面显现了很强的波及效果，同时也促进了越后妻有地区乡村面貌的改变、国内外知名度的提升以及城乡间的交流（刘平，2009）。

（3）日本的社区支持型农业（市民农园）

社区支持型农业（CSA）的概念源于20世纪70年代的瑞士，并在日本得到最初的发展。当时的消费者为了寻找安全的食物，与那些希望建立稳定客源的农民携手合作，建立经济合作关系。现在，CSA已经在世界范围内得到传播，并与游憩元素结合，故又称为市民农园。CSA社区的每个人对农场运作作出承诺，让农场可以在法律上和精神上，成为该社区的农场，让农民与消费者互相支持以及承担粮食生产的风险并分享利益。这是一种城乡社区相互支持，发展本地生产、本地消费式的小区域经济合作方式。在这种合作的基础上，CSA一方面看重在保育生态及资源下共同承担、相互分享的社区关系，看重社区中情感及文化的传递，另一方面则往往会推行健康农作法、永续生活及包括身、心、灵在内的整合的健康观念。CSA主要关心的是食物安全和农业土地的都市化问题，这是一种生产者与消费者共同承担风险与收获的永续的农业方式。

社区支持型农业（CSA）的这种“本地生产，就地购买”的做法，没有剥削与垄断，让小区居民成为养育这些自然农场的支持者，也让农耕者成为健康食材的供应者。互助、认同、安全、永续这些都是社区支持型农业（CSA）的基础与回馈（石向荣，2012）。

❖ 案例：日本住宿型市民农园

当今日本有许多人退休后一方面向往回归自然的田园生

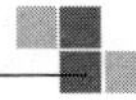

活，希望到农村从事一些农业劳动，一方面又不愿意彻底放弃都市的便利生活而整天干农活，一种满足这部分人新的生活方式需求的“市民农园”便应运而生。市民可以仅仅在周末离开大都市到农村去，在大自然中种种蔬菜、大米，享受“周末农业劳动”的乐趣。八千代区（原八千代镇）位于神户市东北约45千米处，该地充分利用了靠近京都、大阪、神户几个大城市近郊的优越地理位置，以“创造文化氛围浓郁的美丽山村”为目标，利用山间沟谷等闲置农地，于1993年设立住宿型“八千代市民农园”。2002年又设立了自由区划住宿型“大家市民农园”，后再设立了“大和市民农园”。“八千代市民农园”中还设有豆腐加工体验设施以及野营地，为深入开展城乡交流，每年还举办“紫云英节”、“萤火虫节”、“收获祭典”等活动，政府为配合市民农园吸引更多都市居民，制定了《全镇公园化条例》，全力推进全镇公园化建设，使居住环境得到了明显改善。这种住宿型市民农园，与一般的市民农园不同的是带住宿设施，住宿设施里有厨房、卫生间，租用者每周可以数次往返，也可以住下来安心享受农业劳动的乐趣。租用市民农园的前提条件，一是每月至少到农园呆4天以上；二是必须参与除草等共同劳动。自兴建市民农园之后，到访八千代的外地客人逐年增加，该地区现有人口6 000多人，年接待外地来访者31万人次，经济波及效果达到12亿日元，还创造了包括老年人、妇女在内160余人的雇佣岗位。

5. 休闲观光型创意农业

(1) 台湾的休闲创意农庄

休闲创意农庄是较农家乐更高的创意农业发展模式，休闲农庄主题鲜明、个性突出，以台湾最具代表性。台湾的休闲农庄有休闲农场、观光农园、教育农园、市民农园、生态农园和度假农庄等，基础设施比较完善，项目设计、产品开发比较丰富。感悟泉流波涌的天籁之音，享受田园山水的乐趣，摘果拔菜，用花香装扮多彩人生，参加别出心裁的农耕生态体验活动，欣赏垂柳依依、渔舟唱晚的水乡风光，体验乡土风情，是台湾农业生活的别样风景。台湾的休闲观光农业以台北市的“竹子湖海芋季活动”和“苗栗县大湖乡的草莓观光”最为著名。

——竹子湖海芋季活动

海芋学名为马蹄莲，原产地在南非。这种花和台湾同胞爱吃的芋头是同一科的植物，又是外来品种，所以就被叫做海芋。台北市每年3—4月的竹子湖海芋季活动，既是由台北市产业发展局主办、“农委会”辅导、北投区农会和七星农业发展基金会执行的一种观光休闲农业，更是融创意经营理念、实现方式和方法于一体的创意农业。成功举办十几年来，竹子湖海芋季活动既带动了海芋产业的升级，也推动了台北市北投区观光休闲农业的发展，还带动了海芋消费市场与品味文化的发展，繁荣了地区产业经济，大大增加了当地农民的收入。

竹子湖地区已成为台北主要的花卉产地，除了1—5月生产海芋外，4—5月天鹅绒、百子莲（爱情花）及绣球花将竹子湖点缀成紫红世界。6—9月菊黄色向日葵盛开，是竹子湖最热情、最有活力的时节。其他观光花圃全年开放，贩卖各式花草及盆栽。竹子湖已经成为台北市阳明山上买花卉、采海芋和吃野菜的著名玩赏区。区内还沿阳明溪畔设置了景观步道，适合游客踏青赏景（周琼，2012）。

——苗栗县大湖乡的草莓观光

苗栗县大湖乡是台湾最大的草莓产地。这里已告别了单纯种植的生产模式，草莓观光成为当地最大的特色。据大湖乡农会介绍，当地种植草莓达 450 多公顷，有 300 多家观光草莓园。在这里，业者的创意随处可见。逛逛当地的市集，草莓酒、草莓醋、草莓豆腐乳、草莓煎饼、草莓豆干、油炸草莓……各式各样的草莓食品令人目不暇接。

大湖乡的巧克力庄园，春节期间几乎被塞爆。人们带着新采的草莓来此加工成各式各样的草莓巧克力，也可以自己动手 DIY，体验制作巧克力的乐趣。庄园经营的理念既针对草莓文化进行创意，也鼓励游客享受创意的乐趣。

——台中县休闲酒庄

在台中县外埔乡，守着日渐减少的祖辈土地谋生的农民还有不少。但是，与祖辈有天壤之别的是，今天台中县的农民，更多的是在土地上刻下“创意”两个大字，通过创意来增加农产品附加值，发展农业。

面对减少的土地，当地农民施展十八般武艺，从不多的地里，寻找更多的财富。洪吉倍的“树生休闲酒庄”可以视为这种探索的代表。位于台中县后里乡与外埔乡交界的“树生休闲酒庄”，是台湾第一家以葡萄酒为招牌的民间酒庄。除了洪吉倍外，当地果树产销成员也将葡萄送到这里酿酒和出售，目前酒庄已经开发出 7 种酒。

单看酒名，诗意盎然：一款叫做“舞月天”，取自“飞舞在月眉山上”之意；一款红酒叫“萄醉”，听名就醉了。制酒也有创意，“曼巴甜酒”大约是受邓丽君那首歌曲“美酒加咖啡”的影响，由葡萄蒸馏酒加上 8 种不同咖啡豆研磨的咖啡，饮用时再加上鲜奶。而“卡巴斯白兰地”，更是将酒庄的整体布局，融入整瓶酒里。而不同酒名瓶子的外形也迥异，有的细长，有的菱形，充满艺术气息。

酒庄每年生产大约3万瓶酒，产品供不应求。通过酒庄的网站和电话，就可以订酒。当天在台北下单，第二天就能够通过快递收到。“当然，更多的是到酒庄来休闲度假购买”。“树生休闲酒庄”还是个开放式的休闲旅游之地，游客可以参观葡萄园、酿酒工艺，了解种植与酿造技术，也可以品酒并体验乡野之美。

注重个别需求也是酒庄经营特色之一，周年、出生、满月等，凡能想到的纪念日，酒庄皆能设计和制作。

如果说“休闲酒庄”是一种文化创意，那么台中的鹏景茶园则是科技创意的产物。走进茶园，道路两边的茶树郁郁葱葱。但仔细看去，就会发现一些区别，左边这片更加翠绿一些。再观察叶片，还会发现上面有一层若隐若现的薄膜。虽然两边的茶树是同一个品种，树龄也都是14年，但左边试验用的茶树不用农药，施的肥也和右边那片不一样。不用农药又要防虫害，是鹏景茶园的独到之处。鹏景集团董事长王仲鹏说：“台湾的茶叶因为环境气候和制茶技术的优势，已经很有名气了，如果再在细节和安全方面精致一些，将更有竞争力。”①

（2）台湾的花卉业

除“休闲农庄”外，台湾花卉业的发展也是非常成功的。20世纪90年代起，台湾就以电脑、芯片和其他电子设备而成

---

① 台创意农业进军大陆有“钱”途［OL］. http：//www.zgcyny.com/Article/Show.asp? ID=6609.

为闻名的高科技生产地。与此同时，很少有人注意到拥有2 300万人口的台湾正在另外一个领域蜕变羽化，那就是花卉业。在过去十年间，台湾的花卉业蓬勃发展，其主要靠的是两种完全不同但又同样成功的商业模式：一是在台湾岛内种植并出口日本、美国和欧盟市场的模式，另一个是在大陆生产并满足大陆消费者需求的模式。

将高科技技术与悠久的农业有机结合起来，是台湾花卉业快速发展的主要原因。台湾的花卉公司越来越看重质量，而非数量。在支持出口的政策支撑下，个体花卉种植户开始大批种植高质量花卉品种，例如蝴蝶兰。现在，台湾已经成为全球最大的花卉出口地，并稳坐兰花出口头把交椅①。

（二）发展趋势

1. 目前的发展趋势

（1）创意农业的产业化

创意农业本身就是一种新型的农业经营方式，是指以农村的生产、生活、生态为资源，通过用创意产业的思维方式，整合科技、文化、产品和市场要素形成的一个完善的产业系统（李瑞芳，2009）。发展创意农业是对传统农业创意，重在对传统优势农业更好地保留和提升。因此，不断淡化农业的边界，发展农业的经济性功能，拓展农业的社会性功能，对于实现农业现代化和可持续发展具有重要意义（张若琳，2012）。在新

① 台湾：鲜花的力量［OL］. http：//www.zgcyny.com/Article/Show.asp?ID=7468.

的历史条件下，只有突破工农业和服务业的界限，才能充分发挥农业的多种功能，转变农村经济的发展方式。农业虽是传统产业，如能通过解放思想，创新农业产业形态和发展模式，形成创意农业，定然大有可为（詹兆雄，2009）。

创意农业并不是单纯的农产品加工和包装，其涉及制造业、材料业、旅游业、饮食业等多种行业，它需要产业链的扩展和价值的转移吸收，这就必然需要联合其他行业共同发展，形成多元化产业格局。创意农业的产业化发展融合在从生产到销售一系列的流程之中，科技和知识的运用需要多个产业之间的配合，共同搭建发展平台。创意产业中的企业间协作及其与地方劳动力资源的紧密结合形成了集聚协作群，集聚协作模式的高回报效应更加大了这种聚合倾向。

农业产业集群是创意农业产业化经营高级阶段的有效组织形式，已成为世界各国发展农业的必然趋势。创意农业的特色及其优势，在于能够构筑多层次的全景产业链。它通过创意把文化艺术活动、农业技术、农产品和农耕活动以及市场需求有机联结起来，形成彼此良性互动的产业价值体系。在整个创意农业产业体系中，有它的支持产业、配套产业、延伸产业，需要一二三产业互融互动、传统产业和现代产业有效嫁接、文化与科技紧密融合。创意农业关联度高、影响面大，不仅可以把整个农村产业带动起来，而且能够推动相关产业的发展，通过带动一批产业的兴起，带动整个区域的同类产品、同类产业的开发和整合，形成区域联动，整体增长的趋势进而产生规模效应，这将会产生十分显著的产业价值乘数效应。

国外创意农业将文化创意产业与传统农业有效对接，以市场为导向，利用科技、文化、社会、人文的创造力，围绕农村

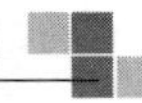

的生产、生活、生态资源，对农业生产、加工、运输、销售、服务等产业及对农业的休闲、观光、度假、体验、娱乐等功能进行创新，使农业各环节联结为完整的产业链条，形成彼此良性互动的产业价值体系（厉无畏，2009）。如前文所述的英国、德国、日本、荷兰等国家的创意农业均融合了创意、科技、文化等多方面的元素形成了产业链。

我国也不乏创意农业产业化的典型案例，如北京798艺术区，融合了中外与艺术相关的200多家企业，这些企业中既包含了设计、演出、创作展示等多种文化行业，还汇集了时装、酒吧等服务性行业，以创意为核心，涉及与视听艺术相关的多个领域，形成了完整的产业圈，并且带动起了周边的旅游业、房地产业、餐饮业等行业联动发展（詹兆雄，2009）。

（2）创意农业的生态化

随着科学技术的进步和人类活动强度的激增，人与自然的关系逐渐恶化，导致人类面临着严重的生存危机，迫使人们重新审视人与自然之间的关系，这就使生态一词的含义远远超越了其原来的本意。也就是说，它不仅是指一种“关系”，即生命有机体与其生存环境相互作用所形成的结构与功能的关系，而且是指一种“和谐”，是自然界中生物与其生存环境相互关系的和谐（贾聪敏，2007）。

农业是一种人工的生态系统，在传统的农业生产过程中，人类过度地开发与索取，使系统内的资源质量退化，生态环境质量下降，生态资源耗竭严重。种种迹象表明，人类的这种只注重经济效益，不顾人类福利和生态后果的唯经济的农业发展模式，必须转向兼顾人口、社会、经济、环境和资源的持续发展，以提高人的生活质量为目标，注重生态系统整体效益的发展模式。

农业的生态化正是人类对传统生产方式进行反思的结果，它是人与自然环境之间相互选择、和谐相处、相互易化、协同演进的共同发展模式，也是现代农业发展的必然选择。农业的生态化缩小了城乡差别，缓解了社会矛盾；同时农业的生态化强调人与自然的和谐，是环境友好型农业，它不仅强调经济的高收入，更关注景观优美和环境清洁，为人们提供良好的居住环境。

城市越发达，离大自然越远，对农业的生态期待就越多。创意农业带动了大都市的可持续发展，极大地激发了人们保持农村及农业原始自然风貌的热情。这里的森林、草地、湖泊、农庄和农业园区对城市居民有着强烈的吸引力。与此同时，这些郊区还担负着为城市进行垃圾处理、水资源供应、能源供应、污水处理、净化空气等任务。由此可见，大都市郊区的创意农业不仅满足了现代都市追求农业的精神需要和发展需要，而且提升了农业对“绿色”GDP 和“服务”GDP 的贡献，这是国外都市型创意农业发展的主旋律（任钰，2011）。

（3）创意农业的文明化

文明是指人类所创造的财富之总和，特指精神财富，如文学、艺术、教育、科学等。也指社会发展到较高阶段表现出来的状态，一种先进的社会和文化发展状态，以及到达这一状态的过程。文明时代是社会发展的一个阶段。期间，分工、由分工产生的交换行为以及把这个过程结合起来的商品生产，得到了充分发展，完全改变了先前的社会（罗宗美，2000）。

从创意农业的内涵来看，创意农业不只是一种经济活动，它是一种新型的农业生产、经营和生活方式，是一种文化艺术

含量高、附加值高的农业新模式。荷兰、德国、英国等一些欧洲国家发展创意农业的实践及成效表明，创意农业是一种高度的农业文明展示。德国的休闲农业、英国的农业旅游等都是源自当地的自然资源及农业资源，创造了多个唯一性的农业活动。这些活动一般提供各种农村生活体验、体验农场、餐饮住宿、儿童娱乐等服务项目，同时这些旅游项目与文化旅游相结合，使游客在旅游之中学习到农业历史文化的知识。

创意农业还是一个城乡居民共同创造和享受物质文明和精神文明的综合性互动过程。农民参与市场竞争的机会多了，特别是形成了农村社会与外部世界之间的文化、信息交流和农民自身观念的变革，农民开始成为市场和财产的主体，他们的民主法制意识、主体意识也会逐渐加强，并开始关注自己的民主选举、决策、管理和监督的权利。

这种发展模式不仅体现了经济生态文明以及自然生态文明的要求，同时也促进了文化社会生态文明的发展（刘丽伟，2010a、2010c）。这种生态文明具体实现内容不仅包括由于人类的保护与恢复活动而得以实现的自然生态系统的平衡、稳定与完整，具体表现为由于人类活动的参与而带来的明媚阳光、清新空气、洁净水质、肥沃土地、丰富资源、多样物种等；而且还包括在人类这一活动中所取得的物质文明（即既是保护与恢复自然生态平衡又是改造与变革自然的经济活动及其经济成果）、精神文明（即适应与指导保护与恢复自然生态平衡的精神活动与精神成果）与政治文明（即适应与指导保护与恢复自然生态平衡的政治活动与政治成果），即生态文明化了的物质文明、生态文明化了的精神文明、生态文明化了的政治文明，也可简称为生态物质文明、生态精神文明、生态政治文明等。

所以，创意农业是人类生产方式的一种变革，更是人类文明的进步，它推动人类社会从原始的农耕文明、工业文明向生态文明过渡，有利于社会的进步。

（4）创意农业的功能化

农业是人类最古老的产业，农业发展历史与人类发展相伴随。农业本身的复杂性，决定了对农业的认识，可以从不同角度来进行概括。农业基本职能是为社会提供粮食和原料，但在可持续乡村发展范畴内，农业又具有多重目标和功能，包括经济、环境、社会、文化等各个方面。也就是说，现代农业除具有产品供给、市场要素、创造外汇等传统功能外，还具有生态保护、观光休闲、文化传承、能源替代、社会保障、乡村社会发展等新的功能。世界许多国家把农业的多功能作为政策选择的基础，既重视农业的产品供给功能，同时又兼顾其他功能，是现代农业发展的主流趋向（贾聪敏，2007）。

初始的农业生产，偏重产量与经济功能，产生了一系列恶果，如环境问题和农村衰落、传统文化被破坏等，这需要一种新的农业模式来涵盖。20 世纪 80 年代末期，欧盟首先提出多功能农业。多功能农业是指农业除提供食品和纤维等主要经济品外，还能同时提供一系列具有多种功能的非经济品。如生物多样性、动物福利、田园风光、自然遗产的保护、历史与文化遗产的保护、文化的传承、娱乐、教育、粮食安全、食品安全、宜人的居住环境、农村就业、农民社会保障等环境与社会收益（姬亚岚，2007）。

事实上，多功能农业概念的出现，并不是伴随着各国学者的研究而提出的，而是在国家制定农业发展政策不断变化的过

程中产生的，多功能农业关注未来农业和乡村的发展。农业的多功能性在 20 世纪 80 年代最先出现于日本的“稻米文化”中，目的在于保护国内的稻米市场。同时期多功能农业出现于欧盟发表的《乡村的未来》这一文件中。1992 年，联合国环境与发展大会在《21 世纪议程》中，写入了农业多功能性的概念。

发展多功能农业就是使农业在向人类提供日益增多、品质更优的特定产品的同时，还应该承担其他日趋重要并不断扩大的社会、经济与生态等方面的功能，具体包括环境保护、国土整治、水资源管理、生态平衡和维系自然资源的永续利用、扩大就业、推动和促进整个国民经济的可持续发展等。因此，多功能农业从内涵到结构均已发生重大而显著的变化，正日益成为国民经济真正意义上的基础结构部门，而不再是一个简单的产品生产部门。

以荷、日、德、英等发达国家为代表的创意农业，在本国特有的农业品种及农耕活动的基础上，借助创意构思，设计出具有当地文化特色的创意农产品、农耕文化休闲生活区及相关文化节庆活动。其均以创意产业的思维整合各类社会文化资源，为农业生产服务，提升农产品的附加值。这些国家的创意农业始终以高效的农业生产为基础，以自然农业生态为依托，以提高农居生活品质为目标，这不仅很好地体现了农业的生产功能而且还大力拓展了社会功能，使生态、环保、娱乐、教育等众多功能较好地发挥出来。这种将科技和文化要素融入农业生产，进一步拓展农业功能，提升农业附加值的新兴特色农业在今后的发展中潜力巨大、方兴未艾（刘丽伟，2010a）。

2. 对其他领域的积极探索

(1) 生物动力有机农业

在国际有机农业中，起源于德国的生物动力农业（Biodynamic Agriculture）是有机农业中的最高标准。生物动力农业是1924年由德国哲学家、科学家与教育家鲁尔道夫·斯坦纳（Rudolf Steiner）所创立的。由于这是斯坦纳博士所创建的一个完整体系，从事生物动力有机农业的农场基本都采用有机建筑，同时又是人类智慧学、华德福教育、整体医学、人智社会学与优律美运动的基地。因此，这些农场都是具有深厚文化底蕴的“文化创意农园”。

德米特国际（Demeter）是由经过认证的生物动力有机农业成员所组成的一个生态联合机构，同时也代表着一种有机农业的标准。而德米特国际则是一个在法律、经济与精神上进行紧密合作的国际组织。到目前为止，已有43个国家的4 200有机生产商加入了德米特国际，在全球各地开展了4 215个有机农业合作项目。以生物动力有机农业为基础，德米特的成员们已经开发了超过3 500多种以德米特为标志的各种产品，除了各种农副产品之外，还包括酒、有机饮料、化妆品与服装等，虽然这些产品的价格要比一般产品高1/3左右，但是依然深受消费者欢迎。德国WALA公司的化妆品“德国世家”（Dr. Hauschka）是世界上最著名的天然化妆品品牌，这个品牌的产品就是在生物动力农产品的基础上研究与生产出来的。

德米特国际已经发展成了一个以有机农业为基础，以生产、加工、认证、创意设计、推广宣传与销售为产业链的文化创意产业联盟，其成功经验值得中国仿效与学习。北京西山的

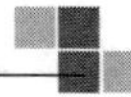

凤凰有机农场已经成为中国第一个获得德米特认证的生物动力农业基地，凤凰有机农场以有机蔬菜为主业，以药用与食用山药为特色，再融合教育、瑜伽、中医与茶艺，正在形成一个具有中国特色的文化创意农园（任荣，2009）。

（2）无土栽培农业

——太空农场

从1996年，俄罗斯宇宙空间站（MIA）就开始了对太空农耕的研究，该研究可使科研人员探索植物在太空环境下是如何生长变化的，研究目标是了解失重对植物所产生的影响，以及在近乎失重的条件下，植物“呼吸”、“喝水”及进行光合作用的奥秘。

除了俄罗斯，美国、日本、西欧各国均已着手设计新型太空农场。在“礼炮”号和“和平”号空间站，宇航员播种的豌豆、小麦、稻谷、洋葱、兰花、郁金香等植物不仅比在地球上生长得快、成熟得早，而且发现其蛋白质含量比地球上的高。

美国、日本的科学家计划将马铃薯作为未来的太空作物种在飞行器中，供航天员食用。因为马铃薯营养丰富、适应性强、产量高，只需一小段茎蔓、一小块切片、甚至一片叶子就能成活。空间技术育种在增加作物产量、改进品质、美化环境，以及提高人民健康水平等方面有明显的技术优势，特别具备美色、美形、美味、美质、美感、美景、美心的创意农业美学特性和高附加值优势，这些特征已经引起社会、政府部门及一些企业集团的关注和极大的兴趣。可以想象，未来太空农场不但能种粮、种菜，还能饲养家禽家畜。人类在空间站长期入住和进行火星之旅时，只要种植面积足够，种上甘薯、小麦、大豆等作物，既能保证宇航员长期生存，又能让宇航员当作风景来欣赏空中农产品。

——地下农场

2005年，在东京大企业最集中的大手町商业区一家大银行的地下，建立起了一座现代化的地下农场。农场由曾被银行用作金库的写字楼地下室改造而成。当你来到这里，电梯门一打开，植物和蔬菜的气味立刻就会扑鼻而来。占地1 000平方米的6间温室内，已种满不含有害化学物质的蔬菜、稻米、草药和鲜花。地下农场的开发者在建设这个农场时，并没有抱着把在此生长的农产品投放市场的目的，而是要让人们更多地了解农业，培养更多的城市农业爱好者，从而在这一领域提供更多的工作机会。

这座到处充满了高科技的现代化农场采用先进的“无土栽培”法，农作物离开土壤，生长在营养液中，而高压钠气人工照明则取代了阳光，帮助农作物完成光合作用。农作物在生长的过程中，不施用任何的农业药剂，所需肥料均由电脑控制的喷淋设备供给。尽管生长在这种“暗无天日”的环境下，农作物仍然能够得到充足的营养。另外，由于种植环境的特殊性，农作物再也没有旱涝之忧，所有影响作物生长的环境因素，包括湿度、热度、光照度都由电脑控制，从而保证了效益的最大化。

由于大量使用了高科技手段，再加上农场所处的地理位置，种植农作物的成本要远远高于一般市场上销售的产品。但是不用担心，农场的经济来源并非所种植农作物的销售所得。作为城市农业的展览室，农场全年开放供市民参观，让人们在繁忙的都市中也能体会自然的气息，放松紧张的心情。如今，每天都有100多人慕名到大手町的这座地下农场来参观，其中

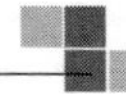

一些人仅仅出于好奇心。同时，农场还提供有关农业科普知识的培训。参加培训的人有的只是为了了解有关农业科普方面的知识，而有的人则是为了学习真正的农作物种植技术，为今后的职业转型打下基础。农场希望能以此创造更多的农业领域的就业机会。这是由当时日本的经济环境以及日本自身的农业发展状况所决定的。

地下农场的高科技在农作物栽培中的运用，激发了人们对自然和最新技术的好奇心。两手沾满泥土、汗水打湿衣襟的传统农业劳动在人们心目中的印象被彻底地推翻了。兴建“地下农场”可谓是一举多得的良策：空间资源得到了充分的利用，一种新型的都市农业休闲项目正在浮出水面，为日本农业发展开辟一条崭新道路；同时更多的城里人在这里学会了农活，参与了农业劳动，收获一份体验；农场还培养出了众多的农业从业者，缓解了社会再就业的压力（任荣，2009）。

——屋顶农场

❖ 案例 1：荷兰的“家庭农场”

在上海世博会荷兰馆 400 米长的“快乐街”，分布着 28 个小房子似的小型展馆，其中“绿色室内设计”房屋由著名的荷兰设计师彼特·海恩·伊克（Piet Hein Eek）用再生材料制成的家具布置而成，在“家庭农场”（Biosphere Home Farming）房屋的上两层，通过 LED 栽培根菜等各种植物和藻类，下层养鱼等，黄瓜等植物光合作用产生的氧气送到鱼的水槽中。系统内部同时养着鱼、虾、藻类、蔬菜等等生物，各个养殖区生成的物质在内部循环，而驱动系统的能量则是细菌产生的甲烷气体。

通过创新思维设计出具有特色的家庭创意农场，是一个整体几乎封闭的生态系统。荷兰家庭农场利用水、有机废物和阳光生产生物，在室内种植有机莴苣、黄瓜、无花果、甜菜和养鱼。生态环境优美、低碳特色鲜明，成为上海世博会一道独特的风景线（章继刚，2010a）。

❖ 案例2：美国的“鹰街房顶农场”

美国纽约的“鹰街房顶农场”是一家利用废旧仓库的屋顶建造而成的有机农场。拥有6 000平方英尺（约557平方米）种植面积，屋顶上铺撒了20万磅（约9.1万千克）农作物生长介质，包括肥料、石块和泥页岩等①。种满萝卜、豌豆、西红柿和辣椒等蔬菜的屋顶枝繁叶茂，郁郁葱葱，长势喜人，远远看去就像是大楼顶长出的美丽“头发”，俯视则如同五彩缤纷的巨型地毯，令人心旷神怡。农场平时将楼顶上聚积的雨水收集起来，通过渗透灌溉到蔬菜上。除建有存放雨水的设施外，农场还有自己的蜂房、鸡舍。“鹰街房顶农场”种植的有机蔬菜受到周围社区居民和餐馆的欢迎。

❖ 案例3：新西兰的“屋顶花园”

上海世博会新西兰馆使用了斜坡花园的形式，表现他们非同一般的风貌。花园分为八大区域：冈瓦纳古区、高山区、森林区、热湖区、牧场区、城市生活区、南太平洋圣地区和海岸区。依据斜坡屋顶的特点，从高处到低处依次展现“从高山到海洋”的景观设计理念。新西兰馆的屋顶花园鸟语花香，种满了新西兰珍贵树种树蕨、沙漠植物，以及有机种植的番茄、茄子、彩椒等，尽显生态理念，展现了新西兰人的自然审美观，

---

① 美国：鹰街房顶农场［OL］. http：//news. ifeng. com/gundong/detail _ 2012 _ 07/06/15822539 _ 0. shtml.

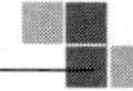

反映了新西兰创意农业的发展水平（潘向艳，2010）。

❖ 案例4：加拿大的“屋顶农场”

加拿大怀雅逊大学，4名建筑系的华裔学生以多伦多市中区唐人街为设计主题，通过屋顶放置有机废物产生堆肥，栽培生长期长的番茄、黄瓜等蔬菜，建设城市屋顶创意农场。农场中，有机废物放在屋顶，冬天供暖系统产生的热量能够促成废物的分解，产生蔬菜和果树生存的土壤，市民在屋顶上种植蔬菜和水果，同时在大厦后面的室外停车场开办农贸市场进行销售。

他们希望将唐人街变成每个人都想去的地方，希望人们知道唐人街有很多特色名吃店和中式餐馆，是一个有着丰富文化的地方，让大家都来关心农业，关爱农业，以创意农业与情感农业的理念为农产品寻求新的栽培方式和销售方式，实现资源优势向市场优势的转化，让大家热爱唐人街（章继刚，2010a）。

第五章 国内创意农业发展状况分析

（一）取得的主要成就

1. 总体概述

中国创意农业的实践起步于21世纪初。虽然从整体而言，中国创意农业处于起步阶段，创意农业在国内农业产业中的比重还很小，但已显示出强大的生命力并有着相当大的发展空间和发展潜力。

创意农业不仅有助于转变当地农业经济增长方式，更有助于农业增效、农民增收、农村繁荣。原因是创意农业作为一种新型的农业生产、经营及生活方式，它除了科技生产力这一引擎外，又增添了一个新引擎——文化生产力。实际上，创意农业把人们对传统农业的基本温饱需求，提升到了对现代农业的休闲娱乐、观光旅游等多种附加值的复合型需求。而农业的农产品研发、生产、营销、加工和流通乃至管理的各个环节，对于不同消费者的需求都极具开发价值，实现了农业的增值与增效，为农业和农村的发展开辟了全新的空间。

创意农业促进了城乡和谐发展，维护了大都市农业生态平衡、城乡生态平衡及环境平衡，确保了城乡食品供应平衡，更

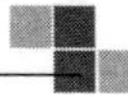

是城乡二元结构条件下保持城乡社会稳定和谐的关键。由于创意农业以市场需求和资源禀赋为出发点，做到了生产与消费的有机结合，吸引了众多的投资者、生产者、经营者和消费者；在发挥城市的科技、文化、人才、信息等方面优势的同时，促进了农业与农村资源的开发与利用，因而创意农业的发展提高了市民的幸福指数和农民的致富能力，使得城市和乡村、市民和农民双双受益。

我国部分省市认识到了创意的力量和效益，开始重视通过发展创意农业拓展农业的功能，通过提升农产品的附加值，提高农业劳动力就业率，实现农业增长方式的转变，并适应消费个性化、多样化、品质化发展的需要。在全国各地的积极探索下，京、沪、成渝、闽、粤等地已出现一批创意农业项目，并取得了显著成效。2012 年 5 月 15 日，全国休闲农业创意精品大赛华东推介活动在浙江省天台隆重开幕，以“创意提升农业、休闲改变生活”为主题，展示推介休闲农业的产品、包装、文化、园区、设计五大类创意成果。来自上海、江苏、浙江、安徽、福建、江西、山东等省（市）的众多企业、农业合作社、个人共 594 件作品参赛。由此可以看出，创意农业凭借它的高创新性和高效益性正在全国各地风生水起。

2. 全国创意农业发展的典型区域

(1) 四川

四川是我国发展创意农业的较早地区。2008 年以来，四川先后搭建了全国首个创意农业投资、理论研讨与经验交流平台——中国创意农业发展论坛，此后连续四届创意农业发展论坛在四川隆重召开。2010 年新年伊始，成都提出建设“世界现代田园城市”的历史定位和发展目标，在广大的农村地区是“人在园中”，二三圈层是“城在园中”，中心城区是“园在城中”，把城市和农村的优点都高度地融合在一起，让广大城乡群众既享受高品质的城市生活，又同时享受惬意的田园风光；在城市等级上，先努力成为国内一线城市，继而进入世界级城市的行列。

四川省创意农业经过不断发展，现已逐步形成具有高效农业、休闲度假、观光观赏、农事参与体验、农耕文化及乡村民俗传播等多种类型的新产业雏形，涌现出了三圣花乡、郫县农科村、彭州宝山村、温江区涌泉花土社区、国色天乡乐园、成都钧乔创意农园等一批创意农业企业，使农村特有的文化生活、产业文化及许多民俗风情通过创意农业的发展得以继承。目前四川省共有全国农业旅游示范点 28 家，乡村旅游经营户 1.68 万家，农家乐 1.37 万家，乡村旅游总收入达 312.87 亿元，吸纳就业人数 24.84 万人（章继刚，2012a），全省休闲农业园区资产总额达 220 亿元，年接待人数 2 亿人次，年营业收入 160 亿元，带动了 400 余万农民就业增收。

——锦江区

成都市锦江区三圣乡在深入调研的基础上，充分利用城市通风口和紧邻大城市的地缘优势，因地制宜地推进城乡一体化，发展农业创意产业，创造性地打造了花乡农居、幸福梅林、江家菜地、东篱菊园、荷塘月色“五朵金花”，并实现了“五朵金花”与绘画、摄影、雕塑、音乐创作等创意艺术的有效结合，建设成都创意艺术大平台，推动文化创意与观光休闲旅游产业融合发展。

“五朵金花”观光休闲农业不仅整合了成都市城郊区域之

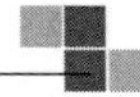

间的农村旅游资源，而且将农村旅游与农业观光休闲、古镇旅游、节庆活动有机地结合起来，形成了以农家乐、乡村酒店、国家农业旅游示范区、旅游古镇等为主体的农村旅游发展业态，在不断提升成都市旅游总体实力的同时，还丰富了农村旅游的内涵，促进了农村观光休闲农业的可持续协调发展。

“五朵金花”，改变了一个地区经济的创意，将文化创意要素融入传统农业，形成了“环境、人文、菊韵、花海”的交融，打造了创意农家乐的典范。2006 年“五朵金花”景区被国家旅游总局评为 AAAA 级风景旅游区①。

——双流县

成都市双流县的草莓、枇杷、辣椒、云崖兔，均已获准成为国家地理标志保护产品。截至 2011 年，全县有机农业生产基地达到 2 400 公顷，有机农产品年产值达到 5.59 亿元。双流县融观赏、娱乐、体验、休闲为一体并形成自己特色的地区有：合江镇冬草莓采摘之旅、太平镇五月枇杷美味欢乐行、三星镇六月杨梅养生游、彭镇八月有机葡萄采摘月、九月云崖感受玉兔美食文化、冬季到黄甲喝羊肉汤。接连举办的大规模、反响好的创意农业节庆活动成为双流唱响创意农业、展示富裕幸福新农村的一张王牌。

2013 年 5 月 27 日，首届纯正薰衣草体验季活动在双流县香薰山谷举行，这为双流县的创意农业又增添了一个新的经典案例。“香薰山谷”薰衣草创意文化博览园位于四川省成都市双流县太平镇，距离成都市中心城区约 30 千米，占地 106 公

① 乡村旅游案例借鉴之成都“五朵金花”休闲观光农业的借鉴［OL］. http：//wenku. baidu. com/view/c4d563492b160b4e767fcf8a. html.

顷。博览园是在成都建设世界现代田园城市的背景下，以创意农业和健康生活的发展理念，有效地将国际现代农业科技和成都平原人文自然要素融入到薰衣草种植及其全产业链发展中，深度拓展农业功能、优化整合资源，把传统种植业发展为融生产、生活、生态为一体的现代农业科技园区。该项目带动当地经济和生态旅游发展的升级换代，形成产业联动，构建一个独具特色的农业产业化优势区域①。

——温江区

温江享有“国际花园城市”“全国休闲农业与乡村旅游示范区”的盛誉，其依托花木生态本底和川西林盘大田景观资源发展观光体验农业。提出了 11 条休闲农业与乡村旅游线路，规划了特色美食、有机农产品、温江花木等三大休闲农业品牌，全力构建以花木产业为支撑、有机农业和休闲农业协调发展的现代都市农业产业体系。“春观红枫，夏游玫瑰，秋品桂花，冬赏年宵花卉”已成为温江区独特的休闲农业与乡村旅游风景②。

在发展思路上，温江区加强了乡村休闲旅游产业与健康产业发展的融合。比如，建设了融药田观光、科普教育、生态休闲为一体的“芙蓉长卷”中医健康养生产业园，打造了集速度赛马、时尚运动为一体的国际马术体育公园，开发了集激情体验、休闲度假为一体的国色天乡乐园。同时，不断拓展了休闲农业与乡村旅游的运动休闲外延。而“健康绿道”的建设将水

---

① 双流县首届纯正薰衣草体验季活动开幕［OL］. http://www.cdta.gov.cn/web/zww_xx.aspx?moduleid=686&id=19451.

② 创意提升农业休闲改变生活的温江实践［OL］. http://news.163.com/12/0412/03/7US17LI300014AED.html.

体、公园、绿地、农田、历史文化遗产有机串联，获得了“国家健身步道示范工程”，成为了市民休闲健身之道、游客旅游观光之道和发展绿色经济之道，每年吸引 60 余万人次的游人前往健身游玩。

温江区未来的乡村休闲旅游发展，将继续深度挖掘文化内涵。目前已有规划将古建筑、古遗址、特色村落、民居宗祠融入休闲农业和乡村旅游景观之中，规划建设了鱼凫历史遗址保护区、成都平原农业公园、稻田乡村酒店、农耕博物馆等以历史文化为背景的节点景观，提升了休闲农业与乡村旅游的文化内涵。同时，注重开发农事活动体验、农耕文化教育、乡村民俗参与等不同主题的休闲农业与乡村旅游产品，让游客追忆川西平原的古韵民风，感受到最原汁原味的成都平原乡村气息①。

创意农业为温江区带来了巨大的经济效益和社会效益。全区 1 万公顷花木资源和 667 公顷有机农业的生态底蕴为一、三产业良性互动夯实了坚实的基础；获得了“国家健身步道示范工程”的 140 余千米穿行在乡村田野间的绿道将农田、林盘、文化古迹有机串联，为市民带来了低碳、健康、生态、时尚的生活。2011 年，全区休闲农业创意产业与乡村旅游业就业人数 4.6 万余人，接待游客近 700 万人次，总收入达 4.62 亿元，农民人均纯收入达 12 028 元，其中农民从休闲农业创意产业与乡村旅游获得的收入占年总收入的 28%②。

---

① 成都温江区“全国休闲农业与乡村旅游示范县”［OL］. http：//info.1688.com/detail/1026197561.html.

② 全国休闲农业创意精品大赛（西南赛区）将在成都温江举行［OL］. http：//finance.sina.com.cn/roll/20120307/135011534334.shtml.

(2) 上海

上海是我国较早探索和实践创意农业发展的地区之一，创意农业已成为上海都市型现代农业中的重要组成部分。上海郊区有12个市级现代农业园区，经过9年多的开发，目前建成面积177平方千米。近50%的土地实现了规模化、集约化经营，形成了30个有影响的创意农产品品牌，农产品出口总额累计超过10亿元。在全国建立生产基地160余个，带动农户16万余户，产生了良好的示范和带动效应。

上海现代农业的发展为创意农业提供了良好的施展空间，并使上海创意农业具备了较高的起点。在“创意驱动，转型发展”的宏观背景下，上海现代农业发展的主要任务是：推动农业的结构调整，促进产业结构优化升级，建立现代农业产业体系，提高农业的经济和生态效益，降低资源和能源消耗，改善并保护生态环境，促进农业依靠科技创新驱动内生增长，加快农业与二、三产业的紧密融合、协同发展（俞美莲，2012）。而农业文化创意在上海也有了良好的开端，渔文化、桃文化、瓜文化等现代农业文化作品不断出现，体现出设计与商品化的紧密结合（刘丽伟，2010b）。

上海各区（县）挖掘并依托本地“三生”资源，将特色、优势农产品打造成为创意农业核心资源，并与文化创意活动、创意营销活动有机结合，推进创意农业产业化经营。将优良的环境、优质的产品、优势的产业整合起来，培育创意农业品牌产品。在上海郊区“一村一品”建设中，浦东新区大团镇赵桥村（水蜜桃）、奉贤区青村镇解放村（黄桃）、嘉定区马陆镇（葡萄）、青浦区练塘镇（茭白）、崇明县中兴镇（花菜）入选2011年农业部公布的全国一村一品示范村镇，不少特色品牌

农产品已成为创意农业的媒介及核心资源。

农业服务创意是上海创意农业的另外一个亮点。为提高农业内部专业化水平，上海农业内部的一、二、三产业分工不断深化，农业产前、产中、产后服务相对独立，并成为社会专业化服务产业，整体提高了农业服务水平。全市积极整合全市“菜篮子”工程等相关资源，探索建立覆盖全市的农产品营运和农资物流配送网络，建设乡间田头的特色农产品保鲜仓库和市场交易点帮助农民营销，实施“打一个电话、农业社会化一条龙服务送上门”的工程。

——金山区

金山区在传承农耕文化和特色文化方面具有代表性，其凭借表现新时代农村与农民生活特色的农民画艺术创作获得2011—2013年度“中国民间文化艺术之乡”称号，“金山农民画村”也升级为“中国农民画村”。另外，2011年金山以廊下莲湘、剪纸、土布等乡村民俗文化和现代农业文明为主题的“廊下乐农文化创意产业园”入选上海市文化创意产业园，为未来创意农业与文化创意产业融合互动发展提供了良好的平台。2011年嘉定区的“马陆葡萄节”充分体现了“城市与乡村互动”的理念，将葡萄的美味、生态、旅游、创意与嘉定新城的时尚、动感、大气、宜居相融合，打造“人文新城＋艺术农业＋休闲旅游”的品牌节日，赋予了“马陆葡萄节”更深层次的人文艺术底蕴。

金山区通过农业规模化生产经营和产业结构调整，做强蟠桃、葡萄和蓝莓三大特色产品，形成“万亩蟠桃园、万亩果蔬园、万亩设施粮田、万亩生态林”的产业格局，并将其与农业旅游相结合，打造有特色的农业观光、休闲产业链。以传统特色的草莓为例，通过建立金山草莓研发中心和品牌化生产基地，结合创意农业活动，使金山草莓从科研、生产、采摘、销售融入到观光、会务、餐饮等活动中，形成完整的创意农业产业链，提高了草莓产品的附加值，实现了农业增效、农民增收。

上海金山山阳田园的农产品以其美形、美色、美味的特性得到中高收入消费群体的青睐，使创意获得了较高的附加值。如：这里的瓜果有各种名字：南瓜名字如娇娇南瓜、迷你南瓜、巨人南瓜等；一些市民还收藏了这里的南瓜脸谱，一个个京剧脸谱在南瓜身上活灵活现。目前，该园引进种植了日本、印度、墨西哥等 30 多个国家 100 多个品种的农产品（俞美莲，2012）。

——奉贤区

奉贤区是上海最早开展创意农业的地区，依托其现代农业和旅游农业的良好基础，积极开展融合科技、文化、艺术等元素的各类创意农业活动。奉贤区以“东西南北中”五大农业旅游集聚区为创意农业发展基地，构建起“一核四园”为主体的创意农业发展格局。实践表明，创意农业能够充分利用奉贤已有的现代农业优势，丰富其旅游农业的文化内涵和吸引力，进一步激发了奉贤现代农业的内在活力和可持续发展能力。目前，全区的 56 个农业旅游景点经过整合，系统开发出森林度假游、市民体验游、民俗风情游等 10 条旅游线路，一、三产业联动发展效应显著。2010 年，农业旅游景点接待游客 230 万人（次），实现收入 5.9 亿元。

奉贤的国内首家蔬菜主题公园“都市菜园”占地面积 333.3 平方千米，已成为全国农业旅游示范点、上海市科普教

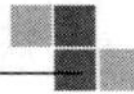

育基地。“都市菜园”形成了一条“从农田到餐桌”跨越生产、加工、运输和销售的完整食品产业链，可以让市民吃上清晨从菜田起货运往市区的放心蔬菜，还可以让学生们对绿色农业产业链形成一个清楚的认识（刘丽伟，2010b）。

2008 年起步发展的奉贤庄行创意农园，着力研发巨型果蔬、迷你果蔬、美型果蔬及美味果蔬，拥有世界顶级创新果蔬种子 100 多种。在智能化玻璃温室中，展示了来自世界各国的农业生产艺术品，成为“美的农业”，吸引众多游客。

(3) 江苏

据统计，江苏全省现有规模观光农业景点 560 个以上，其中国家级农业旅游示范点 70 个，位居全国前列，全年观光农业景点接待游客 2 400 万人次以上，接待收入 45 亿元以上。

江苏通过大力推进创意农业发展，有效进行农产品功能创意，根据园艺业“新旧兼顾、接二连三、创意农业、生态低碳”的特点，将一、二、三产业有机融合形成了一大批园艺主题园、创意园艺节庆活动。这些主题园和节庆活动激活了消费需求，开拓了新的消费空间，带动农民收入增加 3 倍以上，使创意园艺产业成为农村发展第一转型产业。2009 年，江苏省获得第七届花卉博览会三金一银，金奖数居全国之首，全省规模以上观光农业景点提高至 700 个，接待游客 3 600 万人次，同比增加 20%，综合收入超过 80 亿元，全省农民人均纯收入来自园艺业的比重达 1/5 以上（章继刚，2012b）。

——南京

南京自 2002 年开始就把休闲农业作为农业主导产业来抓。因地制宜、稳步推进使休闲农业保持了迅猛发展的良好态势。南京始终坚持“生态建设产业化、产业发展生态化”的理念，把绿色资源、绿色产业、绿色家园、绿色文化统筹考虑、整体推进，构建“山、水、城、林”一体、人与自然和谐共存的现代城市森林生态体系，打造一个真正的“绿色南京”（方中友，2010）。

从2005年起，南京市每年9月举办“农业嘉年华”活动，向社会全面展现休闲农业发展成果，传递现代农业文化，为农民和市民搭建交流、互动、娱乐、庆祝和共同发展的平台。南京市休闲农业的名气也随之大增，品牌效益逐步显现。南京首创的“农业嘉年华”活动受到了广大市民、农民、企业、工商、科技、旅游界等高度关注（张荣娟，2010）。

通过新闻媒体的推介，南京“农业嘉年华”已经走向全国，并与成都“农家乐”、北京“民俗京郊游”等一同作为近年来我国发展休闲农业的成功模式，备受社会各界的关注和重视。南京农业嘉年华以“农民的节日、市民的盛会”为定位，每年在南京市的白马公园举办一次。活动期间，各区县农业精品和休闲服务在会上亮相，市民来此品尝、体验、购物，接受最新的农业信息。此举大大促进了南京市的城乡互动，促进了市民与农民的交流，使南京农业成为市民生活的重要组成部分（王树进，2009a）。

另外，在南京，绚丽多姿又质朴传神的乡土艺术农民画在冶山镇六合农民画艺术中心展出。一个小镇立足于乡土传统文化，不断创新发展，引来了人们赞叹的目光。

——苏州

苏州市的乡村旅游发展总体规划是：着力实施社会、经济、环境共赢；政府、企业、社区联动；中国一流、世界有名示范；城乡互补，双轮驱动四大战略。利用乡村的空气、山

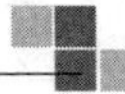

林、水源、养生文化遗迹、养生民俗等资源，打造苏州北部长江沿岸“江海文化与乡村观光”、西部环太湖“绿色度假与文化休闲”、中部湖泊芦荡“美食体验与生态休闲”、南部江南水乡“古镇观光与文化体验”四大乡村旅游聚集区，凸显“乡村观光＋生态休闲＋文化体验＝绿色度假”的乡村旅游精髓。苏州的农作物采集、加工体验旅游模式，让游客亲手采摘蔬果食用，学习烹调知识，享受纯天然新鲜蔬菜和绿色美味，学习制作传统工艺和当地食品，到菜园果园进行采摘等；其举办的乡村集市，使游客体验别具一格的乡村商业氛围，体验在闪烁的星空下、在明月的清辉里观看电影的感觉（章继刚，2010b）。

当前苏州发展创意农业经济的主要模式：

一是农产品主导模式

此类模式是以特定农产品为媒介，结合生态旅游而开展的创意农业经济开发项目。如常熟杨梅节，至今已成功举办了15届，目前已初步形成相对完整的产业链，并打响了常熟区域品牌，带动了常熟商贸业以及旅游业的兴旺，实现了“杨梅为媒、虞山国家森林公园打牌”的经济结果（杨洋，2010）。

二是农业综合示范区模式

苏州的农业综合示范区模式以西山国家现代农业示范园区最为典型，园区建成了以“七园一区”为代表的高科技农业观光园，主要包括：设施蔬菜园，无土栽培生产优质、高产的无公害洁净蔬菜；蝴蝶兰花园，生产、展示、销售世界名贵花——蝴蝶兰；珍奇瓜果园，生产、展示各类国内外珍奇瓜果；鱼菜共生园，进行生态、立体种植蔬菜、花卉、养殖鱼类；海水石斑鱼园，是运用生物科技在没有海水的地区超高密度养殖海水鱼的示范基地；新果精品园，引进国内外名、特、优、新果品树种；太湖麋鹿园，引进麋鹿等多种观赏动物，逐渐形成一个集野生动物驯养、繁殖、观赏的综合园；功能服务区，作为园区的绿色产品宣传、销售的窗口，集农产品展示、购物及电教科普、绿色餐饮、管理于一体（杨洋，2010）。

三是生态新农村模式

苏州常熟蒋巷村位于常、昆、太三市交界的阳澄湖水网地区，该村建设了生态种养园、村民新家园、村民蔬菜园、无公害粮油生产基地，突出农业生产企业化、农民生活现代化、农村生态自然化的核心。通过老村巷旧宅改造、住老式农舍、吃新鲜蔬菜、用传统炊具、做乡间农活等方式创造农家生活环境，打造了“当一天蒋巷农民，过一天农家生活”的农家乐旅游项目。

四是生态休闲观光模式

苏州相城区建造的占地200公顷、国内最大的花卉科研观赏基地和世界花卉植物园，吸引了众多游人来此赏花、买花，在繁荣花卉经济的同时带动旅馆、餐饮、娱乐等配套服务业发展。同时通过改造湖泊建成珍珠湖公园，在珍珠养殖上做文章，积极策划推广“江南采珠游”品牌。另外，还充分挖掘相城区阳澄湖镇大闸蟹资源，以蟹为媒，围绕阳澄湖莲花岛，建造水上码头，开通“水上巴士”，开发了以淡水养殖为主题的农业体验旅游项目，极大延伸了淡水养殖产业链。

——无锡

无锡的创意农业模式主要为工厂化模式，是由龙头企业牵头实施的高科技农业。在台资密集的无锡锡山区，高端蔬菜项目已成为台湾农业企业在长三角投资的新热点。台湾先端农业科技公司投资5 000万元的高端蔬菜种植项目；台湾启业生物

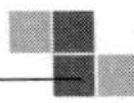

公司投资 2 000 万元的优质水稻种植项目；泰国正大集团出资 100 亿元、中信国际投资出资 50 亿元与山东寿光蔬菜联合创立新公司蒙源集团（章继刚，2012c）等项目或公司在很大程度提升了当地的农业生产水平。

在无锡，现代农业的高盈利性催生出 300 多个农业企业和园区，近三年吸引的工商资本投入达 23 亿元。如无锡高科技农业示范园智能温室大棚全部实现智能化，5 万平方米的温室的开窗、喷水、遮阳全都智能化，以大花蕙兰、一品红等为主打品种，亩均效益可达 20 万元左右；无锡市马山牛奶有限公司养殖场建设国内第一家植生基质工厂，实现了奶牛场 600 余头奶牛的生产清洁化、牛粪无害化、处理资源化、产品系列化和应用生态化。

(4) 北京

北京通过科技创意、文化创意、服务创意、生态创意四种途径，使都市型创意农业得到了迅猛的发展。北京的创意农业以促进首都城市功能转型、一二三产业融合发展、农业产业结构升级服务为目标，打造了创意农产品、创意农业主题公园、创意节庆活动、创意融合产业、创意异域农业文化、创意农食文化、创意医农同根等 7 种类型的产品。

在发展理念上，北京的创意农业是按照一区（县）一色、一沟（村）一品的思路来发展的。各地创意农业的发展，宜根据各地的实际，大力推广创意农业园区模式、创意节庆会展模式、资源开发利用模式、资源明智利用模式、农业文化创造模式、农业空间拓展模式等新型模式，实现创意农业持续稳定发展。

据不完全统计，北京目前拥有创意农产品 30 余种，规模创意农业园 113 个，有一定影响力的农业节庆活动 60 多个。从种类和数量来看，创意农产品占主导地位，约占创意总数的 50%；从效益与影响来看，农业节庆创意占主导地位，此项收入约占创意农业总收入的 71.9%；从分布与发展程度上看，表现为区域之间的不平衡，丰台区、大兴区、通州区、怀柔区、平谷区、密云县、延庆县的发展水平相对较高，形式与内容也较丰富。

目前北京开发出的较为典型的农业创意具体表现在以下几个方面，这些创意彰显出巨大的发展潜力和活力，创造出了超出传统农业几倍、几十倍的价值。

● “紫海香堤艺术庄园”文化农业创意：集纳养生、度假、休闲、体验、艺术创作、婚纱摄影、影视拍摄等功能，打造现代都市型农业、情景式休闲度假与文化创意产业“三位一体”文化旅游模式。

● “植物迷宫”等景观农业创意：位于昌平区的“京承碧园”，利用四个温室设计了春意盎然踏青园、姹紫嫣红瓜果园、金秋十月赏菊园、寒冬保健菜园四个景观园和一个蔬菜迷宫。

● “波龙堡酒庄”等产业融合创意：波龙堡葡萄酒庄、张裕爱斐堡国际酒庄、通州桑瑞生态园等是其代表，集一产种植（或养殖）、二产加工、三产旅游（或餐饮）为一体。

● “平谷桃产业链条开发”创意：平谷区依托桃种植、桃加工、桃文化，从桃子开花到结果，贯穿了桃产业发展的整个链条，成为独特的“平谷鲜桃”区域农业品牌。

● “百里山水画廊”空间集群发展创意：延庆千家店的“百里山水画廊”、怀柔的凤山百果园区和雁栖不夜谷等，是以沟域或交通廊道为单元，建成内容多样、形式不同、产业融

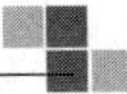

合、特色鲜明的具有一定规模的创意产业集群。

● “大兴农业”区域品牌开发：大兴西瓜、怀柔板栗、平谷大桃等农产品品牌集合了多种品牌创意，提升了区域农业的整体形象。

北京大兴区将农业与艺术、高科技相结合，研发并制作了玻璃艺术瓜、贴图瓜、造型瓜等系列唯一性农产品，丰富了该区都市观光农业的内涵。这也是农产品用途转化的一种有意义的尝试，使瓜的用途由食用转向观赏。

● “公园式农业”主题创意发展：通州的南瓜主题公园、昌平的香味葡萄园、怀柔的城市农业公园等在农业生产中融入城市公园的元素，使农业具有旅游观光、科技示范、休闲购物、怡情益智等多种功能。

(5) 浙江

核桃壳做成碳雕工艺品（既有装饰作用又可净化室内空气）、茭白叶做成祭祀用品出口日韩、“架上草莓架下菇，半棚蔬菜半棚鸡”……近年来，浙江各地充分认识到创意的力量和效益，开始重视通过创意拓展农业的功能。在杭州，一个个独具创意的农村新型居住小区呈现在眼前，一幅幅美丽新乡村、幸福新家园的图画正在杭州大地上徐徐绘就。创意农业带来的生态之美、生活之美、环境之美正使杭州的城乡阡陌间呈现出新的变化。除杭州外，浙江其他城市的创意农业也颇具特色。

——安吉

在安吉县，毛竹与白茶成为当地农民两只最大的“钱袋子”。从卖原竹到上海建筑工地当脚手架、做席子、竹炭等初级产品，到现在做高科技降血脂的竹叶黄酮、竹纤维、竹地毯、竹啤酒、竹工艺品等涉及食品、工艺、医药、家具、纤维等七大类 5 000 多个产品。从单纯利用“竹竿”到 100%“全竹利用”，一条完整的竹产业体系在安吉形成，让安吉人把一根竹子“吃得连渣都不剩”。全县竹产业产值已达到 150 亿元，毛竹的身价也因此从 14 元/百千克飙升到 80 多元/百千克。安吉人意识到“要使竹农长期持续增收，仅靠一产远远不够，必须实现一、二、三产相互促进，共同拉动。”在政府政策的支持下，安吉借助竹海的美景吸引游客来度假①。现在，安吉县毛竹现代科技园区和现代毛竹科技园区网络平台②均已建成，为毛竹提质生产、高效发展并让更多的人了解安吉的竹产业起到了非常重要的作用。

另外，获奥斯卡四项大奖的影片《卧虎藏龙》的外景地——中国大竹海景区是安吉的一个著名景点。1999 年拍摄该片时，安吉没收一分钱场租费，但该片的摄制平台和全部道具都留给了景区，影片不但使华人导演李安出尽风头，让周润发、章子怡大红大紫，也让“中国大竹海”景区美名远扬，后被命名为中国生态影视基地，每年数十部影片在此拍摄，数百万游客来此追星圆梦。

——舟山

浙江省舟山市定海区干石览镇新建社区充分利用当地良好的生态环境与淳朴民风，打造“海岛艺术创意谷”，以海岛艺术创意谷为标志的创意乡村，作为一种新的生活方式，带来了一个新兴的消费市场，受到消费者的追捧。

舟山新建社区地处本岛大山深处的一个小山谷，整个山谷

---

① 一根毛竹撑着经济飞跃［OL］. http：//news. ifeng. com/gundong/detail_2011_07/11/7612532_0. shtml.

② www. cnbamboo. net.

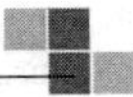

共分为艺术家景观园、民居客栈、渔人码头、海盗城、木质渔船博览馆、功勋号列车公园、趣味农业区、国际壁画村、明清老街、艺术中心、明清民俗村等十二个部分，使之打造成为全国艺术院校实习采风基地、青少年夏令营基地、艺术家休闲养生基地等。据介绍，2011 年前来实习采风的学生将超过 2 万人次。

沿着乡间小路七拐八弯走进新建社区南洞村，一列百余米长的火车跃入眼帘，车身因陈旧掉漆而显得斑驳。这列从嘉峪关运过来的火车共 8 节车厢，分别被开发用作餐厅、酒吧、画廊、网吧、会所和艺术品商店等。车站还开设露天休闲茶吧，供游客休闲游玩。火车的汽笛还会定时拉响，成为村里的大时钟。管理部门正计划运用特效让这列已经报废的火车喷蒸汽、鸣汽笛。

不只山里的火车让人惊奇，走在村间道路上，你不时有新的惊叹：一幢幢充满海岛风情的“民居客栈”建筑格外醒目，近处渔人码头上静静地泊着 6 条仿古渔船；不远处，一条海岛特色的明清老街正在紧张施工中；再行百米，一幅幅充满艺术韵味的涂鸦爬满民居的墙头。社区专门邀请专家和艺术院校教授策划项目，对村居进行规划设计。结合旧村改造，将南洞原有的院落式平房，改造成具有鲜明特色的海岛石屋，既保留乡村特色又显示现代气息。现在，南洞村海岛民居被统一改造成徽派古典庭院。

对里陈民居的改造中，改造费 80％由社区补贴，居民自己支付 20％。200 套房屋建筑进行外墙美化改造后，世界优秀的平面海报、动漫海报等均被用壁画的手法表现在房屋外墙上。

另外，全国戏剧创演、观摩、交易基地——“中国戏剧谷”也正在修建的过程中。以戏剧元素作为发展文化产业的切入点，打造文化旅游的品牌，也可将充满海洋文化特色的舟山本土戏剧艺术推向全国，提高南洞、定海乃至整个舟山的艺术品位[①]。

——玉环

玉环县生态示范区集现代与生态农业示范、农业科学研究、科普教育和观光休闲于一体，坐落在玉环的北大门——清港镇西郊，处于玉环与温岭城关的近中心地带，西濒乐清湾，与雁荡山隔海相望。园区已被授予全国农业科普示范基地、中国最佳生态旅游示范区之一。2005 年底被国家旅游局授予全国农业旅游示范点。园区分为入口服务接待区、观光果园区、农业高新技术示范区、休闲娱乐区、度假农庄区等五个功能小区。除入口服务接待区和度假农庄区在建需要完善外，目前已建成神农广场、演艺区、精品果园、水景园、认知园、童趣园、百鸟园、农业高新技术示范园、垂钓园、烧烤城、拓展训练区等十一处参观游乐景点。每个景点各有特色，农业项目与自然景观互相衬映（孙大鹏，2010）。

——仙居

近年来，浙江省仙居县解放思想，创新理念，积极探索农业资源与旅游要素的有机结合，以农业为平台、文化为特色、产业为支撑，大力发展休闲观光和创意农业，实现了农业和旅游双赢共荣。以节庆农业为主的仙居创意农业，是该县调整农

① 火车“开进”海岛舟山一个山村的创意实践［OL］. http://www.zjol.com.cn/zsxq/system/2011/07/27/017714945.shtml.

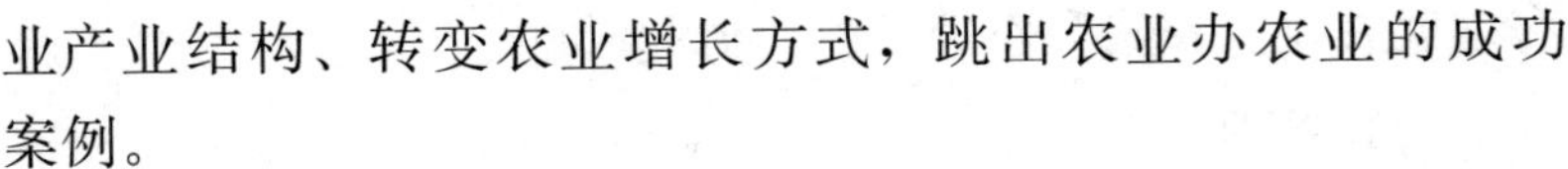

业产业结构、转变农业增长方式，跳出农业办农业的成功案例。

每年的三四月份，到处可见金黄的油菜花，也成了仙居的一道风景；而个大汁甜的杨梅更是仙居美名远扬的特色水果。为了打活打好这两张牌，仙居以节庆为舞台，不断扩大其在省内外的知名度，吸引四面八方的游客前来观景品果。

“仙居·浙江油菜花节”自2008年开始，已连续举办了六届。每年吸引游客近百万人次，实现旅游收入近3亿元。而各届油菜花节主题并不相同，年年创新。其间还穿插相亲大会、春日踏歌、亲子放风筝、地方美食节等分组活动。

而自2003年举办的首届“仙居·中国杨梅节”以来，每年都要在节庆期间举办仙梅大擂台、绿色财富论坛、杨梅仙子评选等系列活动。节庆不仅打响了仙居的特色品牌，也扩大了仙居在国内外的知名度和美誉度。“仙居·浙江油菜花节”曾被评为浙江省十大农事节庆之一。

为了吸引游客，仙居大力发展原生态休闲体验旅游，形成了一批各具特色的休闲体验旅游产品，并形成四大板块上百个原生态休闲体验园区，包括以“吃农家饭、住农家院、摘农家果”为主要内容的农家乐；以开心农场、抓鸡、捉泥鳅与观光相结合的休闲农业产业园；以“水清、流畅、岸绿、鱼欢、景美”的自然生态环境为依托的休闲垂钓园；以真人CS镭战、青少年拓展训练为活动项目的休闲体验等。这些生态休闲体验园以其原生态特色令游客纷至沓来，流连忘返。

2012年全县实现旅游总收入32.7亿元，同比增长30%；农民人均纯收入达到10 460元，同比增长11.6%，这其中就有创意农业、农旅合作的不少功劳[①]。

(6) 海南

——海南的休闲农庄

海南的休闲农庄主题鲜明、个性突出。始创于1993年的琼海伊甸园山庄占地10多公顷，是海南休闲农庄发展较为成功的例子，也是目前海南规模较大的综合性热带观光农场。庄内种有台湾引进的优良品种：香蜜、柠檬、莲雾、珍珠石榴、番石榴、杨桃、洋香瓜、枣等十几种。经过十几年的开发，伊甸园山庄现已初具规模，一年四季瓜果累累，满园飘香，成为远近闻名的台湾与海南两岛农业合作的基地。伊甸园注重生态与人文景观相互交融，园内的千年古木“英雄抱美人”、具有浓郁佛教文化的石刻、悠然恬静的观月湖等，一草一木，一砖一石都能看出主人的精心雕琢。徜徉其间，耳中是鸟鸣，眼里是春光，呼吸着清新的空气，舒展着疲惫的身心。

海南省利用农村资源，在创建文明生态村的基础上，将农家乐打造成为新兴的农村生态经济品牌，“吃农家饭、住农家屋、学农家活、享农家乐”成为吸引游客的“十六字方针”。农家乐依托山水自然资源和良好的生态环境，以舒适惬意、自主参与为主要特色，以旅游团体踏青、工薪阶层度假和中老年人休闲为主要服务对象。此外，还开发了荔枝和菠萝采摘、农家种养、湖边垂钓、自助烧烤、农家麻将等游乐项目。

海南紧紧依靠自己独特的自然资源，大力发展观光农业，使观光农业成为了海南旅游的一大知名品牌。其充分依托区域

---

① 浙江仙居：创意农业带来农旅双赢［OL］. http：//www.zgcyny.com/Article/Show.asp? ID=7521.

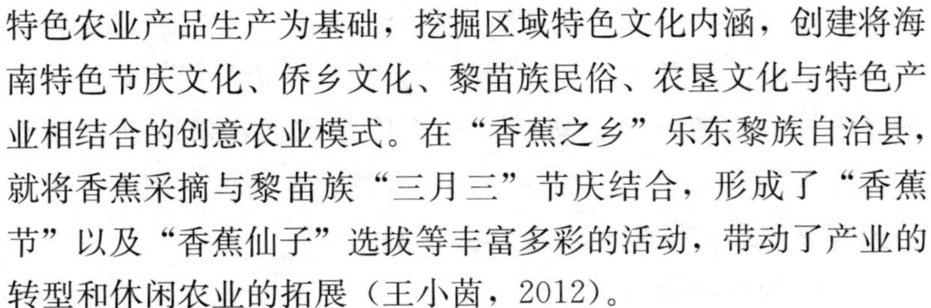

特色农业产品生产为基础，挖掘区域特色文化内涵，创建将海南特色节庆文化、侨乡文化、黎苗族民俗、农垦文化与特色产业相结合的创意农业模式。在“香蕉之乡”乐东黎族自治县，就将香蕉采摘与黎苗族“三月三”节庆结合，形成了“香蕉节”以及“香蕉仙子”选拔等丰富多彩的活动，带动了产业的转型和休闲农业的拓展（王小茵，2012）。

——海南的农业科技园

农业科技园是将现代农业与休闲农业有机结合，通过现代农业优美的自然景观和生态环境、浓郁的田园风光、现代农业生产设施与科学技术及安全优质的农产品吸引城镇居民观光。海南农业科技园已经规模化的主要有儋州国家农业科技园区和海口现代农业展示示范园。

海口现代农业展示示范园目前基本完成了一期工程 14.67 公顷基础设施建设，建造高档温室 2 491 平方米，连栋大棚已建造 3 栋，单栋大棚 40 栋，瓜菜新品种展示会的展示品种已进入重要管理期。初步具备了生产、示范、推广、服务、科普教育功能和休闲观光等功能，被省政府确定为冬交会分会场。“罗生生菜”、“金叶白菜”、“娃娃葫芦”和“花纹鹤首”等一系列农产品新品种，作为展示示范园中的特色展品，引起了游人的兴趣。示范园内设置了多个多功能展示区，集中展示了现代蔬菜种植、热带水果花卉种植、农作物新物种、现代设施农业、育种和良种繁殖等，展示与示范的瓜菜与农作物新品种达到 2 000 个以上（张霞，2011）。

（7）广东

对于具有得天独厚的发展现代农业产业资源与物质基础条件的广东来说，大力推进创意农业发展，是推进广东农业增长方式转变的重要举措。创意农业运用了创意产业的思维逻辑和发展模式，而创新的农业发展模式，把农业资源优势真正转化为经济社会快速发展的优势，成为广东农业经济的新的增长点。广东创意农业已经涌现了现代农场、观赏鱼、花卉、主题公园等新型农产品创意农业实践活动。

——现代农场

广东珠海农科奇观占地面积 133.33 公顷，现已开发 16.67 公顷，是融现代高科技农业生产景观和传统农业种植、田园风光于一体的具有趣味性、知识性和新鲜感的“现代农场”，如：珍奇瓜果园、温室无土种植水果园、沙漠植物园、小鸟乐团、蝴蝶兰生产及展销中心、八卦园和农家休闲园。这些景点的投入使用，极大地增强了农业观光旅游的魅力，体现了高科技农业与淳朴、典雅的田园风光的完美结合（张霞，2011）。

——观赏鱼养殖

全世界水族资源的 69％在亚洲，其中最优质的资源又集中在珠江三角洲。在东莞、中山、南海、番禺、顺德等地，观赏鱼养殖场随处可见，全省观赏鱼养殖面积已达十多万亩，年产观赏鱼（含鱼苗）数百亿尾。广东省与观赏鱼发展相关的水族器材业近年也一跃而上，全省水族器材厂家已超过 1 000 家，就业人员近 20 万人。目前，全国各地的观赏鱼和水族器材 60％～70％来自广东。

珠江三角洲本是四大家鱼的传统产地，然而近年食用鱼供大于求，养殖业便纷纷“转业”，利用承包的鱼塘大养观赏鱼，为全国各地平添许多喜庆气氛的观赏鱼类。如今已被广东“养”成大产业，由观赏鱼拉动的水族产业也迅速发展起来，

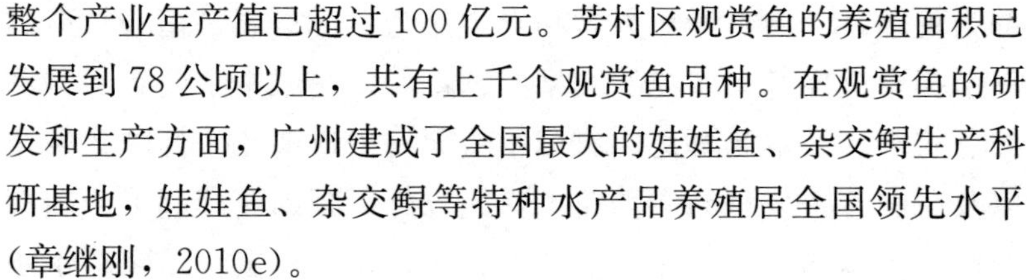

整个产业年产值已超过100亿元。芳村区观赏鱼的养殖面积已发展到78公顷以上，共有上千个观赏鱼品种。在观赏鱼的研发和生产方面，广州建成了全国最大的娃娃鱼、杂交鲟生产科研基地，娃娃鱼、杂交鲟等特种水产品养殖居全国领先水平（章继刚，2010e）。

——陈村“花都”

面积仅50.9平方千米的岭南名镇陈村，在广东省佛山市顺德区“两家一花”（家具、家电、花卉）的产业格局中占有重要地位，成为远近闻名的“花都”。2006年，陈村花卉出口达2 850万美元，占据广东花卉出口总量的1/2、全国花卉出口总量的1/4。该镇拥有大小花场近6 000个，品种6 000多种。镇政府已正式向中国花卉协会申报“中国花卉之都”称号。很多国内外大花卉企业，尤其是我国台湾以及韩国等花卉企业都把总部设在陈村。由于传统花卉种植业链条短、经济附加值低，陈村发展创意农业，把农产品、农业与文化、艺术进行融合，提高产品的附加值。陈村多年来致力于扶持花卉业，在展览、信息、旅游、科研、培训等方面加大投入，这些举措有力地推动了陈村镇的花卉业不断升级换代，使陈村成为华南地区的花卉生产和交易中心，辐射和带动了周边地区乃至整个华南地区的花卉产业同步提高。陈村在创意农业上已经迈开了第一步，陈村“中国盆景大观园”盆景总价值超过3亿元（章继刚，2008）。

——主题公园

农业主题公园型创意农业在广东省发展较为迅速，较为著名的是番禺新垦百万葵园。百万葵园位于广州南沙区新垦镇15涌，占地26万平方米。该园是以外景婚纱摄影和动漫俱乐部为主题，以结婚青年男女和青少年为目标市场，精心打造的一个拥有世界各国名花的大型主题花城。花城中主要有法国羽叶薰衣草、日本北海道薰衣草、欧洲树型玫瑰花、韩国孔雀花以及我国芳香淡雅的茉莉花。除此以外，园内还建起了全国首个松鼠乐园和蚂蚁王国，这与麦兜猪乐园、松鼠狗乐园、小白鼠乐园、白鸽广场、西瓜蟹园、蝴蝶园、金鱼水中王国、流星雨瀑布、戴安娜园中园等构成一个充满温馨与情趣的童话世界。同时，“百万葵园”还积极加强与外界的交流，组织各种活动。如与婚纱影楼、旅行社、学校、动漫俱乐部、知名大酒店等联手，组织动漫狂欢夜、薰之恋时尚节、海棠花时尚节等（张霞，2011）。

3. 国内其他省份发展创意农业的状况

国内除以上典型区域的创意农业得到了充分的发展外，其他省份（如山西、湖南、江西、辽宁、贵州等）均认识到了创意农业的多种功能性，包括：可提升农产品附加值、提高农业就业率、转变农业增长方式、满足多样化的消费者需求等功能，已经开始了对创意农业的积极探索，并根据自身的资源优势和实际情况制定了发展规划，其创意农业的发展正在有序的开展中。

山东充分利用自己沿海的地理优势，大力发展出口创汇型创意农业，实现了传统农业向出口农业的跨越，农业成为出口创汇的支柱产业。如山东青州把发展“创意农业”作为发展现代农业的一项新举措，引导农民为普通农产品注入创意，变成高附加值的艺术品，已经培育出了“创意花卉组合”、“盆栽韭菜”等一批科技含量高、高效、生态的创意农业产品。山东淄博引进的一种先进农业生产新技术——植物声波技术，用来发展音乐御梨，让水果每天听大喇叭播放的《梁祝》等音乐，不但实现梨增产 20%以上，而且口感好，外观更加漂亮，还有文化艺术含量，在市场上处于高端地位。

陕西杨凌高科技农业示范区充分发挥企业、大学、政府、媒体的主渠道作用，建立起了“政府推动，以大学为依托，以基层农技力量为骨干”的农技推广体系。利用这一科技优势，生产了大量的创意农产品。如用珍珠岩当土壤，营养水当肥料，实现了“种菜不用土空中挂红薯”的创意农业案例。还有集太阳能光伏、LED照明等为一体的“太阳能光伏 LED 植物工厂”的高科技设施化的创意农业。

湖南省以加快发展休闲观光农业为引领，通过把休闲农业与文化、旅游、创意等其他产业的融合，充分发掘文化内涵，突出文化品位，推动了创意农业的大发展。如岳阳君山的野生荷花世界、乡村之恋、鸟语林等农庄围绕湖、荷、鸟、鱼做文章；怀化日月湖度假山庄建设侗文化特色建筑群、歌舞艺术表演等创意休闲农业园区，着力构建世界最大的侗文化长廊；大围山国家森林公园、长沙县黄兴镇农业旅游示范区、宁乡县金洲乡关山村、望城县光明村等都成为了以休闲观光为引领的创意农业发展典型。

江西省大力推进农产品精深加工和农业文化节庆活动，突显了创意农业的文化魅力。如素有“色香幽细比兰花”之喻的庐山云雾茶，将庐山云雾茶常年饱受流泉飞瀑的亲润、行云走雾的熏陶，风格元素以中国传统书法与绘画艺术结合的形式进行包装、宣传与推广，呈现出一种品质生态洁净与文化深沉内敛的创意。婺源把油菜花节办成了一个盛大的文化节庆和文化创意活动，结合中国最美丽的乡村，在漫山遍野金黄色的油菜花中、在掩映着白墙灰瓦的徽派建筑中，让人体验到了产业、文化、创意的无穷魅力。

(二) 国内创意农业现有发展领域

1. 非耕地农业

(1) 阳台农业

现在，越来越多的市民喜欢把自家阳台当菜园，辟出一方小天地，种下花草瓜菜，享受田园种植的乐趣。在阳台上可以根据自己的喜好种植蔬菜、花卉、芽菜等不同植物。看不到泥土，自然不必担心弄脏你的服饰，先进的水循环保证养料的供给，而阳台上的阳光则是对这些植物成长的最好恩赐。

2012年，南京市蔬菜研究所就推出了“阳台蔬菜”，该产品一亮相，便成了众多市民热捧的对象。“阳台蔬菜”是个3层的立体钢架，有的还做成阶梯形，每层都种有鸡毛菜，看上去就像一个个花架似的，非常漂亮。据工作人员介绍，架子加上蔬菜总共只需200元。“阳台蔬菜”成本虽然便宜，功能却不简单。据介绍，“阳台蔬菜”选择观赏性较强的蔬菜，如茄子、辣椒、番茄等，或者保健类、芳香类叶菜，这样不仅可以美化、香化、绿化阳台，还能让老百姓享受到眼福、口福和幸福（农家致富编辑部，2012）。

2013年5月23日下午，在位于萧山城区的第五届中国·浙江瓜菜种业博览会的现场展区，一个来自杭州市的蔬菜展位和别的展位或展示成熟的瓜果蔬菜或展示农业科技、种子不同，这个展位上展出的是一批适合阳台盆栽的蔬菜新品种。摆着的20多个花盆中，茄子、小番茄、黄秋葵、香菜像花卉一样种在盆里，显得格外精致，吸引了很多正在布展的内行来看热闹。这次种博会的阳台农业盆栽蔬菜展示区，就设在勿忘农集团的浙江省（萧山）现代农业创新园内，有四个大棚专门展示阳台蔬菜新品种。据勿忘农集团的农艺师胡立军介绍，“阳台盆栽蔬菜有观果、观叶、根茎、保健四个大类。”在创新园的一个综合展示区里，观果类的有番茄、辣椒、西葫芦、水果黄瓜等，观叶蔬菜有绿生菜、紫生菜、紫青菜、紫甘蓝等，根茎类的有绿苤蓝、紫苤蓝、胡萝卜等，保健类的有绞股蓝、黄秋葵等。

和种在农田里的蔬菜比起来，很多盆栽的蔬菜显得有些另类了。一盆名叫“火焰”的朝天椒，从春天到冬天，果实的颜色能变出绿、黄、紫、红四种颜色；一种蔓生型的小番茄能结出彩色的果实；西葫芦有黄色的，也有长得像小南瓜的；盆栽的胡萝卜缨子，看上去像文竹，差点蒙混进观叶蔬菜队伍。

这些新品种是怎么来的？勿忘农集团的农艺师胡立军说，植物生长在不同的条件下发生基因突变，将种子按照不同的颜色、果实大小、产量、抗病性等特性，根据人们的需要选择母本和父本进行组合，将不同的功能进行排列组合，从而选育出新品种。这是项艰难的工作，培育一个新品种，至少需要经过五六代育种（都市快报，2013）。

(2) 屋顶农业

空中花园在科幻小说中才能看到，但在创意农业垂直农场，长满绿色作物的大厦可供都市达人在其中随意种粮养花。通过网络控制的气象条件和生态技术，可以促进创意农产品的生长，实现巨大的绿色房顶效应，成为城市美丽的风景线。让农业向空中发展，既能减少运输环节中的废气排放，还能将原来的农田让给树木，而树木能够帮助我们减少大气中的二氧化碳。我国屋顶农业的典型案例有以下几个。

在以“城市，让生活更美好”为主题，以低碳、绿色为理念的上海世博会上，浙江省宁波市的滕头村作为世界唯一乡村案例，入选“城市最佳实践区”的创意农村。滕头馆以空间、园林和生态化的有机结合，表现了城市与乡村的互动，凸显了“江南水乡、时尚水都”的地域文化，展示了生态环境、现代农业技术成就以及滕头人与自然和谐相处的生活。宁波滕头案例馆的上层空间，是农民生态种植实验室区，游客甚至可以在此试种水稻。馆的外墙则进行“垂直绿化”，整个墙面都是植被，对墙体温度进行调节，既达到了节能的效果，又节省了土地。宁波滕头案例馆不仅体现了“城市化的现代乡村，梦想中的宜居家园”的主题，也表达了“城市让生活更美好，乡村让城市更向往”这一理念，达到城市与乡村结合的美好前景，向全世界展示推广倡导未来城乡融合与生态建设。

浙江省绍兴县杨汛桥镇麒麟村农民彭秋根发展创意农业是从屋顶种水稻开始的。彭秋根的几亩田承包出去后，有了时间，逐步将四楼屋顶设计成长方形，修建了水泥沟渠，安装了水泵，加固了屋顶，铺了防水油毡，改造成了屋顶农田。刚开始种西瓜，就收获了 400 千克。后来种水稻，没有发生过病虫害，水稻长势好，家里冬暖夏凉，一季能收水稻 120 千克。在上海同济大学举行的世界屋顶绿化大会上，彭秋根与来自世界各地的屋顶绿化顶级专家共同研讨“城市，让生活更美好”的世博会主题。作为“屋顶种稻人”，屋顶种水稻创意生产方式的探索者，彭秋根被授予世界屋顶水稻最佳人物金奖，颁奖词是：绿色、低碳、环保。他栽培的屋顶水稻被浙江省农科院定为屋顶农业试验田。

在江西省南康市，农家屋顶成为“聚宝盆”。一些农民在自家屋顶上筑起小池，栽花，种上蒜、葱和辣椒等蔬菜，养鱼、鳝和泥鳅，卖出了好价钱。南康市蓉江街道大树村村民钟祖平利用自己的屋顶养鱼，每年增收 2 000 多元（章继刚，2010a）。

(3) 空中农业

空中农业，是用无土栽培科技手段或气雾栽培技术，将植物的根部悬垂倒吊在空中，使其处于充满水汽和营养的环境之中。用这种方式栽培的蔬菜、瓜果质地细腻，味道鲜美，营养丰富，深受欢迎。

——水培和立体种植技术

在沿海城市，水培和立体种植技术已在家庭园艺中使用，在酒店装饰屏风、拱形长廊装饰方面也应用广泛，而这种无土、节水栽培技术更是未来农业的发展方向。

走进 2009 年杨凌农高会的现代农业创意馆，看不见土地却是满眼绿色。半米立柱种 20 多株蔬菜，白色的圆形立柱上伸出的每个小枝丫里都长着一株或几株沙葱、生菜或时令花卉，固定这些植物根系的不是土，而是珍珠岩等更易保水的土壤替代品，配好的营养水则从圆柱的顶部伸进柱体，随时为植物输送水分和营养，这是一种新型的种植技术（黄利健，2011）。

据介绍，另一种水培种植技术干脆连土的替代品都不用。一棵棵绿油油的生菜整齐地“长”在管道上。按比例配好的营养物质放进水里便融化成营养液，管道则把这些营养液输送给植物根系，只需要给它点阳光，根本不用担心浇水、施肥。这种水培蔬菜、花卉适合家庭使用，管道和架子的材质都很常见，成本很低。油麦菜、小白菜、青菜等叶菜植物都可种植，种上各种时令花卉则更漂亮。这种种植方式不仅不会污染环境，而且使单位面积的产量至少提高5倍。由于营养充足，叶菜植物的生长期比在土壤里更短。

——气雾栽培技术

湖南怀化鹤城区石门乡农民李传钦等人应用蔬菜无土栽培新技术，修建了4个气雾栽培大棚，栽培菠菜、生菜、白菜、葱、莴笋等品种，蔬菜的根悬在空中，不会受到土壤中病虫害的侵袭。悬在空中嫩绿的蔬菜，口感又嫩又脆，卖出了好价钱（章继刚，2012b）。

在海南观光长廊里的瓜果，有的长在管道里，有的长在空中和栏杆上，这也是运用了气雾栽培技术，让植物的根系在空气中生长，才形成了“瓜果满天”的奇观，创意十足（严冰，2012）。

——根系分离技术

在陕西杨凌的现代农业创意馆里，让人惊讶的是：架子上吊下来一串串连着枝蔓的红薯根茎。见过地里刨红薯的，没见过抬头摘红薯的。这种让红薯长在空中而且根系分离的技术，是我国在国际上首创的专利。据介绍，让红薯根系分离在空中连续结薯的技术是把红薯种在花盆里架在空中，当根系成熟采摘红薯时，只需取下花盆割去要收获的红薯根茎，套上花盆后枝蔓还可以继续生出红薯。别看只是把红薯从地里挪到空中，这却将红薯的植株寿命延长了3～5年，单株块根产量能达到1 000千克以上（黄利健，2011）。

——电激波磁场催根技术

在宁波北仑现代农业园区，沁香园农业开发有限公司通过智能化控制和电激波磁场催根技术，使上千株经过驯化的旱生植物不需要一块泥土，就能在水中自由地生长。“很多人怕弄脏房间不喜欢泥土盆栽，我们只不过换了一下‘包装’，其‘身价’相当于普通盆栽花卉的3倍左右。”前不久，该公司培育的首批五六百盆水培花卉，刚上市就被抢购一空（村委主任编辑部，2011）。

2. 观赏农业

观赏农业是利用农业生产所特有的生态环境，为城市居民提供观光旅游甚至休闲度假的服务。

(1) 观赏作物

——创意盆景

在第四届山东省文博会上，山东省高唐县汇鑫街道十里铺村农民刘九艳的“福寿”灵芝盆景一亮相，便赢得啧啧称赞；山东沂源县东里镇前水北村，栾贻梅的草莓大棚里，盆栽草莓悬挂在空中，有机肥的施放和蜜蜂的授粉增加了草莓产量。红草莓配白花盆，传统农业插上创意的翅膀，让游客亲眼看到草莓从开花到结果的全过程，体验了创意农业观赏之乐。每盆草莓50元仍然十分抢手。山东省青州市已经培育出了“创意花卉组合”、“盆栽韭菜”等一批科技含量高、高效、生态的创意农业产品，成为农业转方式、调结构的又一亮点（农家致富编辑部，2012）。

以创意盆景出名的还有浙江苍南金农田蔬菜专业合作社培植的水晶蓝、香港绿、红皇后等20多个优良品种盆栽蔬菜，成为畅销各地大酒店和超市的抢手货，把蔬菜从田里移植到小小的花盆里供人观赏赢得了广大市民的喜爱（刘娜筱，2011）。

——创意作物

创意作物的案例非常多，最典型的是四川创造性地打造了花乡农居、幸福梅林、江家菜地、东篱菊园、荷塘月色“五朵金花”，四川的四季花海、彩田艺术等一批具有丰富文化内涵的创意农产品备受游客青睐；新疆漫无边际的油菜花在新疆乃至全国更是绝无仅有，而被誉为“中国油菜之乡”（章继刚，2010e）。

其他创意作物的案例在北京和上海的创意农业中均有展现并非常成功。如：在“全国休闲农业创意精品华北东北区推介活动暨朝阳区文化节”中，专门从事药用植物开发的北京海淀区山水稻香中草药种植专业合作社开发的，带着新鲜茎叶摆在篮子里的东北特产人参。除人参之外，这家合作社还开发出藤三七、穿心莲、罗勒、食用薄荷、藿香、巨麦、大黄、黄芩、紫苏等药食两用保健特菜；丰台区展示的鲜花水果篮、鲜花蔬菜篮，让美丽的心意与美味的食材结合在一起。除此，北京的“七色薯”合作社，专门从事黑花生、黑薯、黑土豆、黑小米、黑玉米等“黑色”产品研发在创意农业领域取得了成功（周圆圆，2012）。

在上海市奉贤区青村镇朱店村的申亚农业园里，“赤橙黄绿紫黑”等各色番茄，有大有小，口感风味也各不一样。农园里还有一种寿星桃，长成后的形状活脱脱就像一位寿星。据介绍，在桃树结果后的某个关键时间点，技术人员为桃子“穿”上了一种纳米材料制成的模具，之后桃子越长越大，直到填满了模具，最终被塑造成了寿星模样。很多卡通人物：能长成机

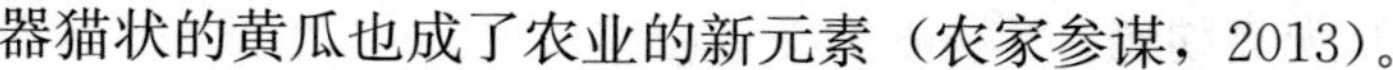

器猫状的黄瓜也成了农业的新元素（农家参谋，2013）。

另外，在贵州省贵阳市乌当区阿栗村旧寨组里有一棵果树，树上结了12种不同的水果，桃子、李子、杏子……它的主人李仁贵介绍，该树使用了人工嫁接技术，每年都能结出不同的水果。福建石狮一村民在农业专家的指导下成功地让牡丹、蔷薇、月季、灯笼、扶桑、玫瑰等12种花同时在一棵树上开放（严冰，2012；王银芹，2010）。

——创意加工

上海金山区美阳田园的南瓜园有一款“脸谱南瓜”，专门聘请专业雕刻师运用雕刻技术在南瓜上雕出不同的京剧脸谱。将京剧元素融入普通的南瓜之中所创造出的“脸谱南瓜”，成了市场上的稀有商品；将南瓜作为创意对象的还有温州大学毕业生刘吉利，他在岩头镇周宅村种植了迷你观赏南瓜、特大南瓜等特色农产品，并在南瓜、西瓜上刻上龙凤呈祥、鸳鸯戏水等图案，融入文化元素，把农产品变为艺术品。

其他地区的创意加工农产品同样受到了消费者欢迎：陕西地区种植出来的异形苹果、福字苹果，因生产基地名声在外，更容易被市场接受；在栖霞市的果品批发市场上，洋溢着浓厚的文化氛围，果农正在包装一个个印有奥运福娃、祝福语言、十二生肖图案的艺术苹果（小雨，2012）；在湖北省枣阳市琚湾镇蔡阳办事处的许多农户家中，菜农们将祝福语言、卡通图形及十二生肖图案印在大头菜上形成颇具特色的“蔡阳大头菜”（牛合群，2009）；北仑一家花卉基地把盆栽树木做成古代的飞天等造型；用控制种子发芽技术做成的大大的“生日快乐”牌、祝“寿”牌以及叶片上会长字的盆景都得到了消费者的青睐（村委主任编辑部，2011；周圆圆，2012）。

（2）观赏动物

北京鹿世界主题公园以“赏鹿茸，鉴世界之最；戏百鹿，寻童年之趣；品鹿肉，享寿星之福；观鹿苑，探文化之路”为主题，集养殖、产业技术研发、产品加工、农民技术培训、公众科学知识普及、旅游、鹿文化鉴赏等为一体；苏州太湖麋鹿园，引进麋鹿等多种观赏动物，逐渐形成一个集野生动物驯养、繁殖、观赏的综合园（周圆圆，2012）。

北京门头沟区有一个占地1公顷的蝴蝶温室，这是一个美妙的蝴蝶世界，有活体蝴蝶观赏区、蝴蝶科普世界、蝴蝶文化区、蝴蝶放飞广场、DIY体验区等。即使在白雪皑皑的冬季，也能让人感受蝴蝶纷飞的美好（朱启臻，2013）。

观赏鱼类的养殖是广东创意农业的一大亮点，因特色性观赏鱼类受到消费者的追捧，使得珠江三角洲的养殖户纷纷“转业”，利用承包的鱼塘大养观赏鱼（具体内容见前文）。

（3）艺术品

浙江省天台县的葫芦，原本在市场卖几元钱，通过创意生产，成为价值千金的艺术品，原因是济公、圣诞老人、茶壶等造型统统长在了藤蔓上。这些艺术葫芦首先用电脑3D技术把要做的形象勾勒出来，把济公、人参娃等形象的模子做出来，等葫芦长到四五公分的时候，给它们“穿”上特制的模具。从理论上讲，上了模具半个来月后，就能成型。因此就连小朋友喜欢的喜羊羊和灰太狼也能“量身定做”。通过6年的摸索，如今葫芦的成型率能够达到10％～20％。由于气候、光照等因素的不同，这些自然长出来的艺术品没有一个重样的。艺术葫芦的售价在千元左右，最高的可达上万元（王金帅，2011）。

同样将葫芦开发成为艺术品的还有“老北京火烩葫芦”和

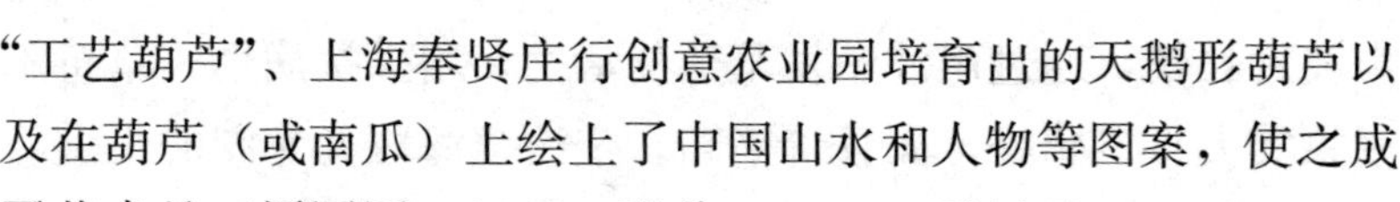

“工艺葫芦”、上海奉贤庄行创意农业园培育出的天鹅形葫芦以及在葫芦（或南瓜）上绘上了中国山水和人物等图案，使之成了艺术品（周圆圆，2012；张俊，2010；干经天，2008）。

在创意农业的领域，成为艺术品的农产品举不胜举。北京文玩核桃公司的一位工作人员介绍说，他的两个叫“麦穗虎头”的核桃，售价3万元。他说，这还不是最贵的，最贵的两颗核桃达几十万元。这种核桃虽然也能吃，但吃了太可惜，其金贵之处在于用来“把玩”，而不是食用（严冰，2011）。

北京延庆区“妫水女”品牌的系列产品多为工艺品，包括：妫川豆塑、陶艺、蛋壳漆画、药枕、根雕、芦苇画、羽毛画、核桃工艺等做工极为精细的手工艺品。桃木如意，桃木剑，由多种筷子、山桃枝和山桃核组成的筷子画，既精美又环保。门头沟的艺术品有半浮雕造型的“羽毛画”，也有具有浓郁乡土气息的“麦秸画”、“宣纸烫画”、“玻璃画”等；还有五谷杂粮画，是以各类种子和五谷杂粮为原料，通过黏、贴、拼、雕等手法制成的画作，十分逼真。

北京大兴的玻璃西瓜在常温常压下可以保存十年以上，这被我们通常称为水果的西瓜成了艺术品中的睡美人；台北培育的柚子呈心形，一面压印着双喜字，一面压印着英文“LOVE”，通常作为一件艺术品摆在木架上（周圆圆，2012；张若琳，2012；严冰，2011）。

3. 科技农业

(1) 设施农业

——声波助长仪的使用

辽宁省庄河市光明山镇佟岭村村民在草莓中放置“音响”：

声波助长仪，通过声波激发草莓的活力，增强抗病性，草莓不仅果实大、口感好，而且价格高。宁波镇海区九龙湖的飞洪蔬菜基地的叶飞在10个蔬菜大棚外围安放了几十个卡通形状的音箱，不停播放贝多芬的《田园交响曲》等世界名曲，让黄瓜产量增产20%左右，他种的黄瓜不仅口感好，而且外表美观。

江苏省无锡市则将声波助长技术应用到葡萄、西瓜、玉米、水蜜桃等生产中，让音乐的旋律促进植物对营养的吸收和分解，加快生长速度，达到了增产、优质、抗病和高效的目的(碧禾，2010)。汉沽茶淀镇玫瑰香葡萄的生产在2008年也采用了声波助长仪，结合套袋工艺等先进种植技术，无论是葡萄的数量还是质量都得到明显提高（章继刚，2010e）。

——LED灯的使用

“太阳能光伏LED植物工厂”是集太阳能光伏、LED照明等为一体的种植设备。种在一排排架子上的生菜享受着特殊光谱LED灯照射，提供电能的则是太阳能光伏板，循环管道提供的营养液除了1/3被植物吸收外，其余的全部循环再利用。省电、省水、省土的植物工厂提供的蔬菜产量比传统种植方式提高数倍，口味却没有区别。这种将太阳能光伏发电系统、LED节能光源与植物工厂相结合的模式费用昂贵。据介绍，工厂中这套设备是最昂贵的设备之一，近1平方米大小的LED灯板就要几万元。别看这套系统价值昂贵，在未来发展非可耕地农业、都市农业和太空农业，实现高效生产方面，这套系统将提供重要的技术支撑（黄利健，2011）。

——智能农场

智能化的农场在我国得到了快速的发展。沈阳第一村，小韩蔬菜工厂，通过计算机系统对蔬菜生长过程进行精确控制，

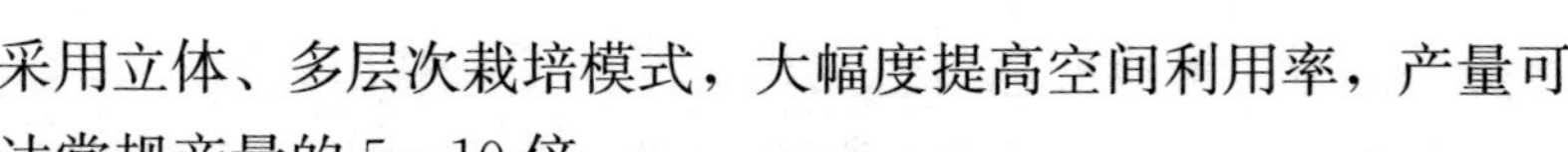

采用立体、多层次栽培模式，大幅度提高空间利用率，产量可达常规产量的5～10倍。

前文所述的无锡高科技农业示范园智能温室大棚、无锡马山牛奶有限公司养殖场建设的国内第一家植生基质工厂也是智能农场的典型代表。

(2) 立体农业

江苏南京六合区的“水稻＋N”模式，是立体农业的一个典型的创意案例，“水稻＋N”技术模式把超越传统思维的科学想象力应用于农业发展，使农业发展有了新生动力。“水稻＋N”创意模式包括“水稻＋马铃薯”、“水稻＋蒲芹＋西红柿”和“水稻＋龙虾”模式，目前推广应用面积达4 000公顷，解决了农户种粮效益低的难题，推动了传统农业向现代农业转变（蒋婷英，2011）。除此，苏州的鱼菜共生园，进行生态、立体种植蔬菜、花卉、养殖鱼类；浙江丽水稻田养鱼；渭南临渭区大王乡苌沟村，探索推广“林特＋土鸡”的模式，也都是典型的立体生态种养模式（张振中，2011）。

“稻田养鱼”是浙江省丽水的传统农业种养模式，已经有1 000多年的发展历史。它利用稻田水面养鱼，既可获得鱼产品，又可利用鱼吃掉稻田中的害虫和杂草，排泄粪肥，翻动泥土促进肥料分解，为水稻生长创造良好条件。在获得养殖田鱼收益的同时，一般可使水稻增产一成左右。2005年6月11日，入选联合国粮农组织首批四个全球农业文化遗产项目就包括了青田的“稻鱼共生系统”。

稻鱼共生种养模式成为稳定粮食生产、促进农民致富的主要途径之一，效益显著，示范带动作用强，促进了周边其他相关产业的发展。青田将传统的稻田养鱼与休闲相结合，发展山区休闲渔业，形成特色田鱼文化。该县发挥其山区风景秀美，水资源丰富、优质，空气清新的优势，强调“人、鱼、环境”和谐，以鱼为载体，形成特色鲜明的田鱼民俗、田鱼艺术、田鱼饮食礼仪，通过观鱼、抓鱼、尝鱼吸引客人。现已建成渔家乐、龙源山庄、聚龙山庄、中国渔村休闲中心等，休闲、生态旅游收入从无到有，休闲渔业年收入500万元以上。

（3）时差农业

河北省新乐市邯邰镇小流村瓜农刘永强看着温室里整齐有序挂在吊藤上的薄皮甜瓜高兴地说：“头茬甜瓜已经陆续卖完了，提前半个月错开甜瓜高峰上市期，价格高出一倍还多。”新乐农民巧打“错”字市场牌，搞起了“时差农业”、“创意农业”，越来越多的新乐农民尝到了“错”种的甜头。新乐是远近闻名的西瓜之乡，种植面积5 000多公顷，产值2亿多元。为使西瓜抢到档期，新乐从20世纪90年代起，就开始发展大棚种植。如今，生产设施已经由“三膜”升级到“五膜”，就是在大棚和地膜之间再增设棚膜，“三膜”增设一道，“五膜”增设三道，保证大棚内气温升高，促进西瓜生长（陈丽华，2011）。

对柑橘实施“冬衣保鲜”技术也是时差农业的成功案例。2008年柑橘大实蝇事件，造成四川、湖南等主产区大批柑橘滞销，价格暴跌，柑橘树成了“赔钱树”。乐山市五通桥杨柳镇红军村黄成忠采用“冬衣保鲜”技术，种植的柑橘却成了“摇钱树”。黄成忠在冬季用薄膜给整颗柑橘树“穿上冬衣”，采用“树上保鲜”，使柑橘可以生长到次年4月不会掉果，柑橘的口感更甜、口味更纯，4亩地柑橘净赚2.5万元（章继刚，2010e）。

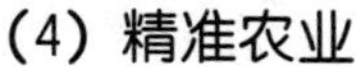

(4) 精准农业

精准农业概念（Precision farming，Computer aided farming）出自20世纪80年代初的美国。它的基本涵义是把农业技术措施的差异从地块水平精确到平方米水平的一套综合农业管理技术，这项技术的基础是依赖于卫星全球定位系统（GPS）、遥感技术（RS）和地理信息系统（GIS）及计算机控制定位定量实施，从而极大地提高农业资源的利用率，提高农业产量和减少环境污染。进入20世纪90年代，精准农业在欧美发达国家发展很快，已初具规模。

精准农业在中国，率先是由北京市农林科学院农业信息技术研究中心引入，并在北京市小汤山现代农业科技园内进行试验、示范，紧随着相继在云南、新疆、黑龙江、上海等地扩大示范与推广。实践表明，精准农业在现代农业中是先进的、高技术装备型农业，符合我国政府提出的发展节约、高效型现代农业的目标。只是我国农业以户承包经营，其规模小而分散，且组织化程度低，制约着需要成套机械装备作业的精准农业技术的实施。目前，只适于一些具有一定规模的农场或集体经营的合作社，诸如以土地入股的股份制合作等。

精准农业的创意就在于其技术装备上囊括了一系列高技术成果，并组装配套用于生产全过程；在经营管理上精准到一至几平方米之内依据采集的信息由计算机作出因地制宜的施肥、浇水及病虫害防治，彻底打破了长期以来仅凭肉眼“看天、看地、看苗情”施肥、浇水的粗放经营模式。从源头节约资源、降低成本，控制污染。同时能满足作物生长、发育对水肥的需求，实现增产增效，符合我国发展节约型现代农业的政策需求和循环农业的基本前提（张一帆，2010）。

4. 休闲农业

近年都市休闲农业发展的主要特点是，从单一观光型农业向休闲、教育、体验型农业发展。过去休闲农业多是以农业观光和农家乐为主，而现代休闲农业融生产、生活、生态为一体，并成为创意农业中的重要组成部分。

(1) 娱乐农业

正如前文所述，成都“农家乐”和北京“民俗京郊游”成为创意农业发展的成功案例，也是娱乐农业的经典案例。其他省市的娱乐农业同样发展迅速，并给广大游客带来了欢乐。

海南省三亚市妙林田洋农业设施基地所在的槟榔河村，是三亚市政府正在重金打造的一个乡村 5A 级旅游景点。妙林田洋农业设施基地亩产值达 1.5 万元，这里有清新的空气、绿色的田野、特色的农家菜馆、黎族风情、风俗博物馆，还有哈密瓜、茄子、彩椒等瓜果菜，每年吸引大批游客和市民前来。

(2) 节庆农业

“节庆农业”是我国创意农业中运用最多的、也是较为成功的创意方式。这种方式深受市民和农民的欢迎。目前，全国各地涌现出了各种各样的农业节庆。如：南京有各类农业节庆近 20 个，比如螃蟹节、梅花节、葡萄节、黑莓节、西瓜节、雨花茶节、森林节，还有六合区八百桥的茉莉花节、平山的雨花茶节，龙袍的蟹黄包节和竹镇的“秋之都”鲜果采摘节等（蒋婷英，2011）。这些节庆使南京形成了具有鲜明特色的促进农产品销售和提升农业旅游地知名度的发展道路（王树进，2009b），也使农业旅游在市民中的知名度高达 94.6%。

上海全年共有桃花节、葡萄节、蟠桃节、菜花节、百花

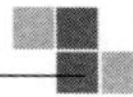

节、草毒节、茭白节、品米节、黄桃节等各具特色的现代农业节庆活动 20 多个，带动了市民在农村地区的吃、住、行、游、娱、购等全方位的消费，使农民收益不断提高（俞美莲，2012）。2009 年以来，上海郊区已办过各种各样的“节”，比如南汇桃花节、奉贤菜花节、松江梨文化节等。奉贤庄行镇也举行了“羊肉烧酒节”，挖掘展示当地吃羊肉、喝烧酒的民俗文化（章继刚，2011a）。

北京的创意节庆特点鲜明、引人入胜，深得消费者喜欢。这些节庆有：栗花节、虹鳟鱼美食节；平谷桃花节；大兴西瓜节；昌平苹果节、草莓节；密云鱼王美食节、板栗文化节、云峰山薰衣草节；顺义的花博会、顺义农业博览会；门头沟京白梨采摘文化节；通州葡萄节、金秋捉蟹节；戒台寺丁香节、潭柘寺玉兰节、琉璃文化节、灵水秋粥节、灵山西藏风情节、妙峰山庙会、北京永定河文化节等 20 多个人文文化节庆活动（刘军萍，2010、汪海燕，2011）。

山东省平度市是一座历史悠久、风光秀美、物产富饶、品牌农业闻名的城市。近年来，该市以节为媒，成功唱响云山大樱桃节、明村西瓜节、大泽山葡萄节、马家沟芹菜节“农业四季节庆歌”。在浙江省嘉兴市秀洲区举办的王店赏梅节、王店桑果采摘节、油车港葡萄节、“大地之春”缤纷采摘节、洪合蜜梨节、新塍美食节、王江泾网船会（赵丹，2011）、余姚的杨梅节（苗洁，2011）。天津汉沽葡萄文化旅游节等节庆活动都各具特色，成为国内享有盛名的休闲、旅游、娱乐、度假场所（苗洁，2011）。

（3）体验农业

体验农业是把农业生产与销售过程中有趣的一面（或有感

官刺激、或有教育意义的一面）剥离并展示出来，供城市市民和游客参与，从而提高农产品的知名度（王树进，2009b）。

辽宁新民市推出“格子庄园”，把土地分割成30平方米至100平方米不等的“格子铺”出租，租地的大多是城市居民，他们在空闲时间到所租的土地选种、播种、施肥、采摘，享受劳动的乐趣和收获的喜悦，而平时庄园里有专门的人会负责提供各种种子、肥料和日常田间管理（张若琳，2012）。

江苏省吴江市横扇镇成立了一个名叫“开心村”的村落，是横扇镇把占地1万亩的太湖绿洲生态农业观光园划出300亩土地，再分成1 000份，每份三分地，专供上海市民认领耕种。认领成功的上海市民将获得该镇颁发的“开心村村民证书”。“开心村村民”可认领三分地，在这块地上种蔬菜、种瓜果。当地政府还将在开心村建立交易平台、农具储藏室、更衣室、浴室、盥洗室、茶室及停车场。开心村倡导的是一种热爱生活、热爱劳动、热爱自然的积极向上的人生态度，这一点与网上以偷菜为乐的方式截然不同（杨洋，2010）。

浙江省仙居县委、县政府因地制宜将县域的农业资源与旅游要素有机结合起来，发动农民种植了5 000多公顷油菜。其中花田创意——艺术“稻草人”使本来就充满诗情画意的油菜花田锦上添花，意趣无穷。充满艺术创意的稻草人设置在仙居景区外围，游客可以参与其中，发挥想象力，或亲手扎一个，或添置一个小饰物，使“稻草人”创意延续无限；“花田走秀”可使游人在油菜花丛中欣赏仙居民俗歌舞（章继刚，2011b）。

南京浦口建起荷花池，任凭市民抓泥鳅、黄鳝；禄口机场南侧的南京鑫农庄开办了一个活动叫“林中寻宝”，农庄组织来此游玩的市民去林中寻找鸡蛋，这些鸡蛋都是母鸡下在树丛

中的，只要找到鸡蛋，1元钱1个带回家（张荣娟，2010）。

在一些地区，让游客参与渔村撒网捕鱼的过程、稻田插秧的过程、茶园采摘加工过程、鲜花提取香精的过程（邓秀勤，2011）；让游客尽情发泄的“发泄农场”（王爱玲，2010）；河南兰考县南马庄村的“购米包地”和“快乐猪”等活动对众多游客都有着巨大的吸引力。

这种让游客参与的体验农业，使游客不仅能体验到农耕的乐趣，更重要的是使游客了解到了农业的生产过程，这种包含教育元素的活动对青少年，尤其是生活在城市中远离农业的青少年来说具有非常重要的意义。

5. 生态农业

(1) 自然生态的修复

生态修复，是指特定的区域内，依靠生态系统的自组织和自调控能力与人工调控能力的复合作用，使部分或单独受损的生态系统达到相对健康的状态。到目前为止，生态修复已经广泛应用在农业、林业、水利、环境等领域（王树进，2009）。

北京市门头沟区“生态修复科技综合示范基地”是全国首家生态修复科技综合示范基地，自2005年生态修复工作以来，累计投入了1.6亿元，先后与中国科学院、清华大学等13家科研机构、高校合作，采用挂网喷附、保育基培养、植生袋、无土碎石边坡灌浆技术等先进技术手段，重点对煤矿废弃地、采石场、旧灰窑、砂石坑、边坡、湿地等六大区域实施了生态修复试验工程，修复总面积超过100万平方米，恢复景观和植被后，先后建成休闲公园、果园和特色种养殖基地，初步实现了生态修复与改造环境、发展经济有机结合，有力地促进了经济发展，实现了生态修复向生态产业的转变（汪海燕，2011）。

江苏常熟尊龙生物产业集团的蚯蚓养殖也是一个自然生态修复的典型案例。江苏常熟尊龙生物产业集团，在全中国有26个生产基地（含加盟），600多个员工，营业收入将近一亿元。其产品是“蚯蚓”，或说是蚯蚓的“完整解决方案”。尊龙的蚯蚓农场能处理各类有机废弃物，包括造纸污泥、牛粪、厨余等。

蚯蚓粪便可做肥料，蚯蚓可提炼药品或做鸡鸭的营养补充剂。的确，可将厨余快速分解成有机肥的蚯蚓，已在全球有机农业中广为使用。最著名的大规模应用是2000年的悉尼奥运，悉尼市在各竞赛场广设蚯蚓站，用来分解游客制造的垃圾，打响了“绿色奥运”名头。

蚯蚓消化过的造纸污泥，全转化成多孔松软的“蚯蚓粪便”，其实就是极肥沃的土壤，这在园艺市场极受欢迎，每吨可卖到6 000元。而提供蚯蚓“食物”的造纸业者也得付钱给尊龙，他们也乐意，因为过去将造纸污泥交给环保业者掩埋，一吨得付上六七十元。相较之下，尊龙的收费只是他们的三分之一。最后，繁殖力超强的蚯蚓（1只蚯蚓一年可繁衍出20万只后代）也可以出售。光是卖到一个常熟市，尊龙一年就可以做上几十万元的钓饵生意①。

另外，将农业或生活的废弃物，通过巧妙的构思，变废为宝制作成实用品或工艺品也包含了修复生态的理念。如用废弃的鱼骨作画；用农作物秸秆作画，编织草鞋、手提袋、动物、

---

① 让上亿只蚯蚓吃垃圾吐黄金［OL］. http：//www. szzunlong. com/mtgz/txzzh. html.

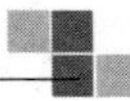

宠物篮、杂物篮等；用树叶或树枝粘贴写意画；用鸟蛋或禽蛋壳做工艺品（花盆、彩绘、蛋雕等）；用树根作根雕；用贝壳做各种造型的工艺品；用核桃壳、杏核、桃核等做雕刻工艺品；用玉米苞叶、松果、棉花壳等做干花等（秦向阳，2007）。

(2) 农产品生态化生产

农产品生态化生产是满足消费者对农产品从无公害向有机化、特色化、创意化、个性化转变的需求的生产。随着食品安全问题的日趋暴露，生态化、有机化农产品也成为越来越多消费者在农业旅游、乡村旅游中追求的目标。而生产者也抓住了消费者的需求，生产出了大量有机、生态农产品。如四川的金太阳生猪养殖专业合作社的有机猪肉（邓秀勤，2011）、大凉山土鸡蛋、盐源的无公害苹果、四川合江县尧坝镇明方云养的“老山黑猪”（章继刚，2011c）。在上海市奉贤创意农园已专门开发出一系列专供生食的果蔬，包括水果西红柿、水果南瓜、水果黄瓜、水果地瓜、水果玉米及水果洋葱等受到消费者青睐（邓秀勤，2011）。

农产品的生态化生产不仅仅表现在食品方面，在日常用品方面也有所体现。生产过程发挥创意与巧妙的构思，不仅将农业废弃物用作材料和能源，亦通过对其形、色、物质材料及精神文化元素的利用，变废为宝。

在河北省巨鹿县，128 个村庄用老织布机织老土布，走上了致富路。当地农民在巨鹿县“七夕乞巧”土布工艺品专业合作社的带动下，依靠手工土布实现了增收致富。该合作社的老式织布工艺复杂，从采棉纺线到上机织布，要经过 72 道工序，全部采用纯手工操作，制作出来的土布服装、床上用品、家居饰品等，具有很强的观赏价值和实用价值（严冰，2011）。

山东莱西农民巧用资源，把草编工艺和中国结工艺巧妙结合，用玉米皮巧妙设计成的草鞋成了时尚（章继刚，2010c）；另外，以内蒙古沙漠的沙子为原料，采用现代免烧结技术加工而成的，空气自由出入，却不让营养外流的会呼吸的花盆（周圆圆，2012）；江西江桥竹业有限公司推出的可替代传统塑料产品的竹键盘、竹鼠标等低碳环保产品都是生态生产的典型案例（农家致富编辑部，2012）。

（3）农产品的新功能

在生态农产品生产的基础上，还有些地区大打农产品的功能牌，塑造了健康的农产品形象，提高了农产品的附加值，增加了农民的收入。典型的案例有：

江苏东海县引进水溶性低蛋白营养保健“功能稻”，是肾病和糖尿病患者的最佳保健食品（章继刚，2011b）；兰州的“黑美人”土豆外皮颜色较深，薯肉经过太空诱变育种变成鲜艳的紫红色。黑皮黑肉能增强人体血管弹性，改善血循环系统和增进皮肤光滑度；芜湖烤出来的健康锅巴，不仅能使人回味大锅饭的原汁原味，同时还具有健胃等功效（章继刚，2010d）；丰乐农庄生产的具有防糖降糖功效又包装精美的南瓜每千克可卖到 16 元（章继刚，2011c）；海南省的菠萝创意农庄，里面有数十种菠萝，每种菠萝的味道和营养完全不同（小雨，2012）；北京的种植园主刘先舜开辟出一个黑色食品产业园，有黑糯玉米、黑花生、黑绿豆、黑西红柿、黑红薯等特色果蔬。这些果蔬都不施用农药化肥，且营养均优于普通品种，高营养价值的黑色产品不仅迎来了一批批观光采摘客，更博得了不少企业的青睐，该产业园推出的特产礼盒供不应求（王文兰，2010）。

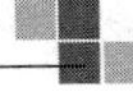

6. 网络农业

目前，电脑和网络对各领域的影响巨大，网络农业是指将电脑技术和网络运用到农业的生产中来，使农业生产进入到一个新的领域。

(1) 虚拟农业

位于奉贤区的上海农交所正在开发网上“3D景点”、“3D商城”、“网上农产品拍卖”等平台，让游客在网上就能提前领略接近真实的乡村游乐趣。“3D景点”网上平台，首先把奉贤区的10个景点纳入其中，比如奉贤海湾森林公园、申隆生态园等。游客要想了解某个景点的详情，就可以在网上点开该景点，一幅景区俯瞰图就出现在眼前，具体再点某一位置，立刻仿佛身处景区现场了，周围的树木、花草清晰可见，而且可以全方位转换、观察，甚至还可以听见鸟鸣声，沿着游览路线继续往前走，周围的景致也在移动切换……一个景点到底是否有趣，在网上就可以通过虚拟体验得出判断。这样的新平台、新模式，将为市郊农业和乡村旅游业引来更多关注的目光（农家参谋编辑，2013）。

(2) 网络平台

网络给农业带来的一个最大的好处就是，通过网络平台收集信息，寻求产品的需求者。在创意农业领域，网络的作用尤其重要。国内就有许多依托网络开发创意农业的成功案例。

江苏沭阳县新河镇是全国闻名遐迩的花木重点基地镇。近年来，在经济网络化以及创意农业初见成效的背景下，新河镇花农顺势而动，通过一个个小网店，探索出一条集“挖苗、卖苗，苗木包装，快递服务，长、短途物流运输等”于一体的创意农业产业链。据了解，沭阳县加入互联网用户达6万余户，新河镇的网上花卉销售正凭借互联网、网络中介公司、淘宝店以及花木公司、花农等“要素”，组成了一条富民兴镇的产业链。为了拓宽销售渠道，沭阳县新河镇依托全国知名网站及沭阳“花木大世界”、“花乡沭阳”网站和各大农副产品批发市场，建立健全了覆盖该镇的信息服务网络，为农民筑起了“信息高速公路”（许筠，2012）。

上海首家引入网络互动的田园社区开通，是网络在创意农业中发挥作用的又一个典型案例。市民通过网上承包“自留地”，成为了“遥控”种地的“网络农民”。“网络农民”的田地就在南汇六灶镇的五灶港边。走近河边一座桥，就能看到一块“网上种田”的标识牌，一座座大棚整齐地分布在河边。六灶镇一个农庄辟出40多公顷地，专门出租给市民。租地者可以通过农庄网站租地，还可以通过网站及时了解自己地里的情况，待农作物成熟后，业主可以自己前来采摘，也可以委托农庄送货上门或卖掉。目前，五灶港水系两岸、占地80多公顷的“国际水岸休闲农庄”已吸引了很多投资者（碧禾2010）。

（三）国内创意农业的主要支撑技术

1. 概述

结合世界发达国家的典型经验与实践，从国内和浙江省的实际来看，发展创意农业是一项涉及到多学科、多技术、多功能、多创意的复合性系统工程。引领和支撑创意农业发展的技术创新是现代农业技术与工业技术等多种技术的组装、叠加与

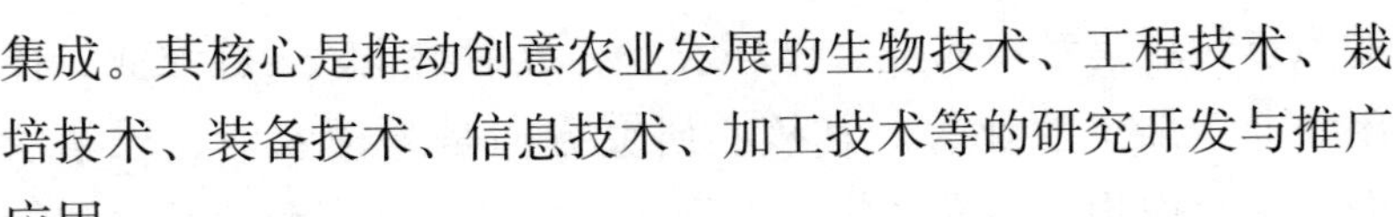

集成。其核心是推动创意农业发展的生物技术、工程技术、栽培技术、装备技术、信息技术、加工技术等的研究开发与推广应用。

从总体上看当前创意农业发展亟待解决的关键技术问题主要有：

第一，生物学研究与应用的技术方面。包括基因工程、细胞工程、发酵工程和酶工程，现代生物技术发展到高通量组学（omics）芯片技术、基因与基因组人工设计与合成生物学等系统生物技术与创意农业发展的结合。

第二，工程设施装备技术及其应用技术方面。包括农业装备与设施工程及应用技术的各种形态。如设施农业的工具设备、装置装备和技术方法，农产品精深加工的加工工艺、运行设备，工程与设施装备材料的组成、结构、功能，材料工程等的工程装备技术与创意农业发展的结合。

第三，农作物栽培技术创新及其应用方面。包括各类创意农作物的无土栽培、超高产栽培、精准定量栽培、多目标生产栽培、立体种植、多品种的间种与套种等栽培与种植技术及其与创意农业发展的结合。

第四，创意农业多种新技术的集成整合技术。如何集成和整合创意农业发展的生物技术、工程技术、栽培技术、装备技术、信息技术、加工技术等，使创意农业的单一技术转化为创意农业发展的复合技术和多种技术的杂交，形成创意农业技术的集成创新。

2. 创意农业的支撑技术

从当前创意农业技术研究的发展趋势来看，创意农业发展的重点领域是都市农业、循环农业、数字农业、设施农业、休闲农业、加工农业等，其核心研究方向是屋顶农业、居家农业、观赏作物、观赏动物、生物质新能源、新资源食品、智能农业，通过这几个领域的技术研发，并与文化创意及其规划设计紧密结合，创意农业的发展就有了技术支撑。

（1）屋顶农业创意研究领域的支撑技术

有关农业种植（养殖）屋面建筑设计与施工的标准化技术措施制订，以及不同农业利用方式的安全、栽培、灌溉等设施选用与安装技术要领制订与试行。

屋顶不同作物最佳灌溉体系的研究与确立，以及不同作物蓄水与排水平衡点的探索与排水方式研究。

屋顶农作物筛选与优质高产栽培技术研究和农业病虫害发生机理与防治方式研究。

屋顶农业扬尘与土壤流失预防措施的研究与制订，屋顶不同建材对农产品食用安全性影响的探究与评估。

屋顶农业在保障居民日常蔬菜供给及防灾、抗灾能力的探索与评价。

屋顶农业对建筑节地、节水、节能、节材，及修复生态功能的基础数据定点测定、积累与评价。

屋顶农作物根系对屋面建材的影响（腐蚀、穿越、抗老化、抗风化等）的长期定点监测研究与评价。

在建筑安全的前提下，探索屋顶建筑荷载与成本，土层厚度与作物产量、管理成本之间的经济平衡点。

（2）居家农业创意研究领域的支撑技术

居家种植的观赏与食用相结合的园艺作物品种的选育；

居家园艺作物栽培基质的研究；

居家栽培肥料的研究；

居家适合种植新材料与新设备的研发；

居家园艺作物病虫害防治技术的研究；

居家无土栽培技术体系的研究；

居家园艺作物栽培模式与安全生产技术研究；

垂直绿化在居家中的融入和多样化应用形式；

垂直绿化植物对居家环境的影响分析；

垂直绿化植物的选择和搭配技术。

(3) 观赏作物创意研究领域的支撑技术

观赏作物种质资源的发掘与开发利用；

观赏作物的配置与创意研究；

观赏用作物新品种的选育与现有品种筛选、改良；

不同观赏作物的栽培特性和规模化生产技术。

(4) 观赏动物创意研究领域的支撑技术

观赏动物的驯化技术研发；

观赏动物的繁殖技术研发；

观赏动物的选育技术研发；

功能畜产品养生工艺与关键技术研发。

(5) 生物质新能源创意研究领域的支撑技术

筛选优良的生物质能源植物物种和品种，提高能源植物的目标产量，降低生产成本。

提高转酯效率。从农业和农艺角度入手，创建高产、高油、易转酯植物品种。许多非粮能源植物适应性强，耐干旱、耐瘠薄、耐盐碱；可在房前屋后、田头沟边或废弃污染地中零星种植；种植技术简单，对劳力要求不高；市场具有连续的需求性，可为土地转包大户面临的“种植何种作物好”提供了一个良好的选择。

（6）新资源食品创意研究领域的支撑技术

新资源食品种类的筛选、资源收集、申报及开发。选择具有（潜在）市场前景的植物新品种，对植物新品种资源进行收集、鉴定分类并进行申报，为开发做准备。

新资源食品植物产业化生产技术研究。建立一套新资源食品植物种苗产业化生产、种苗栽培标准、技术，为新资源食品加工提供足够的优质原材料。

新资源食品种类的开发利用。在确保对人体无毒无害的前提下，对新资源食品进行加工工艺、保鲜、存储技术等研究。

新资源食品有效成分、功效的功能及安全性验证等技术。通过对新资源食品有效成分分析，获得优质种质植物资源，同时对有效成分的功效和安全性进行验证，为市场推广做最后准备。

（7）智能农业创意研究领域的支撑技术

筛选、研制各种高精度、低成本的温光水肥等传感器进行智能监测和远程自动控制的“掌上型”、“居家型”、“温室型”、“景观型”、“大田型”、“非耕地型”等系列智能农业新产品的研发。

多学科多领域融合、超大信息量数据集成与低带宽、低成本控制技术。

智能农业模型创意化的技术创新研究。在进行植物生长与环境模型深化研究的同时，结合创意农业的需求进行实用化、创意化技术研究。

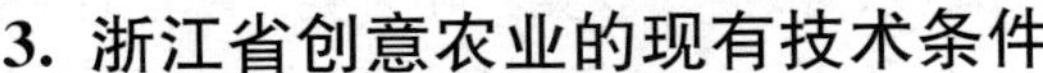

3. 浙江省创意农业的现有技术条件

因我国各地资源禀赋不一，所采取的和现有的技术也不同。在此，基于浙江省农业科学院的实际情况，结合上述支撑技术领域来描述浙江省创意农业的现有技术条件。

（1）屋顶农业创意研究领域

浙江省农科院较早就开始了屋顶农业的研究，从2009年起已造地25 000余平方米，建立试验基地12处。包括：屋顶露天栽培实验点；屋顶大棚栽培实验点；屋顶土培实验点；屋顶基质栽培实验点；屋顶雾培实验点；屋顶水生作物栽培试种点；屋顶旱地作物试种点；平屋顶试种点；坡屋顶试种点；新建筑种植屋顶设计试种点；老旧建筑屋顶（普通"上人屋面"）试种点；"地下空间顶板深覆土"果树试种点等。

试点工程栽种的农作物包括粮油、蔬菜、花卉、果树等作物，如：水稻、大麦、小麦、马铃薯、黄豆、番薯、西瓜、甜瓜、玉米、花生、豇豆、菜豆、豌豆、青菜、芥菜、莴苣、大头菜、韭菜、大蒜、萝卜、茄子、西红柿、黄瓜、葫芦、丝瓜、冬瓜、南瓜、铁皮石斛、兰花、葡萄、杨梅、枇杷等30余类，共40余个品种。获得与地面相仿或比地面更高的产量。

此外，浙江农科院还设计制作与屋顶整地、作物栽培相匹配的，屋顶种植专用构件数套（包括：改良锄具、防滑挡土板、灌排水兼操作走道的"垄沟板"等），研制出屋顶输液式自控滴灌系统和渗灌系统各一套。

（2）居家农业创意研究领域

浙江省农科院与韩国、日本、比利时、荷兰，以及中国农业大学、中国农科院等国内外科研机构和大学保持良好的合作关系，已收集了茄果类、瓜类、豆类、叶菜类、功能性特色蔬菜等种质材料 10 000 多份，并在蔬菜育种和栽培、无土栽培、工厂化穴盘育苗等方面取得了 30 余项科研成果，在家庭休闲农业等方面取得了多个国家专利。建立了蔬菜育种、生理生化、抗病鉴定、蔬菜栽培等实验室 2 000 平方米，并配套了一系列的实验仪器。同时拥有 13 000 平方米的智能玻璃温室，以及 10 公顷的连栋塑料大棚和提高型单栋大棚，可为项目的实施提供必要的硬件条件。

近年来，浙江省农科院已与国内一些科研院所和企业开展了家庭休闲农业、阳台蔬菜等方面的研究。目前家庭式种植装备、蔬菜种苗等已在一部分家庭内应用，为居家农业的实施提供了理论基础和实践经验。

在花卉研究方面，浙江省农科院主要致力于花卉新品种选育、优质栽培技术、设施园艺、种苗繁育技术的研究与推广。通过多年的项目实施和资源引进工作，已建有红掌、凤梨等居室花卉种质资源圃，搜集到资源近 900 个，同时已引进垂挂植物 50 多种，并且已经筛选出适宜浙江地区居家环境的品种 15 个。目前，相关研究项目组正在与园林单位合作进行室内壁画植物的选择和应用研究工作。

(3) 观赏作物创意研究领域

浙江省农科院拥有桃梨、常绿果树、瓜类、浆果、食用菌、花卉园林等多个专业化观赏作物研究室作为观赏作物创意研究的支撑机构。桃梨研究室主要从事桃、梨等果树的育种和栽培技术研究；常绿果树研究室主要从事柑橘、枇杷、杨梅等果树的育种和栽培技术研究；瓜类研究室主要从事西瓜、甜瓜等瓜类的育种和研究；浆果研究室主要从事猕猴桃、草莓、树莓等名优水果的研究和开发工作；食用菌研究室主要从事以香菇、蘑菇两菇种为主的品种选育和栽培技术研究；花卉园林研究室主要从事花卉、园林绿化等方向的研究与开发。

现已建有果树遗传育种、果树标准化生产、良种良苗繁育等多个学科方向。有设施完备的田间试验基地 13 公顷和示范推广基地 667 公顷，其中设施面积 3 公顷。保存各种品种资源 700 多份。另外，已与水果主产区、省级果树特色基地和果树科创中心等有关部门共建示范基地 10 余个。

对于观赏与食用相结合的园艺作物品种选育，农科院的成果非常丰富。其中，浙杂系列番茄、浙茄系列茄子、浙豇系列豇豆、耐热早熟大白菜、设施瓠瓜、菜用大豆等蔬菜新品种在全国均具有较高的知名度和覆盖面，处于国内领先水平；在针对观赏瓜果类栽培模式与栽培技术的研究中，浙江省农科院长期与中国农业大学合作研究观赏瓜类拱棚栽培模式，叶菜类智能无土栽培模式，立体番茄树无土栽培技术，观赏蛇瓜无土栽培技术。研究人员还通过中韩国际合作项目、省科技厅重点项目，从国内外收集了蔬菜品种和种质资源计 1 000 多份，筛选出 33 分优良的观赏、耐阴、功能蔬菜，选育 5 个品种，推广面积达到 30 多公顷。

此外，浙江省农科院在“园艺作物有机基质与工厂化育苗研究”、“无土栽培配方与肥料研究”、“家庭式芽菜品种筛选与栽培技术研究”和“无土栽培技术与设备研究”等方面均有丰硕的成果。

（4）观赏动物创意研究领域

浙江省农科院观赏动物创意的研究主要由畜牧兽医研究所来承担。该所现有一批高水平的科研创新人员和 7 800 平方米的创新服务实验大楼，拥有多功能蛋品质检测系统、高速冷冻离心机、冻干机、紫外分光光度仪、原子吸收分光光度计、酶标仪、核酸蛋白检测仪、凝胶成像系统、核苷酸片段分析系统，转基因式细胞融合仪、PCR 仪、蛋白测定仪等 3 800 多万元科研仪器设备及杜洛克原种场、浙江绿嘉园牧业有限公司、波尔山羊种羊场、实验兔场等 4 个试验场及遍布全省的试验基地。

在畜禽优良品种选育及规模化饲养技术、动物生物工程技术、动物营养与饲料资源开发利用技术、畜禽传染病和寄生虫病诊断和防治新技术等研究的基础上，根据国内外观赏动物的生产、发展现状和趋势，结合浙江省的生态特点，畜牧兽医研究所主要从两个方面开展观赏动物的创意研究：一是观赏动物的研究，包括：宠物兔（英国垂耳兔、荷兰垂耳兔、侏儒兔等）、特色禽类（如山鸡、野鸭、鹅等）。二是基于“医农同根、药食同源”的理念对功能畜产品研发，让消费者享受到养生和治疗双重功效。主要包括：乌骨鸡、鸽子、兔子等药膳的研发以及富含微量元素、ω-3 系列脂肪酸的蛋制品、肉制品的开发利用。

(5) 生物质新能源创意研究领域

生物质能农业学科是浙江省农科院新组建的学科，旨在解决我国生物能源产业发展面临的最大问题：植物油原料价格高、供应短缺问题。目前已形成了一个研究能力较强的研究团队，专业涉及生物质能源、林学、农学、分子生物学和农（林）技推广；并且还组建了海外高层次人才生物柴油研究平台。拥有研究所需的主要仪器设备，包括油脂测试仪、色谱—质谱仪、小型油脂提取仪、生物柴油反应仪、定量 PCR 仪、

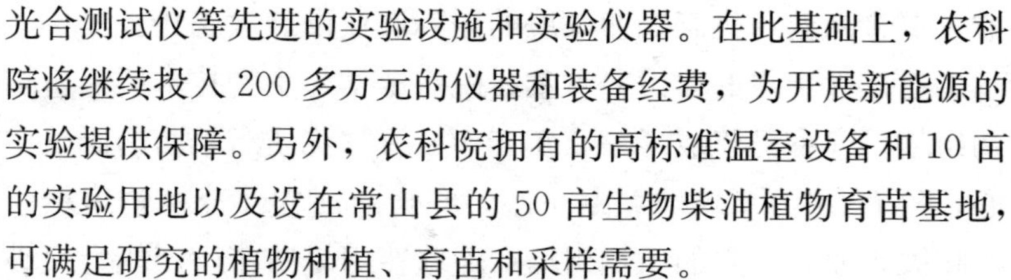

光合测试仪等先进的实验设施和实验仪器。在此基础上，农科院将继续投入200多万元的仪器和装备经费，为开展新能源的实验提供保障。另外，农科院拥有的高标准温室设备和10亩的实验用地以及设在常山县的50亩生物柴油植物育苗基地，可满足研究的植物种植、育苗和采样需要。

学科研究方向主要有四个：一是地区适应性强的生物柴油植物优良品种选育。通过大批量引进国内外植物柴油植物种质资源，建立种质资源库；选育高产、高抗、高油酸以及环境适应性强的优良植物品种，研究配套的高产栽培技术，建立种植示范基地。二是以拟南芥中伴侣蛋白AKR2A对脂肪酸代谢的调控为切入点，研究人为定向调控脂肪酸代谢的分子技术体系，培育不同用途的生物燃料专用型新品种。三是生物柴油制造工艺的研究，着重研究生物法替代化学法生产生物柴油的技术，试制生物柴油，重视产品在汽车或农用机械上的试用。四是家庭型生物柴油生产设备的研发，开发“车库型”生物柴油生产机型。

(6) 新资源食品创意研究领域

浙江省农科院在新资源食品创意研究领域的工作重点为：搜集具有市场前景的新资源食品植物品种并进行种苗产业化生产，为市场提供优质种苗。

利用优质种苗进行生产是保证现代农业优质、高产的最重要环节。利用植物组织培养技术生产的植物种苗除了具有母本优良特性的同时，较传统种子有着其他许多优势，尤以品质优良、遗传背景均一（性状分离少）、制种周期短、复种指数高、可充分利用土地资源、种苗生产无季节限制等特点最为突出，且可减少农药、化肥使用，具有很高的经济、社会、生态效益，符合高效、生态农业发展的国际农业发展大趋势。

通过近十年的建设，省农科院病毒学与生物技术研究所植物组培研究室已建成了一个年产500万株优质组培苗的研发中心，5 000平方米玻璃温室1座，联合浙江省部分植物组培生产相关企业，建立的植物组培产业联盟组培苗年生产能力突破1 000万株，生产的组培苗产品已实现批量出口。在“十二五”初期，研究室获得了农业部“948”计划连续5年的资金资助，为巩固、推广前期取得成果，积极探索组培产业化生产新技术，提升我国种苗产业化水平，培育植物种苗国内市场，发展以种苗生产为主的效益农业创造了契机。

与新资源食品创意研究相关的另外一个研究所——食品研究所，对产品的产后加工及精加工、食品种类的开发方面具有丰富的经验，尤其在食品保鲜、保健食品开发、食品饮料、食品调料及果蔬型食品方面均有深入研究，其中“花粉高效破壁提取技术”取得国家专利，“冬虫夏草高产发酵技术”获省级成果奖励，该两项成果均已转让企业并产生效益。

在未来的发展中，浙江省农科院将市场需求较大的铁皮石斛作为新型植物类新资源食品的重点，对其杂交育种的基础工作、品种筛选、种苗扩繁及栽培管理及市场预测进行较为系统的研究。以此为基础，将当前研究开发基础较好的铁皮石斛产业做大做强做精。

(7) 智能农业创意研究领域

浙江省农科院在国内农科院系统率先成立了数字农业研究所，建立了比较齐全的学科体系。数字研究所在数字农业技术的研究与应用发展方面已有丰富的技术积累与贮备，在很多方面走在全国前列。研究所现有科研人员均具有计算机和农学相结合的复合型知识结构，已筹建智能传感、机器视觉、3S技术专业实验室，并开展了相关应用项目的前瞻研究。目前，与智能农业研究方向相关的软、硬件条件已有较为完整的配置，形成了较好的研究条件与实力。

在已有研究基础上，浙江省农科院通过成立“浙江省数字农业工程技术中心”，加快了数字农业技术和产品的研发和应用，为农产品供给与安全做出贡献，进一步示范和引领全国农业向现代化、数字化方向发展。中心逐步把数字农业技术应用于产前、产中、产后以及农业生产过程的各个环节，实现农业生产全流程或半流程智能化、数字化和标准化监控和管理，生产优质、健康、安全、环保的农产品。

中心未来将重点放在“农情信息实时、快速采集与应用”“作物环境模型构建与应用”“农业资源管理系统开发与应用”“设施农业远程视频与智能监控系统开发与应用”“网络传媒的农业实用技术推广与应用”等研究上，以全面提升传统农业产业，促进浙江农业向数字化和精准化发展，并为各级政府部门提供实时综合信息和决策支持，为农业企业、专业合作社和种养殖大户提供技术服务，为科研人员提供技术辅助手段，为人民大众提供优质安全农产品的信息。

第六章 创意农业发展的效益与障碍

本章首先对创意农业生态效益、社会效益、经济效益的综合效益进行分析，然后以屋顶农业为例对创意农业投入的主要环节和相关绩效进行具体个案分析，并提出我国创意农业发展的主要障碍和制约因素。

（一）创意农业发展的综合效益分析

创意农业作为一种新型现代农业发展业态，它是农业资源和文化禀赋以及与多种技术和多维产业相互融合的产物，具有高度的融合性、较强的渗透性和辐射力，大大丰富了现代农业发展内涵，使农业多功能性得以充分地开发利用，同时产业“稳一接二连三进四”为发展新兴产业及其关联产业提供了良好条件。创意农业在带动相关产业发展、推动区域经济发展的同时，还可以辐射到社会的各方面，全面提升城乡居民的生活水准。与其他现代农业发展模式相较，生态效益、社会效益、经济效益等综合效益十分明显。

1. 创意农业的生态效益

按照马克思主义价值观，商品的价值由功能价值（function value）和观念价值（concept value）两个部分组成。功能价值由科技创造而成，是商品的物质基础；观念价值（又可细分为体验价值、信息价值和文化价值）因创意渗透而生，是附加的文化观念。随着经济发展和收入水平的不断提高，促进商品价值增值的基本趋势是沿着功能价值到观念价值的路径展开。在物质商品异常丰富的今天，都市人的现代生活最短缺的不是工业产品和高楼大厦，而是生态产品和生态服务，土壤、水体、空气所构成的生态环境已经成为了一种稀缺资源，追求人与自然的生态和谐成为了一种现代消费趋势。创意农业借助农业作为唯一与生态系统对接的自然再生产和社会再生产相融合的产业特性，为现代人的观念价值消费提供了一个人、动物、环境和谐发展的产品体系，搭建了一个生态服务平台。

与现代农业普遍采用化学农用制成品进行大规模单一品种高强度连续耕种的工厂式生产方式不同，创意农业本身就是以传统农业技术精华与现代多学科技术成果相结合为基本的发展理念，在设计上往往通过现代技术与传统农业合理的投入，使农业生态系统维持在理想的状态并能保持良好的物质能量循环，从而直接或间接地发挥农业水资源保护、土壤质量提升、空气质量改善以及保护生物多样性等生态功能。综观现有的创意农业发展模式，多以农业园区和农业综合体为载体平台，其生态效益主要体现在以下几个方面：

一是多采用林牧结合、农牧结合、农牧渔结合生态循环模式，充分发挥“六畜兴旺，五谷丰登”的农业自然再生产的良性循环，把农业活动组织成一个“农业资源—农产品—再生资源”的循环模式，包括采用传统沿袭的多种轮（间、套）作和稻田养鱼（鸭）等多样化耕作制度，既实现了农业生产的低开采、高利用、低排放、低污染，又通过生态链各个环节之间废物交换、循环利用、要素耦合等方式形成网状的相互依存、密切联系、协同作用的生态产业体系，建立和恢复农业生态系统良性循环，同时形成农业生态景观。

二是为兼顾经济效益和保持淳朴农业风貌吸引力，创意农业在设计方面往往进行立体种植养殖，实现立体、平面生态互补，抑制相关病虫草害，减少农药和除草剂用量；同时，还具有培肥地力、改良土壤的作用，全面提高光、温、水、土的转化率和生产力，形成良好的低碳农田生态系统。

三是很多农业创意园都充分开发利用农村可再生生物质能源，对农业废弃物进行资源化利用和能源化利用，如以秸秆和禽畜粪便发展沼气等可再生能源替代碳基能源使用，降低高碳能源的碳排放，发挥了农业应对气候变化的天然调节功能。

四是创意农业多与新农村建设相结合，往往同时带动了乡村道路、河道绿化、庭院绿化、房前屋后绿化，兼顾村庄四周林带建设，形成农林牧复合生态系统，形成一道保持水土、涵养水源、防风固沙、美化环境、防灾减灾的天然生态屏障；同时，城郊周边的创意农业建设充分发挥了农区林区、农地林地作为大都市生态屏障的生态涵养功能。

五是阳台农业和屋顶农业等非耕地创意农业模式，城市建筑物表面覆土种菜、种果或草皮、树木，利用农业作为城市景观，从而以植物森林替代“水泥森林”，可吸收大量氮氧化物、

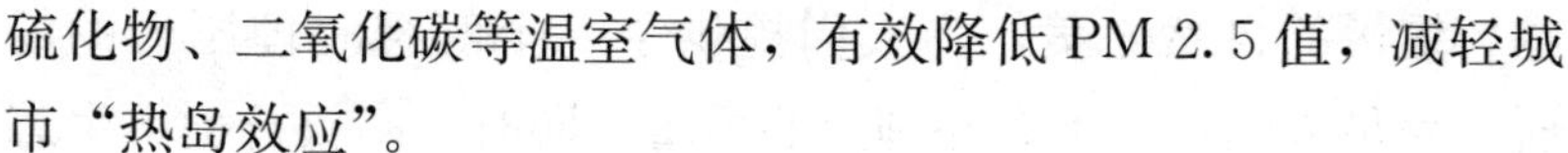

硫化物、二氧化碳等温室气体，有效降低PM 2.5值，减轻城市“热岛效应”。

2. 创意农业的社会效益

广义上的社会效益是指“人们的社会实践活动对社会发展所起的积极作用或产生的有益效果”（李俏，2011）。社会效益最突出的特点是它不是通过具体的经济数据来反映的对社会的科技、政治、文化、生态、环境等方面所作出的贡献。可见，广义的社会效益包含了生态效益。笔者和研究团队认为“创意”作为一种生产要素其融合、渗透和辐射的特性使创意农业的社会效益呈现出特别丰富和多元化的表征。

一是体现在促进了农业多功能性的开发，且与现代消费市场需求相契合。从微观经济学和消费心理学的视角，随着生产力的发展，市场竞争的全球化，商品供过于求，消费者的基本需求得到了满足，消费者越来越追求个人心理的满足，崇尚个性化消费。消费者的需求层次随着社会的进步和生活水平的提高而提高，市场的异质性和细分化程度不断提高，顾客在市场交易中的主导地位逐步确立。消费者更多关注心理上、精神上、文化上的需求，对物质商品中的文化含量的要求越来越高。创意为商品和服务注入新的文化信息要素，如观念、感情和品位等因素，为消费者提供了与众不同的新体验，从而提高商品与服务的体验价值、信息价值和文化价值等。创意农业通过多维度开发农业多种功能，创造出了新的农村消费市场与旅游市场，为城市居民提供了优质的农产品及舒适的休养娱乐场所。在社会压力和生活工作节奏飞快的当今社会，创意农业可以说通过森林、草地、湖泊、农庄和创意农业园区温和、婉约、缓慢的自然之美，为人们提供了一个舒缓心理压力的场所，满足人们精神上和心理上的需求；同时，高效益型、生态型的创意农业以及高科技型、精致型创意农业在创造高产值的同时，使农业生产功能之外的生态、环保、休闲、娱乐、教育等众多功能较好地发挥出来。其中一个最重要的社会功能就是传承农耕文化。我国农耕文化丰富，各地农村既有“采菊东篱下，悠然见南山”的田园牧歌般的环境，又有“清水出芙蓉，天然去雕饰”般的山水美景；既有不同的习俗风情，又有农历二十四节气的民间传说等。“渔樵耕读，回归自然”既是中华文化挥之不去的精神情结，又是后工业化时代人们摆脱都市喧嚣的心灵追求。因此创意农业为增强农耕文化的民族认同度提供了一个重要载体和平台，同时也给农村资源转化提供了较高的价值增值空间。此外，创意农业生动地展示了传统农业精华和现代科学技术是如何耦合的，从而使人们直观地了解现代农业究竟是什么样的，满足人们对文化和信息的客观需求。

二是在一定程度上促进了城乡、产业、产城、产村多种关系的和谐发展。创意具有很强的融合力、渗透力和辐射力，当创意理念和农业这一传统产业相结合，可以说是“跳出农业看农业”，原来的农耕文化和农业生态环境等各种农业生产要素与技术、文化、信息等要素整合，推进了农业产业链条的分解以及与其他产业的整合。一方面，多产业、多领域、多要素的融合、渗透、辐射，最大限度地开发了农业的多功能性，产业之间不再是冰冷的界限，农业通过“创意”连接，不仅为农业自身发展提供了多姿多彩的发展空间，更为其他产业发展提供了平台。正如《2008 年世界发展报告》所指出的，知识经济将给农业发展带来新的发展机遇，从传统农业的“发展农业”

到现代农业的“以农业促发展”，从而促进产业之间的空前融合。农业不仅发挥着生产、生态、休闲娱乐、文化传承等多种功能，并且与整个社会经济体系中的其他产业紧密结合，满足社会和消费者的不同需求。另一方面，农产品生产布局创意模式、农业与自然景观结合模式、农产品后续创意模式、农业文化发掘与博览模式、产业升级与耕作创新模式等创意农业发展模式以及阳台农业、屋顶农业、智能农业、观赏作物、休闲农业等创意农业具体模式创造出了新的农村消费市场与旅游市场，为城市居民提供了优质的农产品及舒适的休闲娱乐场所，大幅度提升了农业的教育功能、环境保护功能及休闲娱乐功能，各种创意农业项目搭建了一个城市居民之间和城乡居民之间沟通交流的平台，促进了城乡融合。此外，创意农业项目往往与新农村建设和美丽乡村建设相结合，推进了产村融合。而城乡融合、产业融合、产城融合、产村融合的基于创意的“新融合”创造出一种和谐的人文社会环境，构成美丽城市和美丽乡村交相辉映的美丽中国画卷。

三是在一定程度上推进了多种技术的协同创新与应用。农业现代化是相对于传统农业而言的，其实质体现了当代科学技术在农业上的综合应用，它是一个历史的、动态的概念。在经历了原始农业、传统农业、工业化农业（石油农业或机械化农业）后（骆世明等，1987），农业正在进入以知识高度密集为主要特点的知识农业发展阶段。从农业产业经济学的理论来看，农业发展过程中的某种形态或农业生产形式由农业生产技术（农业生产力水平）和农业生产组织形式（农业生产关系）所决定。如果说创意农业“一翼”是文化创意的话，那么“另一翼”则是科技支撑。创意农业发展模式中如智能农业、光伏农业、屋顶农业等是现代信息技术（计算机技术、网络技术等）、生物技术（基因技术、细胞技术、微生物技术等）、工程技术（播种技术、施肥技术、灌溉技术、收获及烘干技术、机电一体化技术等）一系列高新技术最新成果在现代农业中的具体应用。而多种技术的应用和推广不仅更好地实现了“创意构想”，而且“创意构想＋科技支撑”对增加农产品产量、提高农产品品质、节约水肥资源、保护农业生态环境具有重要作用。同时，一些创意农业发展模式如农产品后续加工创意模式、产业升级与耕作创新模式、创意农产品、阳台农业、屋顶农业等也对农业育种技术、精深加工技术、储运保鲜技术、信息技术、生物技术、工程技术等提出了具体的技术研发需求，在一定程度上推动了基于农业自然资源禀赋、农业及农村劳动力资源、农村经济条件及社会生产力水平的农业生产技术和农业生产组织形式创新，形成“科技创新推动创意农业实现，创意农业提出技术创新需求”，共同推动现代农业发展模式和具体业态创新的良性循环。

四是增加了现代农业的吸引力，有利于培养新型职业农民。城镇化和城乡一体化加速发展促进了农民分工分业分化，农户兼业化、村庄空心化、人口老龄化日益严重，“谁来当农民”已经成为当前我国现代农业发展面临的最大问题。创意农业的高附加值和具体产业业态使现代农业与其他产业收入相比丝毫不逊色，而且还具有绿色无污染的工作环境和条件。实践也表明，越来越多接受过高等教育的“农二代”返乡从事农业生产，他们的知识结构、外界见闻、信息获取手段成为创意农业发展的人力支撑。而相对于工商资本投资创意农业，基于专业大户、联户经营、家庭农场、农民专业合作组织等家庭规模化产业经营组织加之“农二代”的回归，他们不仅仅具有长期

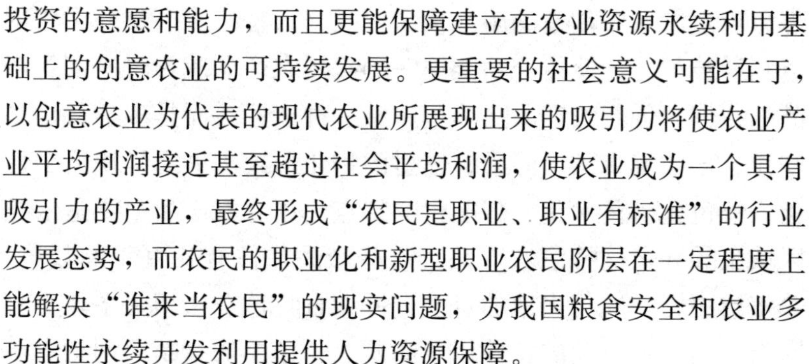

投资的意愿和能力，而且更能保障建立在农业资源永续利用基础上的创意农业的可持续发展。更重要的社会意义可能在于，以创意农业为代表的现代农业所展现出来的吸引力将使农业产业平均利润接近甚至超过社会平均利润，使农业成为一个具有吸引力的产业，最终形成“农民是职业、职业有标准”的行业发展态势，而农民的职业化和新型职业农民阶层在一定程度上能解决“谁来当农民”的现实问题，为我国粮食安全和农业多功能性永续开发利用提供人力资源保障。

3. 创意农业的经济效益

发展创意农业，就是在以科技创新提升农业农村经济品质的同时，以文化创意来提升农业农村经济的品位，即通过科技创新和文化创意的双重力量来创新农业生产方式和发展模式，提升农产品附加值。创意农业不仅强调农业的生产功能，而且强调对风土人情、历史文化等非物质文化资源的开发利用，将其开发成为新的生产要素。这些新的生产要素犹如“催化剂”，进入生产经营过程就会与其他生产要素产生“化学反应”，从而提高资源配置效率，优化要素再生，多维度促进农民增收和全产业链增效，从广义上讲，提升了农业对“绿色 GDP”和“服务 GDP”的贡献。概括起来，创意农业的经济效益主要体现在创意农产品和产业链延伸所带来的附加价值两大方面。进一步可细分为进行 4 种创意，提高 4 种附加值，即进行科技创意，提高创意农业的科技附加值；进行文化创意，提高创意农业的文化附加值；进行服务创意，提高创意农业的服务附加值；进行生态创意，提高创意农业的生态附加值（或叫绿色附加值）。

一是创意农产品及其废弃物综合利用所带来的附加值。这部分创意农业所创造的附加值主要是来自特色农产品的文化创意和科技创意，使传统功能单一的食用农产品成为时尚创意产品的载体。创意农产品已非单属某一种产业，而是多学科、多知识、多技术交叉、渗透、辐射的物化形式，最终呈现出个性化、特色化、艺术化、智能化的特点。创意农产品主要是依托区域主导和名优特色农产品，这些产品往往有几百年的栽培、养殖历史，一般与当地的自然资源综合特性有密切关系，具有同类产品所不可及的特性以及品质、特色上的垄断。创意农产品不再追求数量，而是追求其产地特色的唯一性和创意性。

创意农产品主要增值途径包括：①通过文化创意，传递特色农产品独特的产地文化，通过编撰、演绎特色农产品的各种故事，以故事力来活化文化资源，将其转化成能为农业带来增值的资本；同时在包装上突出文化品位，增强特色农产品文化附加值；②通过复古创意，全面应用和推介特色农产品及其衍生产品的“生态、复古、传统”的生产方法和“古法”制作方法，设计生产出“来自泥土的原生态作品”，通过民俗文化增加特色农产品附加值；③通过科技创意引领概念创意，利用生物科技手段改变农产品形状、色彩和口味等物理功能；或利用育种技术和激光技术等设计刻（印）字瓜果，抑或绘上中国山水和人物等图案，满足或丰富人们精神需求的特性，增加农产品科技文化附加值。同时，农产品生产和消费过程中产生的副产品、废弃物通过创意进行回收利用和深度开发利用，如设计出各种工艺品，不仅创造出更高的经济价值，而且还衍生出新的文化价值。值得特别注意的是，农产品品牌，尤其是综合了区域特色和产品特色的区域创意农产品品牌在创意农产品增值中发挥了关键作用。创意农业区域品牌本身是具有文化意义的标志，文化具有较强渗透和辐射功能，能够成为拓展市场的利器。创意农产品多结合“地理标志产品”、农产品著名品牌、商标等市场基础不断提高其文化感召力，提升消费者效用，拓展市场空间，以文化创意性、高科技性提升产品品牌的市场号召力，以品牌延伸创意农产品价值空间。

二是产业链延伸所带来的附加值。通过基于特色农产品和区域特色文化的产业集聚、集成、集合、集散，创意农业变单纯农业生产为服务农业产业、创意农业产业等多功能产业集成，变单纯农产品物质生产为优质物质产品建设与精神享受产品生产建设共同集成，形成强大的创意农业配套集成建设和创意农业多功能集成叠加效应。“竹海观光、竹乡休闲、文化体验、影视娱乐、山乡人居、度假养生”的安吉竹海经济发展的实践表明，创意农业可以开发和拓展农业多样性功能，推动农业特色精品生产、农业加工物流、休闲观光农业和生物信息以及其他农业新兴产业的大力发展。同时，创意农业可以引导农业生产经营主体应用新材料、新技术、新工艺，发展农产品精深加工、现代物流业、农业服务业，促进农业产业分工合作，建设农业全景产业链，提高农业整体竞争力。通过创意把文化艺术活动、农业技术、农副产品和农耕活动以及市场需求有机结合起来，形成彼此良性互动的“稳一接二连三进四”的全产业价值体系，带来农业全产业链延伸的多种附加价值，同时为农民提供更多的创业就业空间和增收途径。创意产业全产业链是指通过农业知识产权（商标、专利、品牌等）的反复交易，形成不同层次的产业体系，带动相关产业和整个区域的发展。创意产业具有很强的渗透力，能以多种形式与不同的产业相融合，形成以文化创意为核心的产业系统和价值实现系统，给农村带来新的区域品牌和系列衍生产业。创意产业全产业链包括核心产业、支持产业、配套产业和衍生产业四个层次的产业群。其中核心产业是指以特色农产品和园区为载体的农业生产和文化创意活动；支持产业是直接支持创意农产品的研发、生长、产品的加工，以及推介和促销这些产品的企业群，如科研机构、种源公司、现代农业设施、各类文化艺术活动（如会展、动漫、表演等）的策划企业、加工厂，以及金融、媒体、广告等企业；配套产业则是为创意农业提供良好环境和氛围的企业群，如旅游、餐饮、酒吧、娱乐、培训等；衍生产业是以特色农产品和文化创意成果为要素投入的其他企业群，如玩具、文具、服装、服饰、箱包、食品、纪念品等生产企业。在整个创意农业产业体系中，第一、二、三产业互融互动，传统产业和现代产业有效嫁接，文化与科技紧密融合，产业附加价值的乘数效应十分显著。

值得注意的，一是在创意农业产业链延伸多种形式中，最常见的形式是农业与旅游业的融合发展，形成旅游、文化、创意相互耦合的核心产业链，主要是乡村生态旅游、休闲度假旅游、农业节庆活动。据顾农（2010）对北京市创意农业形式的粗略统计，从种类和数量来看，农产品创意占主导地位，约占创意总数的 50%；但从效益与影响来看，农业节庆创意等产业链延伸增值占主导地位。在创意农业中，农业一改以往单一农产品生产者的地位，通过倡导一种新型的生活方式，把创意农业的产品与市场进行有机衔接，使消费者认同并引发购买行为，成为新的生活方式的引领者和塑造者，其中，休闲农业、乡村旅游等皆是比较成功的做法。在发达城市，旅游已经成为城市居民的一种生活方式，以旅游吸引的方式发展创意农业园区，吸引城市消费者来旅游、度假，购买创意农产品、参与创

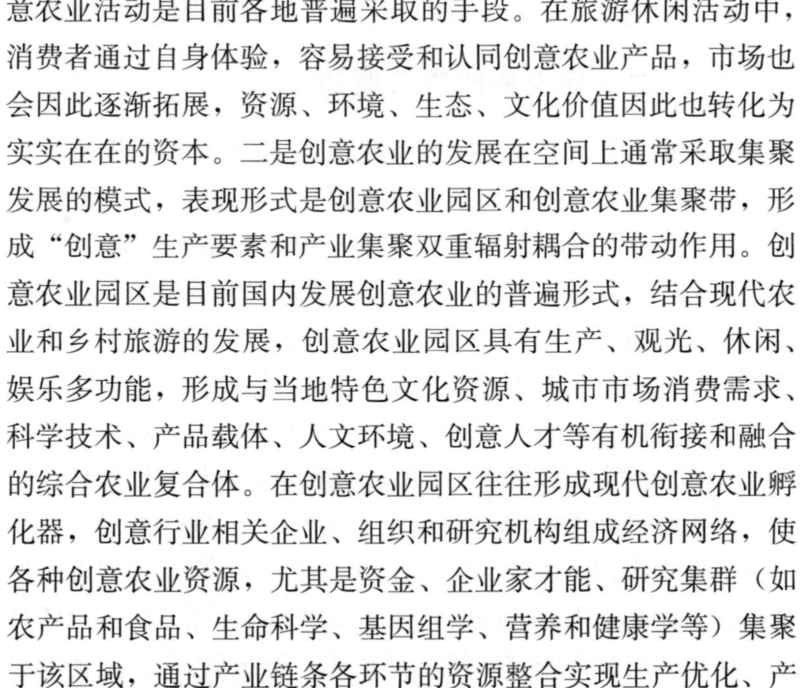

意农业活动是目前各地普遍采取的手段。在旅游休闲活动中，消费者通过自身体验，容易接受和认同创意农业产品，市场也会因此逐渐拓展，资源、环境、生态、文化价值因此也转化为实实在在的资本。二是创意农业的发展在空间上通常采取集聚发展的模式，表现形式是创意农业园区和创意农业集聚带，形成“创意”生产要素和产业集聚双重辐射耦合的带动作用。创意农业园区是目前国内发展创意农业的普遍形式，结合现代农业和乡村旅游的发展，创意农业园区具有生产、观光、休闲、娱乐多功能，形成与当地特色文化资源、城市市场消费需求、科学技术、产品载体、人文环境、创意人才等有机衔接和融合的综合农业复合体。在创意农业园区往往形成现代创意农业孵化器，创意行业相关企业、组织和研究机构组成经济网络，使各种创意农业资源，尤其是资金、企业家才能、研究集群（如农产品和食品、生命科学、基因组学、营养和健康学等）集聚于该区域，通过产业链条各环节的资源整合实现生产优化、产品创新、品质提高、规模扩大、土地多种用途利用、减少能耗等目标，进而保持创意农业产业的可持续发展。

（二）创意农业发展效益个案分析：以屋顶农业为例[①]

在上述对创意农业综合效益进行定性分析的基础上，本部分选取创意农业一种典型模式——屋顶农业作为分析对象，进

① 本部分特别感谢浙江省农业科学院屋顶农业研究室（工程中心）李伯钧研究员的悉心指导和相关实践基地的数据提供。

一步对创意农业投入的关键环节和相关绩效进行定量分析。

1. 屋顶农业发展的相关概述

我国的城镇化正处在快速发展期，1978 年，我国城镇化率只有 17.92%，到了 1995 年，城镇化率达到 30%；2005 年，城镇化率为 40%左右，预计到 2030 城镇化率将达到 75%～80%（仇保兴，2005）。人口越来越多向大中城市聚集，在城市化发展的进程中，高建筑提高了自身形象，但也带来了不少问题。如很多城市在发展中造就了规模宏大的“人工海洋”、披上了高贵的“灰装”、变成了体形优美的“钢铁森林”等现象，使人们的生活环境不容乐观。近年来，各地的极端气候频繁、城市污染严重，PM2.5 已经成为了一个“热门词汇”。在创意农业为人们提供了乡村旅游、休闲度假、森林养吧等多种休闲农业产品和服务的同时，在城市用地日益紧张的客观背景下，城市居民日常的生态环境和美学需求如何保障？屋顶农业作为一种非耕地创意农业模式为此提出了解决方案，并已在上海、深圳、厦门、广州、杭州、南京、武汉等城市成功开展，取得了一定的景观和生态效果。屋顶农业已经由原来的种植树木和铺设草坪，发展为了种植蔬菜和水果等多种农作物。浙江省农业科学院屋顶农业工程研究中心李伯钧研究员的研究团队已在浙江丽水、萧山、淳安和江苏南京紫东国际创意园等地设有 15 个“屋顶农业”实践基地，并进行了大量屋顶农业与资源综合利用的公益性研究，为探索不同建筑屋顶造地与农业利用可行性提供了理论支撑，并在工业区、城镇新农村、保障房建设中得到广泛试验与验证。屋顶农业且产业化可能成为城镇蔬、果供给的重要来源；以屋顶农业为切入点的城市资源综合

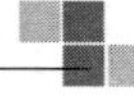

循环利用，也可能成为消除城市综合征的一剂良方。

屋顶农业作为非耕地创意农业的一种典型模式，从宏观角度来看，其最大意义即在于以较低成本实现了耕地的“占补平衡”。就现有建筑模式而言，建筑就意味着耕地的死亡。为保证国家粮食安全，国家提出保护18亿亩耕地红线。因此占用耕地必须通过其他途径如开垦荒地，围海、围湖造田，开山造地等方式得到补充，谓之“占补平衡”。而上述任何一种补充耕地开垦的方式，都或多或少隐含着风险与危机，如压缩野生动植物生存空间或导致消亡；降低水库容量，雨水调节功能减弱，产生洪涝灾害或灌溉能力下降；水土流失，江河淤塞引起环境问题等。开垦造地资源有限，与巨大的建设需求相比只是杯水车薪。民以食为天，如何缓解人口增长与耕地面积日益减少的矛盾是横亘在我国以及世界其他人口大国的首要问题。一方面，既不能任经济发展通过城市化等方式无节制地占用耕地，另一方面也不能凡耕地就绝对保护从而影响经济的发展。屋顶农业利用成为耕地保护一个值得探讨的方向，其通过在屋顶等建筑物平台种植农作物，实现建筑只占空间不占地，使建筑占地与造地同步，达到占补动态平衡，从而同时满足经济发展和耕地保护的需求。

屋顶农业利用目前已引起部分西方国家的重视，如美国屋顶种植水果和蔬菜的项目正在增长，一些州屋顶种植可得到减税补贴。日本京都最近将实施一项“屋顶农场”计划，在城市的大楼顶上种植花卉、果树或蔬菜，希望能给混凝土林立的城市带来一片绿色，以改善城市居民的生活环境。为此，京都农业试验场已着手研究适合屋顶栽培的花卉、果树和蔬菜，并开始在都立医院和政府会议楼等公共设施楼顶栽培苹果、草莓等（王小柱，2010）。

我国在屋顶农业利用方面起步较早，20 世纪 70 年代浙江永康农民就有屋顶种稻尝试，80—90 年代有学者就屋顶农业与城市生态（肖际亨，1986），屋顶覆土降温隔热机理（刘小丽和张剑方，1998），优化人居环境（刘小丽，1997）等开展研究；90 年代对屋顶柑橘栽培（骆高远和胡云好，1995），无土栽培（林碧英等，2004），农业利用效益（刘小丽，1997），种植屋顶的设计与施工（刘小丽和张纪青，2000）进行探讨。目前已有的文献报道多集中于屋顶农业利用的调查（戴希刚，2011）和屋顶农业利用概念性研究（孙毅，2006），李伯钧等（2012）对有关不同类型屋顶、不同造地方法、不同土壤厚度、农业的不同利用方式以及屋顶造地对建筑本身及区域环境的影响进行了初步研究。

屋顶农业作为创意农业的模式之一，涉及栽培基质采用、作物筛选、栽培方式、耕作制度、灌溉系统的研发、设施栽培、风灾预防、扬尘预防、中水及污水利用、屋顶小气候变化，生态环境修复等。目前在建筑材质和技术条件，尤其是种植区构造及施工（荷载问题）、防水抗渗漏设计（防漏问题）、作物品种选择、栽培管理等四大关键问题上已具备了技术可行性。同时，据测算，以杭州中心城区为例，绿化 1 万立方米土地，加上征地，拆迁补偿费用在内，约需 3 000 万元，而建造 1 万立方米屋顶绿化的投入只需约 300 万元，约为前者的 1/10（张云生和陆文姝，2006），屋顶农业成本节约可能更多，具有显著的经济可行性。

2. 屋顶农业投入的主要环节

屋顶农业是以建筑物顶部平台为依托，进行蓄水、覆土

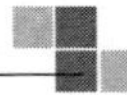

并栽种植物的一种绿化形式。根据建筑屋顶实际年限及结构承载能力不同，屋顶农业建成标准和种植作物不同，以及大棚栽培、屋顶箱式栽培、雾培、水培与立体栽培等不同栽培方式不同，其投入成本亦存在差异。但主要的投入环节均包括：钢筋混凝土现浇屋面加厚、种植区构造及施工（包括排水层、过滤层、种植基质层）、屋顶灌溉与排水系统三大部分；如按照资源综合利用标准建造，还涉及雨水收集池、秸秆消化池、有机物生物转化、消化、分解配套设施以及沼气池建设等。不同屋顶农业利用方式与主要成本核算表见表 6-1。

表 6-1　不同屋顶农业利用方式与成本核算

利用方式	主要材料	基质厚度（厘米）	荷载（千克/米^2）	推荐种植作物种类	建造成本（元/米^2）
承重柱或墙上种植池栽培	砖、水泥池、木、塑料箱，简易支架，网片，自动滴灌系统	20～50	<50	瓜类等爬藤作物或果树	80～150
屋顶全覆土、蓄水作物栽培	挡土墙，灌溉设施，排水系统与操作道	15～25	400～600	莲藕、茭白等水生蔬菜	150～200
屋顶全覆土、畦、垄式栽培	挡土墙，自动喷、滴灌系统，操作道与畦面分隔（U 型槽），土工布	10～30	300～500	叶菜至各种旱地作物	350～500

（续）

利用方式	主要材料	基质厚度（厘米）	荷载（千克/米²）	推荐种植作物种类	建造成本（元/米²）
简易大棚，全覆土、大田式栽培	钢架大棚，挡土墙，自动喷、滴灌系统，排水系统与操作道（U型槽）	10～30	300～600	叶菜至各种旱地作物	350～550
箱式栽培	种植箱，轻基质，自动喷、滴灌系统	15～20	<100	蔬菜、花卉	250～300
简易大棚+箱式栽培	钢架大棚，种植箱，轻基质，自动喷、滴灌系统	15～20	<100	蔬菜、花卉	350～550
简易大棚+水培	钢架大棚，水槽，植物固定支架及面板，自动上水系统	无	<100	蔬菜	350～550
简易大棚+雾培	钢架大棚，植物固定支架及面板，自动喷淋系统	无	<100	蔬菜	350～550
联幢大棚+基质栽培或土培	钢架大棚，自动遮阳网系统，挡土墙，基质，自动喷、滴灌与排水系统	15～20	100～300	蔬菜、花卉、果树	450～600

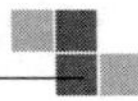

（续）

利用方式	主要材料	基质厚度（厘米）	荷载（千克/米^2）	推荐种植作物种类	建造成本（元/米^2）
阳光房＋基质栽培	玻璃房、挡土墙，基质，自动喷、滴灌与排水系统	15～20	<100	蔬菜、花卉	950～1 100

资料来源：浙江省农业科学院屋顶农业研究室（工程中心）李伯钧研究团队15个“屋顶农业”创意农业实践基地总结。

3. 屋顶农业的相关绩效分析

如果说各类农业节庆活动和乡村旅游、休闲农业等创意农业形式为都市人们远离城市喧嚣，满足其精神、文化、信息需求提供了一个相对远距离和相对长时间的“心灵驿站”的话，那么屋顶农业作为创意农业的一个主要发展领域和模式来说，则是给人们提供了一个满足日常闲暇需求的“避风塘”。正如前文创意农业综合效益分析所示，相对传统经济增长方式单纯强调以“GDP为核心”的经济效益，创意农业强调社会效益和生态效益基础上的经济效益，以及通过“创意”作为生产要素的融合、渗透、辐射的特性，充分开发农业多种功能基础上的“多维融合”的和谐发展观。下文对屋顶农业相关绩效的全面分析将再次强调和印证创意农业在社会效益和生态效益方面的突出作用，并基于此的直接和间接经济效益。

（1）创意农业的生态效益

一是修复建筑对地球表面的破坏。建筑使地球表面水泥化、硬壳化，雨水瞬间流走不能渗入地下，不能正常参与水汽循环导致建筑物上部空气干燥，呈沙漠化、小动物死寂化；建筑表面昼夜温差大于地表，大的城市建筑群可引起周边小气候异常。屋顶造地种作物，能大量吸纳雨水，利用生活废水参与水汽循环，保持建筑物上部空气湿润，使小气候平稳；屋顶作物不仅为人类提供食物，也能为鸟类提供食物与栖息场所，使建筑为单一的生活，扩大至生产、生活、生态三者的结合，让建筑最大限度接近自然，恢复生产与生态功能。

二是缓解城市综合征。屋顶覆土种植作物可吸收大量氮氧化物、硫化物、二氧化碳等温室气体，有效降低 PM2.5 值。同时降低屋面的热辐射，水分蒸发及作物蒸腾带走大量的热能，具有调节城市温度和湿度、改善气候、吸收二氧化碳、释放氧气、吸附污染物质、净化大气，扩展城市绿肺，减轻热岛效应的功能。当大面积屋顶造地，建筑物表面都覆土种菜、种果，城市将“消失”在绿色之中，植物森林将重新替代“水泥森林”。

三是发挥农业节能减排。屋顶作物能有效利用太阳能并转化成生物能而积累，每亩累积的生物干物质量在 1.5～3 吨左右。屋顶农业在利用生活废水的同时，水中氮、磷、钾等营养元素反复被作物吸收利用，避免了开放式循环中营养元素的损失，减少化肥生产过程中能源的消耗。同时，由于屋顶绿化具有良好的降温保湿性能，土壤与植物阻隔太阳热辐射从屋顶导入，使下面室内处于冬暖夏凉的状态，从而减少室内空调、电扇、采暖等电器的数量，达到节省电能的作用，一定程度上缓解目前城市的能源危机。按照有关资料计算，100 多平方米的屋顶农业覆盖面积，一年按 7 个月计算大约可吸收二氧化碳 4 000 多千克。

四是资源循环综合利用。传统裸露屋顶和基于屋顶农业的

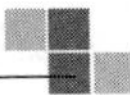

资源良性循环利用模式城市人类生活圈内物流、能量流对比如图 6-1 和图 6-2 所示。由此可以清晰地看出，以城市屋顶农业为依托的资源利用实现了各类废弃物的资源化和能源化利用，生活废水、有机废物就近处理，用于作物栽培的水源与肥料；污水、垃圾在产生地源头消化，消除了其对土壤、水系、空气的二次污染。

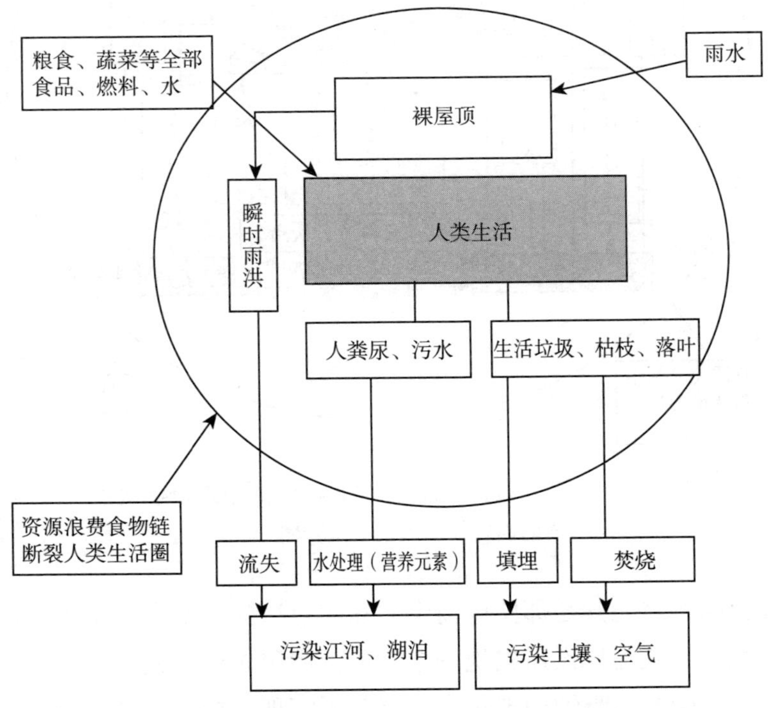

图 6-1　资源开放模式城市人类生活圈物流、能量流示意图

(2) 创意农业的社会效益

一是促进多维社会关系融合。我国已进入人口老龄化社会，如何让老年人充满乐趣地安度晚年已成为一个普遍关注的

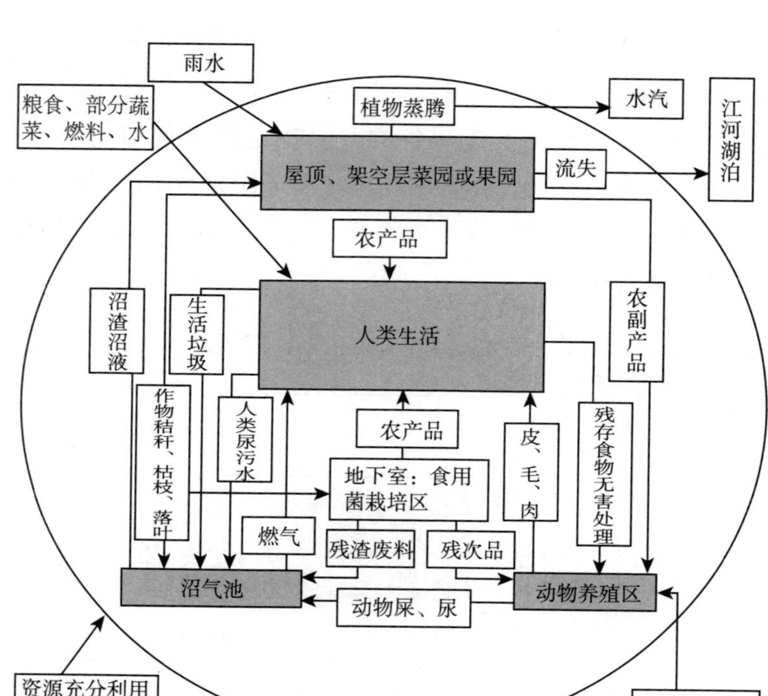

图 6-2　依托屋顶农业的资源良性循环利用模式城市人类生活圈内物流、能量流示意图

社会问题，尤其是那些以前生活在农村后随子女在城市生活以及城镇新农村建设后失地的老年人。屋顶农业（尤其是屋顶菜园、果园）可吸纳中老年人从事菜园管理，提高中老年居民生活质量，创造其在城市落地生根的条件，加快城市化过程与完全融合的城乡一体。同时，屋顶农业也成为拉近邻里关系、增进友情的重要纽带；立体绿化所营造的城市绿色环境，能调节人的神经系统，使紧张、疲劳、压力得到缓解和消除，能产生

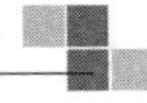

良好的心理效应。此外，屋顶农业可以软化硬质建筑线条给人带来的烦躁感，使城市更自然、更人性化，为人们开拓更多的休闲空间。同时，屋顶农业的规划设计，使屋顶的自然生态环境与城市总体生态环境融为一体，城市文明与生活环境文化永续融合。

二是在一定程度上保障供给。民以食为天，以屋顶农业生产蔬菜为例子，屋顶生产蔬菜以12.69千克/平方米·年，按城镇人均蔬菜消费125千克折算，一人种菜可供200人食用。屋顶菜园是离人们生活最近的菜园，是一个集休闲、观光与农作一体的微型创意农业园。

三是缓解甚至消除土地对建筑的制约。屋顶农业通过立体利用土地实现了建房只占空间不占地，建房占地与耕地保护二者矛盾基本解决。

四是培养城里孩子节粮意识、动手能力和家庭亲和力。城里孩子往往缺乏食物从何而来的概念，农业劳动是老少皆宜的体力活动，通过屋顶农业让孩子们通过切身劳作，培养节约、爱惜食物的习惯。同时，还可以培养孩子们的观察能力和动手能力。轻松愉快的农业劳动，还可营造与孩子沟通的平等的对话平台，增进家庭和睦。

五是减轻城市雨水系统负担。当雨水降落在水泥铺地和光秃秃的屋顶这些硬质表面上时，大部分的雨水将直接通过雨水管道最终汇入附近的水域。而当大暴雨突发而至时，这些雨水系统的负担将大为加重，有时就会导致洪水泛滥。作为一种有效的保水系统，屋顶农业有助于缓解这一问题。屋顶农业内的土壤可以在长达2个月的时间里保留15%～20%的降水，使这些雨水更为缓慢地释放到城市的雨水排放系统里或蒸发到空气中。如果屋顶农业能够在建筑上推广，城市中的雨水排放系统的负荷能得到很大的缓解，从而减少洪水泛滥的发生，并显著改善附近水域的水质。

(3) 创意农业的经济效益

一是节约屋顶建设成本。一般屋顶农业只需要10～15厘米的土层厚度，而土层在15厘米时的荷载与目前现浇屋顶普遍采用的薄板架空隔热层的荷载相当，但可以降低建筑成本10%左右。经调查，三层楼农居中的欧式尖顶房，仅尖顶成本就占整幢房子造价一半或1/3以上，若“平改绿”替代“平改坡”至少可节约资金一半以上。

二是来自土地效益。浙江每年如果屋顶造地占新建筑的50%，至少可节地10万亩以上；以每亩20万元的购地指标价计算，每年可节约开支200亿元以上，如果浙江全部建设用地的四分之一以建筑造地，可达120万亩，同样按每亩20万元计算，高达2 400亿元。按浙江省城镇工业与住宅用地出让价每亩50万～500万元计算，将产生0.6万～6万亿元的产值；如果增加120万亩土地招商引资，引入的企业与产生的税收难以估量。

三是来自栽培作物效益。屋顶种蔬菜，采用一年三季或四季栽培，可收获蔬菜0.5万～1万千克/亩·年，以每千克1.5～2元计算，每亩每年可增产值1万～2万元。

四是降低屋顶维修成本。屋顶造地后可减轻屋面遭受太阳暴晒与冰冻及温差剧烈波动造成的风化、加速老化和裂缝、雨水渗漏等现象；消除太阳紫外线对屋面的破坏。据建筑专家推算，覆土并保持湿润可减缓屋顶老化，至少比裸屋顶寿命长3～5倍。

五是对建筑开发商等其他群体的经济效益。屋顶农业作为一个新兴行业为开发商带来商机，他们既在不增加征地费用的前提下有效地扩大了绿化面积，又能满足地方政府制定的相关土地利用法规条例的要求。另外，从商业性质上讲屋顶农业是一个很有价值的空间场所，能够使建筑物增值。酒店、宾馆的屋顶农业可以对取景较好的房间收取高额费用；购物中心的屋顶绿化可以使人们在此逗留，激发购物欲望；企业建筑的屋顶绿化可以使职员释放压力、愉悦心情，提高工作效率；政府、机关单位的屋顶可以提升地方形象，有利于招商引资等。

六是有助于削减政府相关部门的管理、治污开支。城市化发展过程中，存在着一种以环境污作为经济发展代价的怪胎，这就预示着人们终归还要为治理环境污染付出更多代价。据人民网报道，自 2004—2009 年，国家仅对“三河三湖”水污染防治就投入 910 亿元，虽然取得一定成效，但整体水质依然较差（田中兴，2011）。屋顶农业在治污方面的效应主要表现在植物基质具有较强的过滤作用，雨水中大量污染物滞留在基质中，有效改善地面水域水质；在进行屋顶农业建造中，很多废弃物可以作为原材料进行有效利用，有效减少污染物的数量。但由于我国屋顶绿化行业起步晚、实施面积小的现状，对上述效果还不明显。但深信随着时间的考验，屋顶绿化在这方面的作用定能成为“积少成多”效益的典范。

（三）创意农业发展障碍性因素分析

通过以上分析，创意农业可谓综合效益显著，但是在实际中，还存在诸多障碍性因素限制了创意农业发展以及多种效益的发挥。

1. 创意农业发展理念尚未深入人心

通过实地调查案例走访得知，创意农业理念和价值观陈旧是限制创意农业发展的最大制约因素。主要有以下三种表现形式：第一种是认为农业发展就是实实在在的种养殖业，“创意”是工业或第三产业的特有词汇，农业中不可能存在创意。第二种是认为创意农业只是换个称谓而已，实质上并没能脱离休闲观光农业、都市农业、多功能农业的范畴，纯粹是一种文字游戏，不可能有持久的生命力。第三种是认同创意农业，但在参与创意农业发展的过程中，简单地停留在模仿层面，盲目跟风、盲目拷贝，创意不足千篇一律，而没有把握农业“创意”的灵魂。

2. 牵涉面广，关系复杂

以屋顶农业为例，涉及包括规划、设计、消防、建筑、房产、水利、电力、环保、绿化、能源、国土资源、农业、林业众多政府管理部门审批，往往需要花费大量时间和精力等重重审批，否则就是违章建筑。且在当前国内城市现代化水平还没有提升到很高程度的情况下，一些城市管理者并没有深刻认识到城市农业化的巨大产业和环境意义，也很难认识到节约、集约化利用城市闲置空间的重大意义。创意农业项目由于牵涉及部门多，关系复杂，实际中经常遇到工商注册、用地审批、税收减免、财政扶持等亟须政策破题的制度创新。除发展理念和价值观之后外，没有一个涉及国土资源、规划设计、消防、城

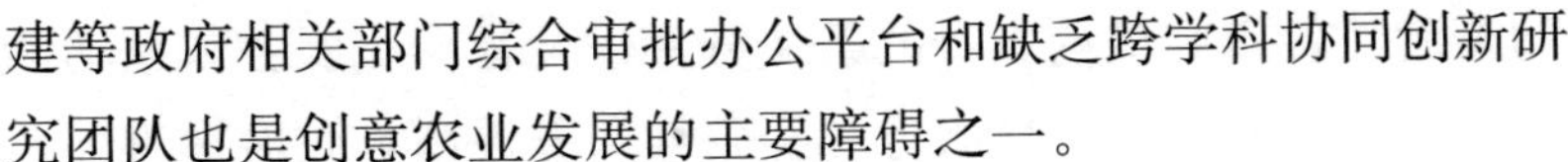

建等政府相关部门综合审批办公平台和缺乏跨学科协同创新研究团队也是创意农业发展的主要障碍之一。

3. 缺乏相关扶持政策

创意农业一个突出的特征就是多产业融合，但是这种产业融合往往实际中被人误以为不是农业项目，项目承担单位、组织和农户因此享受不到相关的扶持政策。例如：同样是大棚从事蔬菜生产，在陆地上可以享受相关补贴，但是屋顶农业大棚建造非但难以审批，也根本拿不到相关补贴；同样屋顶农业是一个新事物，不占土地指标，在申办屋顶农业公司时，农业工商需要出具土地承包合同，营业执照不好办；创意农业项目还经常遇到如是农业项目还是旅游项目？是农业项目还是工业项目？是农业项目的管理用房还是工业或服务业用房？……因此在享受相关农业扶持政策方面很难打到“擦边球”。

4. 基础性技术支撑匮乏

创意农业的研究不同于单一领域的科学研究，不仅涉及农业系统内部多学科协作，还需要跨学科团队协同创新以及众多领域理论和实践、自然科学与农业制度政策设计软科学课题需要研究。以屋顶农业为例，目前就亟须如农业种植屋顶的建筑设计与标准制定；作物筛选与耕作栽培制度制订；屋顶农业利用对混凝土屋面影响监测；能耗、水资源利用、降低城市PM2.5的作用和减轻城市综合征等方面作用的研究，等等。创意农业农产品后续加工模式、产业升级与耕作创新模式、农产品生产布局创意模式等涉及育种技术、农产品加工技术、耕作制度、美学等相关基础科学技术支撑。而我国学科交叉研究的滞后、各研究机构本身的条块分割以及社会化服务体系功能不完善，尤其是公益性服务和经营性服务混淆，政府提供公益性服务的机制没有形成，公益性服务的职能没有落到实处，都严重制约了“创意”转化为生产力。

5. 产业组织和经营主体的作用未能充分发挥

目前创意农业承担和组织主体大多数是工商资本，创意农业在带来资金和理念的同时，不得不引起重视的是：对农户增收和农业增效是否带来实实在在的效果？在开发利用的时候是否能保证农业资源的可持续利用？诚然，创意农业是知识密集型和资金密集型产业，无疑在这方面工商资本具备比较优势。但是，如何建立工商资本与农户紧密的利益联结机制；如何引导、扶持、培训、培育农业龙头企业、农民专业合作组织、专业大户、农户联户经营、家庭农场等现代农业产业组织和经营主体发展创意农业；以及如何吸引接受了高等教育的“农二代”返乡成为新型职业农民，从而形成新型职业农民引领的现代农业经营主体和产业组织为主体的具有长期经营能力和意愿的创意农业“主力军”，并通过创意农业新型业态实现农业增效和农民增收；是真正实现“民办、民管、民受益”目标的关键。

第七章 创意农业发展的典型模式

创意农业作为现代农业发展演变的一种新型农业业态，它以增加农产品附加值为目标，利用农业农村的生产、生活、生态“三生”资源，发挥创意创新构想，研发设计出具有独特性的创意产品或活动。创意农业起源于20世纪30年代的西方国家，70年代得到大规模发展，90年代后快速扩展全球。创意农业具有高文化品位、高科技含量、高附加价值的特点，是现代农业适应现代社会经济发展到一定阶段的必然产物，是推动农业技术的创新发展，促进农业多功能拓展的重要途径。近年来，全国各地正在积极探索尝试推进创意农业发展，并初步取得了显著成效。

改革开放以来，浙江率先推进农业市场化改革，深入实施统筹城乡发展方略，农业发展经历了从传统农业、效益农业，到高效生态农业的历史性转变，现代农业建设迈出坚实步伐。当前，浙江农业发展既面临全面进入以工补农、以城带乡、工农互促发展阶段的历史机遇，也面临着资源环境制约加剧、市场竞争日趋激烈、体制机制优势逐步弱化的严峻挑战，迫切需要加快转变发展方式、推进农业转型升级。以粮食生产功能区和现代农业园区“两区”为主平台，以科技创造和文化创意为主动力，大力发展创意农业，是贯彻落实“创业富民、创新强省”总战略的重要实践，是助推建设“物质富裕、精神富有”的现代化浙江的重要举措，是推动农业转型升级和发展方式转变的一条重要路径。发展创意农业，对于促进农业资源再生、推进农业增效农民增收、增进美丽乡村建设、推动乡村旅游发展、转变农业发展方式、实现农业转型升级、促进“四化同步”发展等具有十分重要的现实意义。近年来，浙江通过发掘农业传统文化，拓展农业的多种功能，培育特色优势产业，强化农业设施栽培，开展农业节庆活动，推广生态养殖与立体种养等现代农业模式与旅游观光功能有机耦合，形成了一批产业依托明显、规模层级较大、知名程度较高、带动能力较强的休闲观光农业园区。全省扎实推进的现代农业综合园区、主导产业示范园区、特色农业精品园区等多层次、多类型、多形式的现代农业园区，都按照农业多功能化的发展趋势，把特色精品农产品生产与发展休闲农业、创意农业很好地结合起来，使创意农业成为农业增效农民增收的一个新亮点。

（一）产业“接二连三进四”模式

1. 模式的内涵特征

现代农业的一项重要特征是多功能性，多功能性的体现核心是要拉长农业的产业链条。而“接二连三进四”是传统农业迈向高效生态现代农业的一条重要途径。所谓“接二”就是借助工业化手段，发展农产品精深加工业；“连三”就是发展以休闲观光、科普教育、保健养生为主要内容的农业服务业；“进四”就是依托农业特色产业资源，发展农业文化创意产业。

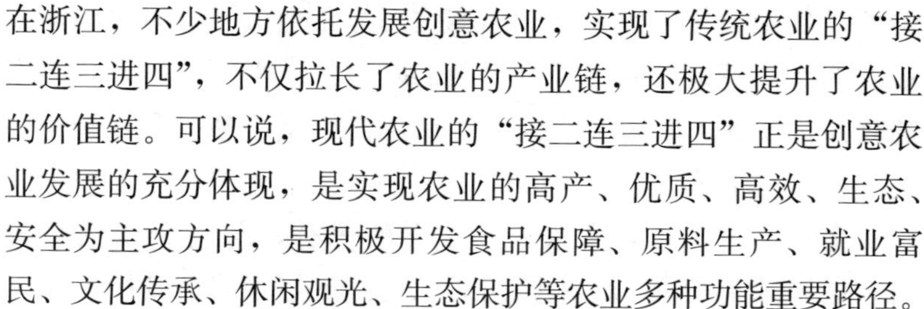

在浙江，不少地方依托发展创意农业，实现了传统农业的“接二连三进四”，不仅拉长了农业的产业链，还极大提升了农业的价值链。可以说，现代农业的“接二连三进四”正是创意农业发展的充分体现，是实现农业的高产、优质、高效、生态、安全为主攻方向，是积极开发食品保障、原料生产、就业富民、文化传承、休闲观光、生态保护等农业多种功能重要路径。

2. 金华武义养牛产业链延伸创意典型

现代农业显然不是单一提供初级产品的传统农业。在高效生态农业的产业体系建设中，浙江省目前总体上较为薄弱的仍然是农产品加工业、现代物流业、休闲观光业和文化创意业的发展。就农产品加工业而言，加快农产品精深加工与现代流通业的发展，是改变农业产业体系结构单一初级产品的纯第一产业模式，推动产业体系向提供鲜活产品、一般加工、精深加工的第一产业和第二产业复合模式，以及同时提供服务产品的一、二、三、四产业一体化运作的新型模式转变，从而以发达的第二、第三、第四产业来推动第一产业的发展。金华武义的传统养牛畜牧产业已发展成为集“养牛、解牛（牛肉的精深加工）、斗牛、吹牛”于一体新产业就是现代农业“接二连三进四”的典型创意模式。

金华市地处浙江省中部，气候条件适宜，多黄土丘陵，牧草资源丰富，养牛历史悠久，城郊农民历来有养耕牛和奶牛的传统习惯。在上世纪 80 年代开展了黄牛杂交改良工作，先后引进了鲁西黄牛、红安格斯、德国黄牛、利木赞、西门塔尔等品种，开展了黄牛杂交改良试验，黄牛养殖以山区、半山区农民放牧散养为主。近年来，金华养牛产业发展较快，金华奶牛饲养呈现规模化、设施化、标准化态势，全市已成为我国南方最大的奶牛基地。同时肉牛养殖的规模化水平不断提升，牛肉的精深加工业不断发展，肉牛的市场供给量不断提升，金华牛肉品牌正在形成。

金华斗牛，有着“东方一绝”的美誉，曾与金华火腿齐名。据说源于三国，清末民初时曾达到辉煌顶峰。其中，尤以武义白姆乡后树村白鹤殿斗牛、壶山街道桃溪滩陈堰殿斗牛、婺城区雅畈铜山斗牛最为有名。位于武义县的壶山街道桃溪滩村陈宴殿斗牛，是金华地区久负盛名的斗牛民俗活动，始于赵宋明道年间，迄今已有近千年历史，是省级非物质文化遗产项目“金华斗牛”的重要组成部分。一年一度的斗牛大赛，由全县各地农民精心选送彪悍善斗的黄牯牛轮番上阵，激烈角斗。精彩的斗牛大赛，为乡亲们送上丰盛的传统文化大餐。目前，当地正在筹建注册斗牛公司，专门承办斗牛比赛，同时经营斗牛肉，通过打造品质良好的斗牛肉，打响养斗牛、吃斗牛肉、观斗牛比赛的系列“斗牛”品牌。

与此同时，金华市鼓励农民创新、创造，号称为“吹牛”的创意金点子大赛也在金华开展得有声有色，通过广泛征集“农民创意发明”和“农业创新项目”等金点子，以“创造性、新颖性、推广性、实用性”作为大赛的评判标准，金华多项农民的“吹牛”创意金点子屡获“浙江农民创富大赛”金奖。2012 年，金华浦江县农民张仲义大胆设想，把野生瓜蕉这种野生药材种到山下去，驯化成水果，并最终把瓜蕉驯化成功，成为了一种独特的外壳会沿线自然裂开，露出形如香蕉的果实，却比香蕉香甜的新水果，从而获得浙江省第三届农民创业大赛创新项目金点子大奖，全省获此奖项的唯他一人。

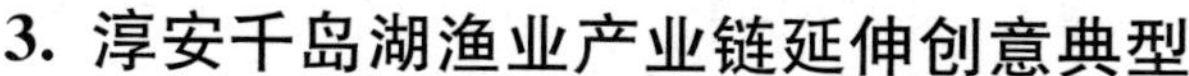

3. 淳安千岛湖渔业产业链延伸创意典型

在千岛湖吃鱼是一种风尚，人口不足五万的千岛湖镇城区，拥有大小餐饮酒店近 1 000 家，十家酒店有八家是以烹制千岛湖有机鱼作为招牌特色。而浙江淳安千岛湖有机鱼休闲观光园区推出的巨网捕鱼、宣纸拓鱼项目，把农业的一、二、三产业与文化创意紧密结合起来，成为创意农业进园区的成功范例。

千岛湖有机鱼休闲观光园区位于风景秀丽的千岛湖景区，拥有千岛湖 80 万亩水面养殖经营权。2000 年 10 月公司生产的“淳”牌千岛湖鲢、鳙、银鱼等十个品种鱼类首次被国家环保总局有机食品发展中心（OFDC）认证为有机食品。2003 年“淳”牌有机鲢鳙鱼被评为浙江省名牌产品，并通过国家原产地标记注册，千岛湖被命名为“中国有机鱼之乡”。2005 年“淳”牌商标被评为浙江省著名商标，“淳”牌千岛湖有机鱼生产基地被列为国家级有机鲢鳙鱼标准化示范基地和国家级有机食品生产示范基地。2006 年淳牌有机鱼被评为中国名牌农产品，千岛湖有机鱼休闲观光园区被认定为全国农业旅游示范点。有机鱼品牌创建与运营荣获国家级管理创新现代化成果二等奖。2007 年“淳”牌有机鱼被评为全国生态农产品十佳品牌。园区自开发利用千岛湖的渔业资源以来，现已建立起养殖、管理、捕捞、加工、销售、烹饪、旅游、科研一条完整的产业链和全国农产品营销配送网络，形成独具特色的千岛湖渔业经营模式，成为我国湖泊生态渔业经营的典范。公司注重整合企业内外的优势资源，积极塑造品牌形象。下属企业千岛湖鱼味馆始建于 1980 年，早在 1987 年就被评为“中国名餐馆”。

近年来相继获得“全国绿色餐饮企业”和“中华餐饮名店”荣誉称号，并连续四届在全国淡水鱼烹饪大赛上获得团体金奖和个人金奖，烹制的“淳”牌有机鱼肴享誉海内外，成为当地最具特色的鱼宴餐馆，目前正向全国连锁扩张的目标迈进。

园区秉承多年渔业生产经验，自主研发了“拦、赶、刺、张”联合渔具渔法，曾荣获全国科学大会奖。近年来，随着旅游的飞速发展，为进一步丰富千岛湖旅游内涵，满足休闲度假游的需求，该园区充分发挥了独家拥有千岛湖渔业经营权和完整的渔业产业链的优势，主动与旅游接轨，开发了“巨网捕鱼、鲟鱼观光、休闲垂钓、暂养基地、自动起鱼、鱼加工观光、鱼味馆”等七个渔业旅游点，其中巨网捕鱼因其壮观、热闹、新奇而深受旅客喜爱，“中华一绝——千岛湖巨网捕鱼”已成为我国知名休闲渔业品牌。园区所拥有的千岛湖80万亩水面，共计有87种淡水鱼，捕捞队两条大船后面各挂有二十多条小划船，像两条巨龙在湖面游迤，驶向渔场，形成第一道亮丽景观。渔工们投放三层挂网时，数十条船如同在这个水面大舞台上翩翩起舞，天女散花，就像一台大型的“水上舞会”，成为“巨网捕鱼”的第二道景观。当鱼儿都进入“埋伏圈”后，渔工们便开始收网，七八十名渔工发出一阵阵雄壮有力的号子声，巨网在渔工的合力起拉下，渐渐缩小，形成了“巨网捕鱼”的壮观景象。千岛湖巨网捕鱼是千岛湖最有特色的旅游项目和重要的节庆宣传活动项目，千岛湖巨网捕鱼的群鱼狂舞展示了一张耀眼的渔业金名片，推进了农业的“接二连三进四”和一、二、三产业有机融合，延伸了渔业产业链，提升了渔业价值链。曾经的巨网捕鱼，看的是结果；而今巨网捕鱼，看的是过程；将来的巨网捕鱼，看的是背后的文化……从注重结果到注重过程再到注重文化内涵，巨网捕鱼将实现一次又一次飞跃，从一个单纯的农业生产过程成功转为一个国内外闻名的农业旅游示范项目，成为千岛湖渔业文化传承的精品。

鱼拓是种奇特的手工艺术，是一种将鱼、虾、贝壳、螃蟹等的形象用墨汁或颜料拓印到纸上的融诗、书、画、印于一体的技法和艺术，具有很高的艺术价值，被称之为“复活的艺术”。按颜色，可分为黑白鱼拓和彩色鱼拓；按制作方法，可分为直接鱼拓和间接鱼拓。一条1.66米的“鱼”，重120斤，抓到这条鱼的人高兴，但更加高兴的是另一个人，这个人仅仅把鱼“复印”了一遍，这张被印了鱼的画在国际鱼拓大赛上卖了5万元。经我国农业部、民政部的批准，中国渔业协会在风景秀丽的中国有机鱼之乡、中国鱼拓艺术集散地——千岛湖成立了“中国渔业协会鱼拓专业委员会”。中国渔业协会鱼拓专业委员会作为指导我国鱼拓艺术发展的全国性专业组织，给我国鱼拓艺术的发展带来很好的发展契机，也使千岛湖这张世界湖泊旅游金名片更加靓丽。千岛湖有机鱼休闲观光园区把鱼做成了文化，从巨网捕鱼、休闲垂钓等渔业旅游项目到鱼文化工艺品相结合的鱼文化创意产业，把“有形的鱼”变为“创意的鱼”，把“吃的鱼”转成“文化的鱼”，极大地拉长了产业链和价值链。

4. 荻港渔庄渔业产业链延伸创意典型

把渔业做成第十产业（一、二、三、四（创意）产业相加）的湖州荻港渔庄，围绕着“保护桑基鱼塘品牌，传承千年鱼文化”这一主题而建立。荻港渔庄坐落于“鱼米乡、水成网”的南浔区和孚镇荻港村，曾有“上有天堂，下有苏杭，中间还有荻港”之说。荻港人文历史源远流长，旅游资源丰富。绿桑成荫、鱼塘连片是江南桑基鱼塘的典型，具有近千年的淡水鱼养殖经验，养鱼、捕鱼、钓鱼、卖鱼、观鱼、吃鱼、祭鱼等一个个闪光点串联成丰富多彩的观光休闲创意渔缘活动。

渔庄集观赏、垂钓、休闲、度假、娱乐、美食、示范教育等多元化于一体。目前总占地面积605亩，主要建有传统养鱼和现代养殖技术鉴赏区、淡水鱼活标本区、观赏鱼一条街、鱼缘书画展示馆、古渔具展示馆、水乡鱼趣民俗婚庆展示馆、食为鱼馆、渔缘文化长廊等。2006年至今先后被授予“浙江省渔业科技创新服务平台金卡会员单位”、“浙江省农家乐特色点”、“浙江省五星级农家乐”、“浙江省三星级乡村旅游点”、“三星级旅游饭店”、“全国休闲农业创意精品大赛华东赛区文化创意银奖”等荣誉称号。荻港渔庄把“鱼文化”精髓融入到渔庄的文化建设和发展中，努力打造成为湖州的鱼文化品牌和最具文化特色的旅游度假区。充分挖掘渔文化，在发展休闲观光渔业的同时，将荻港千年的养鱼历史、经验、捕鱼工具都展现在游客面前，将渔庄打造成本地各类学校的校外实践和学习基地。渔庄围绕“鱼文化”推出了四季特色活动，展示了荻港千年鱼情以及当地村民丰富多彩的“渔”乐生活。中央电视台《新闻联播》对此曾作了报道。

5. 北京平谷桃产业链延伸创意典型

在那桃花盛开的地方，在北京城东南，有一片面积22万亩的花海——这就是平谷。着力打造首都的“桃花源”。北京

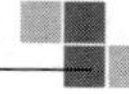

市民已习惯了看桃花到平谷，吃大桃到平谷，买桃木工艺品还是到平谷。他们对平谷的桃花和大桃情有独钟。

平谷区位于北京市东部山区，是桃的优势种植区域，共有种植面积 22 万亩，年产量 2.8 亿千克。“一棵桃树百样宝”。从桃叶、桃花到桃核、桃木，所有材料都派上了大用场。平谷大桃的含金量越来越高，成了可以无限挖掘的一桶金。过去“化作春泥”的桃花，现在成了助人养颜的保健品。桃花富含营养元素，桃花经过生物萃取提炼成桃花精油，制成软胶囊，每千克售价高达 4 万～6 万元。而从桃渣中提取的被称为第七大营养素的膳食纤维，每千克售价上万元。桃花之外，科研人员还开发了桃休闲食品、保健品、调味品、食品添加剂、工艺品等五大系列产品，一百多种产品。利用桃树枝干等资源粉碎后培养桃菇，生物转化后还可作为农民做饭取暖能源。

同时，以绿源桃木雕刻工艺品公司为带动，充分利用当地桃木原料，建成了多家桃工艺品加工企业，进行桃木文化创意产品设计和桃木工艺品开发，推出了桃木梳、桃木笔筒、桃木诗刻、桃木手链、桃木坠、桃木生肖等 8 个系列 200 多个品种的桃木雕刻产品，年综合生产能力 30 万件（个），畅销北京、天津、上海、湖南等国内市场，并出口韩国、日本等东南亚国家和地区，实现了从桃子开花到结果，从果实食用到桃树废弃物利用的链条式发展。

平谷区依托桃树种植、桃文化节举办，成功开发出了“生日”、“贺寿”、“喜庆”、“寿星”和“十二生肖”等晒字桃、异型桃系列产品，每斤售价提高了 2～3 元。平谷将采摘节与“三百”活动进行了有机结合，以吸引百万市民走进桃园和农家。“三百”活动，即组织百家大企业与百个大桃专业村、百家商场超市与百个果品专业合作社、百位名人与百名大桃科级示范户实现联姻对接。通过对接，把大企业、商场超市、名人引入平谷，吸引高端消费人群到平谷采摘熟桃，促进平谷精品大桃销售，提高产品附加值。

平谷大桃产业的一品带动，不仅创造了经济效益，改善了生态环境，还推动了当地的文化建设。近年来，平谷区努力发掘大桃产业的精神文化功能，建设了一批高标准观光果园。“北京平谷国际桃花节”已成为了平谷区一年一度的盛大节日。桃花被定为平谷区的法定区花。还聘请区内外艺术家，为平谷区量身创作了京剧《大桃熟了》、大型评剧《桃花盛开的地方》等一系列话剧、诗歌、散文作品，并多次以桃文化为主题举办诸如摄影、书画、对联等比赛。平谷区通过多种形式的文化活动，不断丰富并传扬着平谷桃文化的内涵。

（二）农产品生产布局创意模式

1. 模式的内涵特征

农产品生产布局除了因地制宜，适地适生外，通过创意设计、文化植入和技术支撑，就会产生极富创意的能带来视角冲击的农产品生产布局，从而极大提升产业附加值，增进产业规模效应和文化价值。大连在种玉米前便设计好迷宫图案，按图种植，当玉米长高后便成为国内首创的最大玉米迷宫。杭州八卦田，曾经的南宋皇家御耕处，通过生产布局的文化创意，种上五彩水稻，结合农耕采摘和农家乐，创造了全新的产业价值等。这些便是农产品生产布局创意模式。

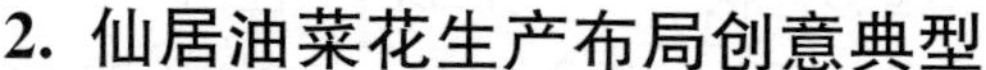

2. 仙居油菜花生产布局创意典型

仙居油菜花海织出“最大中国地图”。赏油菜花游，是仙居旅游的一大特色，不管游人从东边或者西边来仙居，只要一进入仙居境内，路两旁望去，都是金黄金黄的油菜花，令人仿佛置于金黄色的花海。在油菜花海的连绵金黄中，沐浴着明媚的春光，听一听富有地方特色的仙居山歌，靠着稻草人做个甜甜美美的田园之梦……这是一年一度在仙居举办的浙江油菜花节的形象宣传。近年来，仙居将县域的农业资源与旅游要素有机结合起来，提升其旅游在长三角地区的知名度与美誉度，打响休闲观光农业品牌，以实现“农业增效、旅游增辉”的产业互动、协作、共赢的发展目标。近年来，仙居县发动农民共种植了8万余亩油菜花，形成了连绵数千米的动感花海，在油菜花海中，利用新技术研发的不同花色的油菜花，用种植和修剪技术呈现出“最大的油菜花中国地图”和“仙居欢迎您”字样，同时还布置了形态不一、多姿多彩的稻草人，以及小木屋、菜花风车、传统仿古阳伞等，营造了一种浪漫的田园气息。花田里的创意稻草人和油菜花相映成趣，是艺术美与自然美的巧妙融合，让油菜花田随着审美元素的增加、观赏性的增强而显得更有吸引力。

3. 江山稻田生产布局创意典型

江山彩色稻田艺术创意。江山市农业拓宽水稻产业外延，利用自身优势，配合政府推广 CIS 城市形象品牌，2011 年首次开展彩色水稻“稻田艺术”创意工作，取得初步成效。江山市彩色水稻“稻田艺术”试种地点选在江郎山脚下农业生产重点镇——凤林镇。利用紫色稻、淡黄色稻、淡绿色稻、绿色稻等4种稻源完成水稻彩色稻——“江郎山·江山”标志图案稻田艺术创建。通过彩色稻苗的精心培育，精确田间布局，科学肥水管理及病虫害防治，展示出美丽、宏伟的“江郎山·江山”标志图案，图案占地2 800平方米，展示期间长达3个月（2011年7—9月）。展示期间，接待了农业部及省市领导、专家的多次观摩。该创意开拓了农业服务新领域，进一步提高了农业科技价值。

4. 稻田织出创意图案的其他典型

近年来，在大地上做文章，特别是彩绘稻田，让稻田长出创意图案的案例越来越多。彩绘稻田是在稻田划出九宫格，按照创意字体或图案画出坐标，描出图样或字体轮廓，依图样种上彩色秧苗，周边再种植一般绿色秧苗，并运用秧苗早种或晚种，以时间差来换取色差，最后形成视觉效果的彩绘稻田。

湖南省永兴县鲤鱼塘镇将农业与文化有机结合，大胆尝试稻田创意文化，从科研单位引进了国内优质稻品种，自主规划设计，高标准建设了18亩的创意稻田示范基地，在稻田里种出了“中国梦”图形。该基地已引起了广泛关注，前来观光的游客络绎不绝，为传承种粮文化、壮大优质稻产业、促进农民增收提供了创意新载体。

台湾苑里镇农会为推广“湾丽米”，运用创意结合有趣的稻田彩绘，2002年起推动稻田转型示范计划，利用农改场提供的紫色秧苗彩绘稻田，每年在山脚办事处仓库前的稻田变换不同字样及图腾，成为特殊广告。在台湾一纸厂上班的男子，为向交往多年的女友求婚，3月初偷偷委托苑里镇农会利用紫色秧苗在稻田上彩绘“Yen Ju，Follow Me OK”字样及求婚

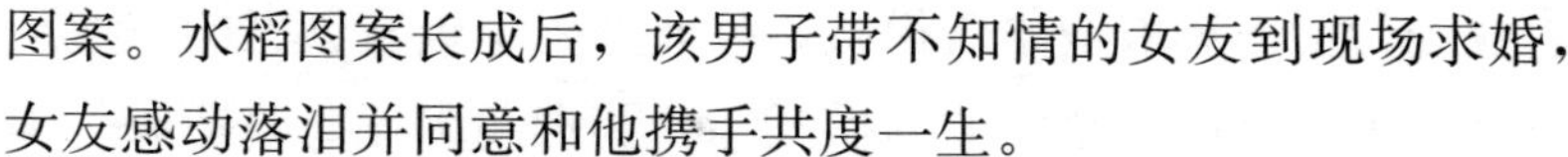

图案。水稻图案长成后，该男子带不知情的女友到现场求婚，女友感动落泪并同意和他携手共度一生。

在日本，稻田创意艺术逐步兴起，这种用稻米种植出来的室外艺术，起源于20世纪90年代初，它以稻田为画布，以颜色迥异的稻米为画笔，描绘出了一幅幅巨大的稻田画，一个个绝妙的稻田创意图案随即产生。如今，这种稻田里种出的“旅游业”——甚至还有大企业找上门，希望能利用农民们的稻田画来“种植广告”。2013年青森县南津轻郡田舍馆村，一年一度的稻田艺术节在此举办，田舍馆村的稻田里奇迹般地长成各种图案，蒙娜丽莎的微笑横在田野中央，“玛丽莲·梦露”那经典的造型动作出现在稻田里，可爱的哆啦A梦从土地里蹦出，古代传说中的各路神仙此时都会降临稻田，造型新奇，栩栩如生，实在让人感叹乡下平凡农民居然涌出如此鬼斧神工的创造力。农民作画的工具只有三种：黄稻和紫稻两种古代稻，还有名为“津轻罗马”的当地招牌现代稻，经过精心的设计，几种简单色彩的水稻成熟的时候，便形成了如此奇妙的景象。在冈山县津山市堀坂的稻田里，惊现人气动漫《火影忍者》的主人公漩涡鸣人。由于《火影忍者》的作者岸本齐史出生于冈山县胜田郡奈义町，所以当地的农民们就想到了这一主意。从5月19日开始，这幅长50米、宽60米的巨画便出现在了稻田中，该画作以四种颜色的古代稻呈现，给人以强大的视角冲击。

（三）农业与自然景观结合模式

1. 模式的内涵特征

农业景观和农村自然空间景观的结合，就会产生一种新型农业经营形态和农业景观模式，从而产生了极富创意的农业与自然景观结合的创意农业新模式。云和把高山梯田改造成了梯田农业文化创意园，武义把十里河道改造成了十里荷花农业文化创意带，就是把农业与自然景观紧密结合的典型样板。

2. 云和梯田农业文化创意典型

云和梯田位于浙江云和县崇头镇，距县城 10 千米，总面积约 50 平方千米，核心区 20 多平方千米，海拔 200 米至 1 400 米之间，高低错落，气势恢弘。云和梯田是民俗的世界，农耕文化、女神文化、银矿文化、畲族文化在这里共生共荣，祭神田、分红肉、犒耕牛、对山歌等古老习俗，在这里得到挖掘与弘扬。这里蕴涵着丰富的文化和民俗宝藏，流传着两头家、畲族姑娘蓝荷花与麻叶糕、美人鱼与蜘蛛精、十二女神、引老茶等许许多多的美丽传说。云和梯田是生态农业的典型范本，云和梯田是人与自然和谐相处的证明。云和梯田休闲观光农业示范园曾获得过全国休闲农业创意精品大赛华东赛区创意金奖。云和梯田主要以高山生态米种植、黑木耳与香菇生产、农家乐经营、梯田观光、梯田农事体验为主营项目。云和梯田最早开发于唐初，沉淀着千年农耕文化，垂直落差 1 200 米，有 700 多层，是华东最大的梯田群，被誉为“中国最美梯田”，历年来吸引了来自全国各地近十万摄影师和摄影爱好者前来观光采风。休闲观光区经环保部门监测，负氧离子含量达到 5 000 个/立方厘米，是理想的天然氧吧。景区跨越高寒、高山、丘陵、谷地四个地质景观带，拥有梯田、云海、山村、竹海、溪流、瀑布、雾凇等多个不同的自然景观类资源单体，一年四季都可以领略她的独特魅力，令游客流连忘返。随着云

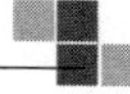

和梯田景区开发的不断深入，当地将银矿文化、农耕文化和传统文化赋以新的内涵，融入景区建设，开发出七彩梯田、四季花海、天籁云和、六月六开犁节等旅游产品，市场影响力不断提升。2011 年，云和梯田景区获批国家 AAAA 级旅游景区。

3. 武义十里荷花文化创意典型

武义柳城也称宣平，这里的荷花叫"宣莲"。宣莲子，曾是特供皇家享用的贡品。柳城的荷花近 4 000 亩，沿 44 省道，荷塘绵延近 5 千米。十里荷花，因此而得名。荷塘之间，还建有亭台楼阁。再远处，青山成带，别有一番风景。在柳城，家家都有养莲的习惯。当前，"宣莲"已成为金华武义县的知名农产品。武义柳城畲族镇农民有数百年种植莲子的传统，盛夏季节，连片荷田成了这里的一大景观。现在，畲乡农民从单一的种莲子、卖莲子转向卖景色，把这里"十里荷花"当作特色产品经营，推出"戏莲叶、赏荷花、品莲子"特色游，吸引了各地游客。近几年，柳城畲族镇进一步挖掘开发古莲文化，投资建立了"十里荷花"农业观光科技园，引种 352 个莲花品种，成了长三角地区荷花品种保存最多的科技园。而且使单一宣莲仅 4 个月的花期延长到 8 个月，将赏花期延伸至 11 月份的深秋时节。旺季时，每天约有上千游客前来休闲观光。

近年来，武义县在柳城"十里荷花"景区打造廉政文化景观园，在园内建设了廉政文化长廊、清风亭等设施。廉政文化长廊的廉政教育图片、格言、典故将廉政文化巧妙、自然地融入景区，清风亭里的廉政楹联让游客享受清风徐来的同时，更感受着浓厚的廉洁文化的熏陶。沿长廊悬挂了 105 幅中国历代清官谱长廊，集中国历代 100 多位清官，包括武义本地的仓部公、韩宗纲等被当地老百姓世代赞颂的古代清官的形象和清廉事迹，使中国历史风云与现实忧患在峭拔简练的文字间交辉，形成一条1 000多米长的廉政长廊，让游客在观赏周边荷花美丽景色，咏“莲”的同时不忘咏“廉”，接受廉政文化教育。廉政文化景观园的建设不仅提供了一个“赏莲思廉”的廉政文化教育基地，更是“十里荷花”文化创意升级的一个典型。

（四）农产品后续加工创意模式

1. 模式的内涵特征

借助于创意思维和现代加工技术，如根雕、蛋绘、米塑等，对原生态的农产品进行创意性加工，所形成的创意农产品就从一般消费品变为高档礼品和艺术品。经过创意加工的农产品给人们带来味觉和视觉的双重盛宴，改变农产品传统的食用功能和传统用途，使得普通农产品变成了商品、纪念品、礼品，甚至成为了艺术品，从而身价倍增，农产品的产业链和价值链得到同步提升。这种农产品后续加工创意模式已成为创意农业发展的一种典型路径。如象山《寻西山隐者不遇》竹根雕，德清30万颗珍珠串成的九龙珍珠塔，乐清的《哪吒闹海》米塑，嘉善杜鹃盆景，缙云茭白叶工艺品，普陀水仙花创意作品，农夫乐园的农事精灵吉祥物卡通造型，宁波洋沙山鸵鸟蛋镶雕工艺品等，以及诸如豆塑画、麦秸画、羽毛画等都实现了文化与创意的完美结合。

2. 平湖西瓜灯农业创意典型

西瓜是平湖的著名特产，平湖西瓜种植历史悠久，面积

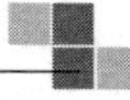

大，产瓜多，且品种丰富，平湖西瓜以皮薄籽少、细嫩松爽、鲜甜清香、品质极佳闻名海内外，号称江南第一瓜，也是中国三大名瓜之一。每年9月下旬都要举行大型旅游节庆活动，用九彩龙等具有地方特色的文艺表演来庆贺西瓜丰收。同时在关帝庙商城开展商品交易会，举办尝瓜（西瓜）、游园（莫氏庄园）、登塔（报本塔）、观画（陆维钊书画院）等活动。

西瓜灯是平湖民间流行的一种民俗文化，是浙江省民间艺术保护项目之一。清康熙十九年（1680年）进士黄之隽的《西瓜灯十八韵》、邑人张逢年的西瓜灯诗证明平湖西瓜灯至少有320多年的历史。西瓜灯艺术的发展兴盛和当地种瓜的习俗有密切联系。瓜农种瓜之余刻瓜制灯，自娱自乐，后制灯者越来越多，灯的花样不断翻新，更有文人雅士赋诗赞颂，平湖西瓜灯遂蔚为大观。独特的雕刻工艺是平湖西瓜灯的一大特色（《越韵吴风——嘉兴市非物质文化遗产大观》）。

西瓜灯，是在西瓜上雕出各种精美的图画，内置蜡烛或电灯。每逢夏季西瓜上市，平湖人民都要刻制几盏西瓜灯，提灯上街，晚风轻拂，烛光摇曳，瓜灯上的鱼、鸟仿佛都动了起来，一幅幅美景自然呈现。仲夏之夜，平湖的河面上不时飘过一盏盏西瓜水灯，有的如芙蓉出水，亭亭玉立；有的似龙舟并行，威风凛凛。月光下的小巷石板路上，小孩们提着瓜灯一路玩耍，像星星闪烁，又似游龙舞动，煞是好看。多姿多彩的艺术形式和丰富多样的表现题材是平湖西瓜灯的一大特色。平湖西瓜灯艺术的表现题材有古今中外人物，可单个或群体，可写实或变形，可特写或全身，还有风景名胜，有山水、建筑、树木等，更有神话传说、花鸟虫草、四季蔬果等。

1991年，平湖市举办首届平湖西瓜灯文化节，至今已举办多届，已成为有特色、有影响的地方民间文化节。西瓜灯艺术，已从民间的自娱自乐发展到政府有组织的西瓜灯艺术节，形成了一种雅俗共赏的西瓜民俗文化。西瓜状元赛（擂台赛）、吃瓜比赛、刻瓜灯比赛、西瓜棋比赛、西瓜菜制作比赛等形式多样。平湖西瓜灯呈现出的是一种典型的农业发展新创意。平湖西瓜灯被列入第三批浙江省非物质文化遗产名录。

3. 天台山艺术葫芦创意典型

葫芦是我国最古老的吉祥艺术的代表与象征，葫芦文化是中华文化的一个重要组成部分，它有着深厚的文化内涵以及广泛的群众基础。天台山是浙江省东部的名山，地处宁波、绍兴、金华、温州四市的交接地带。素以“佛宗道源、山水神秀”享誉海内外。天台山有千年古刹的国清讲寺、天下奇观的石梁飞瀑等，是名僧济公的故乡，佛教天台宗和道教南宗的发祥地。

“天台山”艺术葫芦，是一种人工与天然相结合的工艺美术品，它是继国画、书法、雕刻、根雕、石雕艺术后又一续延和创新的艺术文化。它的艺术造型栩栩如生，形神兼备，浑然天成，是具有收藏和观赏价值的艺术新宠。浙江天台山艺术葫芦种植有限公司以艺术创新为理念，结合天台佛教文化、造佛艺术和现代制模技术，以天台山佛教文化的代表人物济公、和合二仙以及观音、弥勒佛、财神、老寿星等人物形象为模型，将自然生长的葫芦与天台山文化相结合，农产品生产与艺术文化造型相结合，圆雕式范模工艺与葫芦自然生长相结合，成功开发出各类人物造型、茶具器皿的“天台山”艺术葫芦。2011

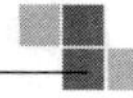

年，“世界上第一个形似种植者的人像葫芦”获世界纪录认证。天台山艺术葫芦以文化为基础，将葫芦文化与天台山文化紧密结合，将农产品与艺术造型相结合，把文化艺术造型、农业技术、开模技术和农耕活动以及市场需求有机连接起来，形成了富有文化内涵的现代创意农业典型。

（五）农业园区创意组合模式

1. 模式的内涵特征

农业园区化发展已成为现代农业发展的一条重要路径。通过建设农业园区，集聚农业各种要素，拓展农业多种功能，从而提升农业发展水平。在现代农业综合区、农业主导产业示范园区、特色农业精品园区等各类农业园区建设中，呈现出了一大批充分创意的农业园区。它们高度重视和重点培育园区的文化品牌、产业品牌、创意品牌、休闲品牌，已成为推进园区跨越式发展的一个重大创举，不仅为实现农民增收、农业增效提供了良好途径，而且走出了旅游与农业、文化与农业互动发展的品牌新路子，成为文化、旅游、农业和商贸互动的新典范。这类农业创意园区，成了发展现代创意农业的重要平台与全新模式。

2. 杭州“农夫乐园”创意

农夫乐园位于中国新石器文化发源地之一的余杭区良渚镇，是杭州东田控股集团投资兴建的浙江省首家农业观光主题园区。农夫乐园以文化创意为灵魂，以时尚、动感、绿色、环保为主旨，提出了“颠覆传统文化表现形式，文化创意打造时尚旅游”的发展思路。乐园的规划建设，既是对中国悠久的农耕文明的传承，又是对以往农业观光休闲园区成功要素的整合，突出传统农耕劳作体验，为游人创造一个既有浓厚地域文化氛围，又具现代休闲真趣的欢乐天地。

农夫乐园目前已成为一个功能设施完善、活动新颖丰富、经营管理规范的大型乡村创意旅游园区。园区有中国首个原创的卡通蔬菜瓜果、十二生肖为主题设计的歌舞表演秀，诙谐幽默的卡通情景剧，有极富想象力和视觉冲击力的梦幻农庄，有能参与互动的大型农事活动互动秀。农事精灵吉祥物卡通造型创意，在乐园里举行卡通人物大巡游、表演卡通情景剧、与小朋友联欢互动等，成为深受游客欢迎的农业丰收嘉年华。农夫乐园在保持农业观光休闲园区基本功能的基础上，强调农耕文化生活体验、农耕文化演艺再现、游客参与互动。

在这里，游人可以亲自尝试刀耕火种的艰辛，操纵独木舟，乘坐牛车，悠然行走在瓜果长廊之间。可以亲身体验良渚先民的“征战”。可以为自己或者亲友亲手制作纪念品，学习传统美食的制作工艺。可以“全副武装”，参与拓展基地的“巷战”。可以用附送的免费游乐券，参加丰富多彩的游乐活动。可以在市井中看到精彩的杂技表演，有时候小动物就是演员，皮肤黝黑的“土著居民”，可以用一片树叶，吹奏情歌。还可以租下一小块土地，做一个“城市农夫”，品尝自己种植的蔬果，体会劳动和丰收的喜悦。农夫乐园以创意旅游为突破，以文化为支撑，创新文化旅游的主题、形式，促进传统文化旅游的升级，将努力创造一种新型的农业观光休闲园区建设模式，农夫乐园由此成为中国杭州国际动漫节分会场，享誉海内外。

3. 宁海“番茄联合国”创意

番茄是全世界栽培最为普遍的果菜之一。美国、苏联、意大利和中国为主要生产国。正值番茄的采摘期，宁海欢乐佳田农场的“番茄联合国”一时成了游客的“新宠”，一批批的游客被“番茄联合国”吸引，纷纷前往农场赶个“新鲜”。

欢乐佳田农场位于浙江省级新农村示范村——宁波宁海长街山头村，属宁波市一小时交通圈范围，东临石浦渔村、伍山石窟，西揽前童古镇、浙东大峡谷，北靠宁海温泉、许家山石头村，南朝三门湾，目前占地面积近 1 000 亩，其中水域面积约 160 亩。欢乐佳田农场依山环水，四季分明，是具有江南特色、平原园地与山水呼应的立体水乡。得天独厚的自然环境，丰富的生态资源，一年中不同的季节将展示各具特色的田园风光，同时体验瓜果蔬菜的适时采摘。让您回归山林田野，在大自然的怀抱中放飞心灵、感受真我，拥有一个快乐难忘的田园假期。

宁海欢乐佳田农场着力打造一个将农业生产与旅游结合，集传统农耕文化、现代农业科技、科普教育、田园观光、采摘体验、休闲娱乐、农家餐饮为一体的综合性农业主题乐园，成为具有江南特色，依山傍水的立体生态休闲水乡农家。作为农业主题乐园，农场主要以农业生产、科研为基础，田园观光、绿色采摘、体验游乐、科普实践、生态度假、农家餐饮为主要旅游项目。2012 年，该农场入围全国休闲农业与乡村旅游示范点。

欢乐佳田农场番茄联合国以番茄为主题，引进世界各国 43 个番茄品种，突出生产、娱乐、采摘、观赏、教育等五大功能。另外，园中配套辅助项目有：休闲茶座、手动 DIY 教室等。2011 年底，该农场投资 300 万元，建起了 100 多亩钢结构大棚，引进荷兰、日本、俄罗斯、美国、法国等 13 个国家的 51 个品种小番茄进行试种，目前已全部获得成功。

4. 衢州“九九红玫瑰园”创意

九九红玫瑰园区位于浙江省现代农业示范园区之一的衢州农业对外综合开发区内，是由浙江九九红玫瑰科技有限公司经营打造的一个集产、学、研相结合，研发、生产加工及销售为一体的玫瑰种植加工科技型园区，也是浙江省首家玫瑰种植和深加工园区。浙江九九红玫瑰科技有限公司是一家集玫瑰种植、深加工为一体的科技型企业。

园区现拥有玫瑰种植基地面积近万亩，建有现代化标准厂房 4 000 多平方米，育苗种植温室大棚 20 000 余平方米。主要生产“九九红”玫瑰花茶、玫瑰精油、玫瑰露、玫瑰化妆品等产品，并积极培育玫瑰种苗，发展玫瑰旅游观光产业。九九红玫瑰园以农业、生态、玫瑰为主题，玫瑰观光园区面积超过 3 800 亩，投资 2.1 亿元，建有入口综合服务区、观赏玫瑰游乐区、月亮湖休闲度假区、香料玫瑰种植区、生态果园体验区、水上娱乐互动区、经济林木观赏区、居住区等八大景区。具备婚庆、住宿、休闲度假、娱乐、会议等功能，成为国内档次最高的现代玫瑰休闲观光园。

园区已建成 3 万平方米、总投资 700 万元的玫瑰爱情主题公园 1 个，以“体验浪漫欧式婚礼，见证恒久不变的爱情”为主题，为新人们体验欧式婚礼提供完整服务。建成玫瑰观赏大棚 2 万平方米，种植双色粉、法国红、芬得拉观赏玫瑰品种

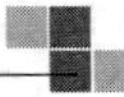

10 多种。建成森林公园 40 余亩，种植红豆杉、银杏、樟树等各种名贵树木。目前正在建设农民玫瑰培训中心、观光大桥、垂钓园、运动场、运动会所、跑马场、牧羊区、好望塔、水上乐园、情愿岛、百果园等。玫瑰园区是浙江省及周边省份中面积最大、设施最齐全、环境最优美的玫瑰休闲度假区。

5. 北京“香草园、蝴蝶园”创意

密云县的“紫海香堤艺术庄园”，核心区占地面积 300 亩，共种植薰衣草、紫苏、马鞭草、洋甘菊等世界珍贵香草品种 200 余个，是一处集养生、度假、休闲、体验、艺术创作、婚纱摄影、影视拍摄为一体的综合性现代农业观光旅游区、情景式休闲度假区和文化创意产业区。香草园以创意为切入点，以爱情为主题，通过对香草文化的包装和利用，极力塑造普罗旺斯式的浪漫氛围，打造“长城脚下的普罗旺斯”。

门头沟的“花露蝴蝶园”，主人邓友梅熟谙十多个蝴蝶品种的饲养繁殖之道，她把温室改造成蝴蝶访花区、食饵区、羽化区等蝴蝶观赏体验区，开发了蝶翅画制作、蝴蝶观光、科普教育、蝴蝶放飞等创意项目，她的蝶翅画《红楼十二钗》，在 2007 年北京乡村旅游商品拍卖会上拍得 1.6 万元的高价，蝴蝶园年接待游客 5 000 余人。此外，她还联合婚庆公司，为 100 多对新婚夫妇举行蝴蝶放飞活动，仅此一项，就为蝴蝶园带来了十几万元的收入。

通州桑瑞生态庄园做足“医农同根，药食同源”概念，积极开发农产品的药用价值，实现了农业向二三产业的拓展延伸，庄园开发了桑芽茶、桑叶茶和天然桑叶粉等，并将桑叶粉添加到面粉中，丰富了面品色彩；位于北京海淀区凤凰岭自然

风景区的凤凰公社，遵循“健康的土地—健康的植物—健康的食物—健康的人类”理念，每周一通过市内生活馆为会员配送蔬菜、水果等有机产品，并通过食育中心，从健康饮食、茶疗茶饮、瑜伽、芳香疗法、中医养生等层面向会员提供健康管理和调整方案。

此外，昌平的苹果主题公园、房山的磨盘柿主题公园、门头沟妙峰山玫瑰园等也按照公园的经营思路，使农业兼具旅游观光、科技示范、休闲购物、怡情益智等多种功能。

（六）农业文化发掘与博览模式

1. 模式的内涵特征

浙江省历史上作为中国农业的起源地之一，农业历史源远流长，农耕文化悠久灿烂，农业品种农事活动丰富多彩，有着中国大陆上至今为止最为古老的农业文化遗址并形成了系列。上溯一万年以来的农业考古发现在浙江境内有着丰硕的成果：上山文化、跨湖桥文化、河姆渡文化、马家滨文化、良渚文化，以农业生产经营为基础的文化遗产与产业经久不衰。

2. 成都“五朵金花”文化创意

“五朵金花”原为四川省成都市锦江区三圣乡的5个村，该5村的村民世代以种植花木为主，是典型的花木之乡，花卉产业是其农业主导产业。2003年，锦江区依托这五个村承办了四川省首届花博会，取得了极大成功与社会反响。锦江区围绕打造永不落幕花博会，对农房按照川西民居风格改造，大力发展花卉和都市生态旅游农业，通过挖掘花卉的文化内涵，将

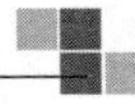

花乡资源开发、文化软实力提升与休闲旅游发展紧密结合起来，把5个花木村分别建设成为各具特色的农业旅游观光点，并命名为“花乡农居、幸福梅林、江家菜地、东篱菊园、荷塘月色”，以文化润色农业，以景观改造农村。这“五朵金花”特色各异，均体现了以“花”为媒介吸引游客，以“花”为主题拓展市场，以“花”为资源发展经济的特点。

“花乡农居”的红砂村，先后引进近三十家花卉龙头企业，带动当地花卉专业大户、花卉专业合作社、家庭农场、农业企业，着力培育花卉现代化经营主体，壮大花卉生产、销售规模，提升花卉品牌。小盆花年生产能力达6 000万盆，鲜切花年生产和交易量达3亿枝，鲜切花的日均上市量约占全市的70%，市外销售量占供应总量的60%。2004年“花乡农居”红砂村被评为国家AA级风景旅游区。

“幸福梅林”的幸福村，这里有适宜腊梅生长的土壤和自然气候环境条件，农户种植梅花的历史悠久，通过挖掘梅花文化，发展梅花产业，建成了种植面积超过600亩，集科研、观光、经营于一体，集“试验区”、“扩繁区”、“示范区”、“商品区”、“观光区”等功能区块于一园的综合性梅林区域。梅林区域内建有“梅花知识长廊”、“照壁”、“吟梅诗廊”、“精品梅园”、“梅花博物馆”等人文景观，在此基础上规划发展梅花文化产业，引进权威梅花技术专家，组建梅花培训基地，全面传授育苗、嫁接和各种管理技术，走文化与产业发展深度结合的发展路线。该村现拥有100余家特色休闲农家乐，2006年被建设部评为“2005年中国人居环境范例奖”。

“江家菜地”的江家堰村，将农民土地进行整理，并交由农业合作社统一打理，农民土地承包权不变，同时签订土地流转合同和代种合同，农业合作社以认种的模式，吸引城市的市民、学校、企业来认种土地，让城里人来体验农事，并成为城市学校的科普教育基地。认种土地的收益进行分块分配，其中部分用作村集体经济对基础设施的维护费，部分为土地流转租金，部分为生产资料费和劳动成本费。市民想种什么只管下单，吃不完可以以物易物，也可通过合作社代售，获得丰收的喜悦。“江家菜地”通过以挖掘农耕文化为灵魂，以分块认种为路径，把传统种植业变为体验式文化休闲产业。通过发展休闲体验农业的方式，契合现代城市市民返璞归真，回归田园的内心愿望，实现城乡互动与城乡联姻。

“东篱菊园”的驸马村，起源于东晋诗人陶渊明在《饮酒》一诗中“采菊东篱下，悠然见南山”的意境。当地村民世代都依靠种植菊花为生，春、夏、秋、冬四季都规模化、多样化进行大田栽种菊花，同时引进盆栽菊花新品种和切花类菊花优势品种。东篱菊园片区菊花种植面积已达 1 000 余亩，品种 100 余个，盆栽菊花 300 余万盆，形成了大规模菊园独有的四季菊花景观。“东篱菊园”以举办“菊博会”为平台，利用大片菊花种植区域，辅之以农房建筑改造，形成缤纷的色彩，壮观的场面，带来视觉冲击效果，吸引市民来赏菊观景，达到“环境、人文、菊韵、花海”的和谐交融。借节会、民间秋季赏菊饮酒的文化习俗，挖掘东篱菊园文化内涵，展现“东篱菊园”环境、人文、菊韵、花海的菊花文化韵味，聚集人气，提升文化艺术品位，营造菊文化氛围，拉长菊花产业链，变单一的农业生产为吸引市民体验、休闲的文化活动，使文化产业与农业产业相得益彰。

“荷塘月色”的万福村，地势起伏有致，土地肥沃，村民

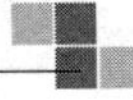

长期以来有种植莲藕的习惯，种植面积数百亩，循朱自清《荷塘月色》之意取名为“荷塘月色”。“荷塘月色”已成为国家AAAA级风景旅游区，先后引入了蓝顶艺术中心、荷塘月色画家村、电影公社等文化产业项目，引进知名画家、自由画家，打造“画意村”，依托优美的田园风光，利用荒坡美景打造小别墅，租给画家居住和搞创作，吸引国画、油画名师来此作画，先后入住50余名知名画家，增添荷塘月色的艺术氛围。同时，他们还充分挖掘成都丰富的音乐文化底蕴，在“荷塘月色”开办二级音乐学校，修建乐器二手交易市场，形成集乐器交易、展销、演奏和国画创作为一体的田园音乐艺术村。

锦江区“五朵金花”充分发挥自然资源优势、传统产业优势、区位优势，以农业文化发掘为引领，因地制宜发展农业创意产业，将农业与绘画、摄影、雕塑、音乐创作等文化艺术形式相结合，创造性地打造了以花乡农居、幸福梅林、江家菜地、东篱菊园、荷塘月色五个符合当地民俗风情和文化基因的，并各具特色的新村风貌。其中，花香农居充分彰显休闲餐饮文化和农村家居文化；幸福梅林则充分展现传统花卉文化；荷塘月色营造了音乐、绘画等的艺术创作、欣赏文化；江家菜地以特色农耕文化为主；东篱菊园则创造出具有优美意境的人文文化环境。

3. 河姆渡农业遗址文化发掘

河姆渡遗址的发现，证实了浙江是水稻文化的发源地之一。河姆渡遗址出土的稻谷已有7 000年的历史，把水稻文化向前推进了2 000年，进一步证实了著名的水稻栽培起源于中国的论断，从而否定了起源于印度的说法。

举世闻名的河姆渡遗址，位于四明山麓、余姚江畔的余姚市河姆渡镇。1973 年 6 月，河姆渡所在地余姚县（今余姚市）罗江公社为使境内地势低洼的稻田增产，决定在河姆渡村的北隅、紧邻姚江的小河边建造一个排涝站。当开掘水闸基坑的工程进行到地下 3 米时，出现了一批罕见的黑色陶片、建筑木构件以及大量古动物骨骼。“七千年前的鱼米之乡”、举世瞩目的河姆渡遗址就这样重见天日。在这片遗址上，出土了总量达到 120 吨以上的人工栽培水稻的遗存更是轰动了世界学术界。当年参与发掘的工作人员记忆犹新：就在第四文化层较大面积范围内，分布着保存完好的稻谷、稻壳、秕谷、稻草、茎叶、木屑碎渣等交互混杂的堆积层，厚度从 10 至 40 厘米不等，最厚处达 70 至 80 厘米。据此换算出稻谷重量当在 120 吨以上，这是何等惊人的数字！同样惊人的是，稻谷刚出土时，竟然还色泽金黄，可惜因接触空气，很快就氧化变黑了。当时有关部门见状当即指令马上覆盖。因此，已探明的大批谷物，如今依然沉睡地下。此前，国际学术界一直公认，中国的稻谷栽培技术来自印度，在印度卢塔尔发现的亚洲原生稻距今 3 600 年。河姆渡人工栽培稻的横空出世，将稻谷的历史足足推前了 3 000 多年，证明中国的河姆渡才是人类栽培稻谷的真正起源地。河姆渡文化所展示的灿烂的原始文明证明，长江流域和黄河流域一样，都是中华民族早期文明的摇篮。

4. 遂昌农业“原生态”文化挖掘

藏于深山峡谷，源自农民创造，种的不施化肥、不打农药，养的不喂饲料、添加剂，并赋予产业化内涵、组织化保障，坚守诚信、注重品质。这就是地道的遂昌原生态农产品，

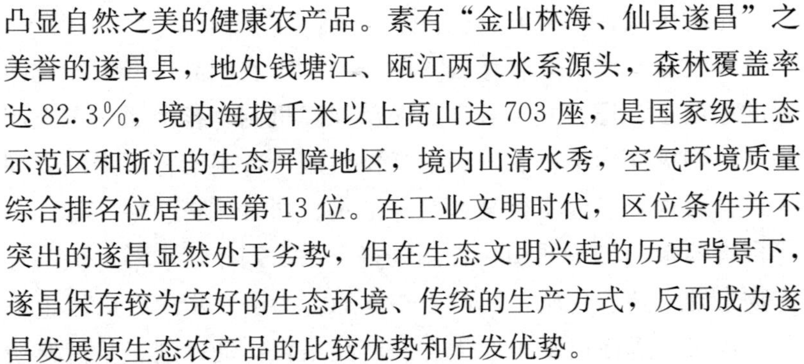

凸显自然之美的健康农产品。素有“金山林海、仙县遂昌”之美誉的遂昌县，地处钱塘江、瓯江两大水系源头，森林覆盖率达 82.3%，境内海拔千米以上高山达 703 座，是国家级生态示范区和浙江的生态屏障地区，境内山清水秀，空气环境质量综合排名位居全国第 13 位。在工业文明时代，区位条件并不突出的遂昌显然处于劣势，但在生态文明兴起的历史背景下，遂昌保存较为完好的生态环境、传统的生产方式，反而成为遂昌发展原生态农产品的比较优势和后发优势。

“原生态”本是一个新生文化名词，指没有被特殊雕琢，存在于民间原始的、散发着乡土气息的表现形态。遂昌把“原生态”嫁接到农产品培育上，赋予其环境、文化、产业元素，相对有机、绿色食品只对品质检测，是质优的“死”产品而言，原生态农产品更赋予了其“活”的文化，那就是其不可替代的传统生产方式、原始生态环境。正是对自身优越生态环境、深厚文化底蕴的深刻认识，由此，遂昌县提出了“经营山水、统筹城乡，全面建设长三角休闲旅游名城”的发展战略，在全省率先把“原生态”作为一个县域品牌来培育打造，以山区自身的特点和优势参与区域分工与合作，全力打造长三角地区原生态农产品基地县，做长三角市民的“原生态菜篮子”。

地处乌溪江库区的湖山乡黄泥岭村，村民利用独特的、未受污染的原生态山水环境，采用“奶奶辈传下来”的人放天养模式，让纯种土鸡回归自然，通过农户清种、造册、饲养日登记等规范管理，探寻了一条传统养殖与现代食品安全追溯制相结合的新路。通过建立村级土鸡专业合作社，注册“黄泥岭”商标，统一管理和销售，取得了巨大成功。价格从每千克不到 50 元一下飙升至 120～160 元，杭州龙井草堂更是与村里签订了5年的土鸡包销合同。

在建立农民专业合作社、赋予原生态农产品生产组织化内涵的基础上，还建立了农产品诚信保障机制。各个原生态农产品基地积极探索推行农户诚信联保机制，普遍推行可追溯管理方式，对种养过程实行全程跟踪记录。同时让猪、牛、羊、鸡等畜禽养殖向传统回归，告别饲料、添加剂；让水稻、蔬菜等作物告别农药、化肥，回归生态本原。为进一步放大山区生态环境优势，遂昌启动了原生态农产品培育行动计划，坚持典型引领，以点带面，第一批建立了十个原生态农产品培育基地，分别培育土鸡、土猪、土牛、土羊、原生态茶叶、原生态水稻、光唇鱼（石斑鱼）和鳙鱼（花鲢）、山油茶等八大品种的原生态农产品。

在规模化、现代化种养模式盛行的今天，遂昌让畜禽养殖回归传统，让农作物种植回归生态本原，充分彰显了农业的“原生态”文化。遂昌县以生态文化为背景，以汤显祖文化为主线，以农耕文化、竹炭文化、民俗文化等钱瓯地域文化为支撑，形成独具魅力的农业文化体系。遂昌借助戏曲大师汤显祖在文学和农耕文化方面的地位和贡献，把汤显祖文化作为全县文化发展的主线，积极开发汤显祖晚明文化系列产品，加强对好川文化、红色文化和民俗文化等内涵的挖掘，打造以汤显祖文化节为龙头、乡镇特色文化节庆活动为主力、村级文化节庆活动为基础的仙县节庆文化品牌，加快文化与旅游的渗透融合，积极探索生态文化产业化路径。2010年以来，遂昌成功举办了汤显祖文化·劝农节、金竹山茶油开榨节、大柯摄影文化节、高坪杜鹃节、北界红提节、七山头猪美食节、小岱生态文化节等十多个乡村文化节庆活动。通过与中央电视台等权威

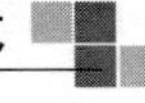

性媒体合作，举办汤显祖——莎士比亚文化高层论坛、举行“班春劝农”典礼、各种农事体验活动等形式，将汤显祖文化与休闲旅游业进行深度结合，形成了遂昌县休闲旅游业的核心竞争力，带动了“原生态”农业文化休闲旅游的发展。

5. 农业文化发掘与博览典型

我国是具有悠久历史文化的农业大国和文化大国，农业文明源远流长，中华文化博大精深，深深地影响着一代又一代中国人。随着时代的发展，这种传统优秀文化的影响力历久弥新。而纵观历史，浙江省农业历史悠久，在千百年的农事劳作实践中，创造了许多精湛独特的农耕文化，形成了丰富多彩的农业民俗，积淀了一大批农业文化资源。据浙江省农业厅2012年5月进行的全省农业文化资源现状调查初步统计，全省共有农业文化资源215项，其中农业民俗68项，农业文化遗址27项，农业技艺87项，其他类33项。在这215项农业文化资源中，保护较好的有109项目，其中包括已有1 200多年传统历史的青田稻鱼共生系统，曾获万国博览会金奖的东阳传统火腿加工技艺以及在世博会上荣获金奖的辑里胡丝缫丝工艺等。

浙江的农业产业文化资源丰富，底蕴深厚。浙江是我国的水稻文化、桑基鱼塘文化、蚕桑文化、茶叶文化、毛竹文化、柑橘文化、草药文化的发源地之一。此外，余杭良渚遗址、嵊州小黄山遗址以及陆羽《茶经》专著等文化遗产集中展现了浙江源远流长的稻作文化和璀璨夺目的丝茶文化；湖州善琏镇湖笔、嵊州沙地村竹编、乐清黄杨木雕和青田方山稻田养殖田鱼等非遗文化产业，桐乡土丝缫制技艺、西湖龙井茶炒制技艺和富阳竹纸制作技艺等非遗展演项目，以及舟山东极渔民画、东阳石鼓岭下村中国结等新兴文化产业，展现了浙江农民文化在传承中保护、在保护中创新的发展成果。

农业博物馆是博物馆大家庭中的重要一员。从 1888 年世界第一座农业博物馆——丹麦国家农业博物馆诞生至今的一个多世纪，农业博物馆的数量增加很快，国际博协于 1966 年专门成立了国际农业博物馆协会。各地结合本地农业产业特色积极兴建农业博物馆，如桐乡中国江南蚕俗文化博物馆是一个以蚕丝为主题的博物馆；黄岩中国柑橘博物馆是我国第一座以柑橘和橘文化为主题的大型专题博物馆，是柑橘产业的文物史料、收藏、展示、保护、研究和教育中心；绍兴传统农具博物馆集中陈列耕作、收割、加工、生活、捕捞、喜庆、祭祀等各种类别 400 多件农具；遂昌中国竹炭博物馆是国内首家以炭历史文化及国内外炭产品展示为主题的博物馆；仙居建成全国首家杨梅博物馆，集中展示杨梅历史文化与现代果品加工技术。此外，还有诸如茶叶博物馆、丝绸博物馆、青田的稻田养鱼博物馆、余杭的良渚文化博物馆、安吉的竹子博物馆等。

（七）产业升级与耕作创新模式

1. 模式的内涵特征

随着工业化城市化的加速推进，农业资源农转非的比重越来越大，农业在 GDP 中的比重越来越小，但农业在国计民生中的基础地位和作用丝毫没有下降。我们要实现全面小康和现代化的中国梦，最难的还是如何实现农业现代化和农民的共同富裕。当前农业发展既有近忧，更有远虑。唯有在转变农业发展方式，推进农业转型升级上下真功夫，加快农业现代化进程，努力打造农业发展的升级版，才能化危为机，才能支撑更大步伐的新型城镇化。这其中拓展农业的多种功能，从农业原来单一的生产功能，向休闲观光、文化传承、生态保护等多元化的功能拓展，从原来的低层次的生产功能向较高层次的现代产业升级，就显得非常必要。农业产业不断转型与升级，彰显了农业发展的因地制宜、独辟蹊径、与时俱进、推陈出新的农业特色产业与文化创意的新内涵。而农业耕作制度创新是根据新形势、新要求，对原有农作模式的优化和拓展，是在继承基础上的创新。从近年来农业发展的实践看，推进产业转型升级与农作制度创新的这一农业创意模式正在发挥非常好的效果。

2. 德清青虾产业发展的创意路径

德清县地处浙江省北部，全县土地总面积 937.93 平方千米，其中水域面积（湖泊、河流水面）7 279.87 公顷，滩涂沼泽面积 169.81 公顷。全县星罗棋布的湖泊、水库、池塘和密如蛛网的河流、小溪，曾是德清县以四大家鱼为主的传统水产业发展的得天独厚的条件。但是自从 1992 年起，德清县这种依赖自然水域发展水产养殖业的模式被彻底改变，新的养殖模式和新的养殖品种层出不穷，其中典型的就是青虾产业的产业升级大发展，向人们展现了创意农业发展的无穷的魅力。

1992 年以前，德清县野生青虾均生活在自然水域或养殖鱼塘，由于产量少，市场上很难见到，即使偶尔能看到有青虾出售，价格也是特别高。1992 年，德清县三合乡农民符连富承包了 12 亩低洼田养鱼。他有个朋友是放笼捕鱼的，经常捕到小虾，作为副产品出售，当时市场上野生青虾价格为每千克

140 元左右，是当时的四大家鱼的几十倍。符连富想，这种小野虾如果能像鱼一样养殖，那效益就高了。他试着收集一些小野虾，放到池塘里，开始像养家鱼一样养起来。他这一养，开创了德清水产养殖业的新纪元。人工养虾以前没有经历过，该给虾吃什么？也颇费符连富许多心思。当时，德清很多农民正养殖珍珠，取出珍珠后蚌肉没啥用场，他就采集河蚌肉，试着把饭、鱼蚌肉拌混着喂。事实证明，他是成功的，当年虾塘每亩产值达到 730 元。到 1997 年，符连富承包 25 亩水稻田养虾，成了该乡的青虾养殖大户，产量逐年提高。符连富养虾致富的事一传十，十传百，人工养殖青虾迅速在全乡发展起来。一开始，稻田养虾并不破坏耕作层，不影响粮食生产能力，后来受利益的驱动，三合乡的青虾养殖不仅规模迅速发展，而且养殖模式也在悄然发生着变化。到 1996 年，为了提高养殖效益，原张桥村村民归毛头雇来推土机，将稻田深挖成虾塘。这在当时“以粮为纲，千万不要放松粮食生产”的政策背景下，归毛头挖深稻田养虾与当时的政策是背道而驰的。当时的德清县农委立即组成调查组，进驻该村。但让调查组疑惑的是，稻田养虾已不再是个案。在三合乡几乎每个村都有村民在养虾，而且养殖户们的收益都不错，更重要的是，大部分群众都想腾出一些排灌不便的田块养虾，以增加收入。虽然上面仍强调种粮，但县农委将张桥村养虾的实际情况以及大多数农民的心声向县里主要领导进行了汇报。经过多次讨论，最后县里采取了不提倡、不反对的态度，默许并关注着张桥、石桥、塘家琪等村人工养虾业的发展。此后，德清全县的青虾养殖不断发展壮大。随着全乡青虾养殖规模的不断扩大，天然饲料的供应远远满足不了青虾产业发展的需要。1996 年，符连富在全乡第一个办起了青虾饲料加工厂，年加工300吨虾饲料。经过不断地创新，德清的青虾养殖人逐渐引进并研制出了人工配合虾饲料，解决青虾大规模养殖的饲料问题，全县青虾饲料生产、加工企业达到40余家。推动全县青虾养殖规模迈上了一个新的台阶，也为全县青虾养殖业的规模发展提供了前提条件。此外，德清县还出现了2个虾笼制造专业村，利用德清县充足的毛竹资源生产专业的虾笼，实现了全县青虾和毛竹产业的大融合。符连富所在的三合乡唐介琪村281户农户，家家户户从事青虾养殖业，养虾、贩虾，从饲料加工到虾笼制作，相关产业全面发展，成了全国有名的“青虾专业村”，三合乡也成了全国青虾之乡。三合乡于1998年投资办起了面积达2 200平方米的全县第一个青虾专业交易市场。随后，德清县钟管青虾交易市场以及青虾交易点在县内各地陆续兴建，四方贩客蜂拥而至，德清县青虾养殖户逐渐实现了青虾销售不出德清。

2000年，由德清县委书记亲自命名的德清县青虾医院成立，医院以为养殖户提供完善的服务为宗旨，其网络遍及全县各养殖区，开创农业社会化服务的先河，后来青虾医院扩建为县水产医院。青虾品牌创建促进了产业的转型升级，通过财政出资在浙江电视台发布青虾广告，在国省道上建设广告牌，广泛宣传德清青虾，扩大德清青虾及青虾产业的知名度。2000年11月，中央电视台《金土地》节目组到德清拍摄专题片《青虾行动》；2001年，《经济日报》刊登了长篇通讯《山上栽金，水中捞银》，介绍了德清县青虾与早园笋这两大效益农业中的支柱产业给德清农民带来的巨大变化。2001年9月时任国务院副总理的温家宝，来到德清农民养殖青虾的池塘边进行视察，并与当地干部群众交流效益农业的发展经验。

适应市场竞争不断加剧，为促进青虾产业持续健康发展，德清县成立了水产协会，注册了“水精灵”青虾区域商标。2003年，“水精灵”青虾生产基地通过浙江省海洋与渔业局无公害农产品产地认定。2009年“水精灵”青虾生产基地通过国家级青虾养殖标准化示范基地的验收，并被评为浙江省名牌农产品。德清县吴越水产养殖有限公司注册“归毛头”商标，2011年被认定为省著名商标。德清青虾产业文化的发展，引进龙虾、沼虾等其他虾类品种，发展虾类美食文化，同时充分发挥龙虾等虾类娱乐性强的优势，开发体验休闲项目。从我国著名画家齐白石先生的《百虾图》着手，循着《百虾图》深入挖掘其所蕴含的文化内涵，包括其中的一些小花絮、趣事、奇闻，当今市场对其的反应以及当代画家等对其的临摹趣事等。

3. 宁波席草—蔺草产业的转型升级创意

宁波蔺草从野生席草到栽培席草再到引进蔺草和繁荣蔺草产业的全过程是一个典型的产业升级创新与创意模式。集士港镇位于宁波鄞西平原腹地，集士港的特色产业中最负盛名的要数蔺草，也最能体现集士港地理历史文化渊源。蔺草的前身是席草，是一种多年生草本植物。据考证，生成于7 000年前的河姆渡时期的古广德湖湖畔曾经生长着大量野生席草，它们本是今日人工栽培席草的原祖，后来其中的一支传到日本，经过不断的改良，就成了今日的蔺草。在鄞西，农民驯化野生席草进行人工栽培，编织凉席、草帽，形成了鄞西的一大农业产业和家庭副业。“家家有织机，户户编草帽”就是20世纪70年代以前鄞州席草编织兴旺的真实写照。1978年，在中日友好协会会长廖承志关心下，引进作为中日友谊象征的日本蔺草新品种832棵，试种于席草之乡东升大队（今卖面桥村）种子队。集士港镇本是广德湖故址，由于气候和水土适宜，加上种子队带领下，栽培得法，日本蔺草试种当年就获得了成功。20世纪80年代试验示范，90年代扩大发展，蔺草种植成为集士港农业经济支柱产业，占农业种植业产值80%。蔺草的普遍种植颠覆了传统的耕作模式，水稻从一年二熟改为“一草一稻”，集士港逐渐成为享誉全国的“蔺草之乡”。

这一从野生蔺草的驯化、栽培、加工，再到引进日本的蔺草，全面改种凸显了因地制宜、独辟蹊径、与时俱进、推陈出新的集士港特色产业文化与创意。所谓因地制宜、独辟蹊径，就是集士港人因地制宜，善于把当地的特色野生资源席草，改造培育成为农业的主导产业，把生态和生物资源优势转化为独特的产业经济优势。所谓与时俱进、推陈出新，就是以开放的视野和博采众长的思维，将日本人率先从席草改造而成的蔺草加以移栽培育，创造了“蔺草、晚稻”“一草一稻”的新型耕作栽培模式，成功地实现了席草产业向蔺草产业的转型升级，进而成为日本蔺草市场、蔺草产品的主要供应商。从野生席草到栽培席草再到引进蔺草和繁荣蔺草产业，由单一的草席编织再到发展轻纺服装等制造业。这种产业不断转型发展的历史，凸显了集士港人农业特色产业与文化创意的新内涵。

4. 农业耕作制度创新创意

自20世纪60年代以来，浙江农作制度经历了从单熟制到单一多熟制，又从单一多熟制回到单熟制，再从单熟制向复合型多熟制转变的发展过程。进入21世纪，随着工业化、城市化的加速推进，农业面临的耕地资源减少、环境约束加大更为明显，各地遵循转变农业发展方式的要求，迎合优质、生态、安全的消费需求，大力推进新一轮农作制度创新，形成一批高效、生态、低耗的新型农作模式。近年来，各地充分尊重农民的首创精神，认真总结基层群众的实践创造，并注重把理论研究与生产实践有机结合起来，研究和开发了一系列粮经轮作、立体种养、农牧结合、水旱轮作、农业废弃物再利用等新型农作模式。这些具有创新型的农作模式在推进农业转型升级和发展方式转变方面发挥了重要作用。

余姚的稻鸡种养轮作模式，形成了“建一个棚、养二批鸡、种三亩稻、产四千斤粮、卖五千斤毛鸡，得六千元收入”的“123456”模式。由余姚市阳明、低塘两个街道农技站自主创新的稻鸡轮作模式，是指在农田放养优质三黄鸡与种植单季晚稻结合，在同一块农田，一年内进行种养轮换。其特点是以水稻为基础，冬作分区种植为补充，养鸡为重点的种养直接结合，水旱接茬结合，并形成“建一个棚、养二批鸡、种三亩稻”为生产单元，生产目标是三亩田年产粮食四千斤，肉禽五千斤，亩效益超六千元的复合型农作模式。该农作模式以“鸡—水稻—鸡”为主，还有“鸡＋马铃薯—水稻—鸡”、“鸡＋大麦—水稻—鸡”、“鸡＋蚕豆—水稻—鸡”共四套。该模式可以使农田得到合理的利用，田间杂草、虫及废弃的作物种子得到综合利用，鸡的粪便和排泄物得到有效的处置，使环境的自净能力得到了充分的发挥，是实现农业生产良性循环的理想模式。经三年 129 亩水稻 43 座大棚的稻鸡轮作实践，其生产单元达到预期的生产目标，具有稳定粮食产量，发展养禽产业，增加农民收益等诸多优点，目前已辐射应用到余杭、富阳等地，在提高土地利用效率、稳定粮食生产和增加农民收入等方面作用十分明显。

丽水市的“稻菇轮作模式”，推行“黑木耳＋杂交稻”粮经结合模式，冬季利用山区废树枝、木屑等为脚料栽培黑木耳，黑木耳采收后再种植一季杂交稻，既有效利用冬闲田，实现稳粮增收，又节约大量木材，保护生态资源。丽水把农业科技创新作为发展现代农业的重要举措，积极借助浙江省农业科学院、丽水市农业科学研究院食用菌研究所等科研院所的技术力量，全面推进农业科技创新支撑工程，大力推广应用“稻菇轮作模式”，推广代料黑木耳—杂交稻高产高效技术，推广菌棒再利用技术，形成了以农业科技推广组织、示范基地、农户相联结的推广模式，促进了新品种、新技术、新设施的引进、示范和推广。通过该模式可实现亩产稻谷 500 千克、黑木耳 570 千克、亩产值 3 万多元、亩利润 1.6 万元。

近年来，嘉兴“水稻＋瓜菜”模式，建德“水稻＋草莓”模式，萧山“水稻＋马铃薯”模式，临海“西兰花＋水稻”模式等“稻菜轮作模式”，以及水旱轮作等的创新模式，既可以有效改善土壤结构和物理性状，解决一些农作物连作障碍，还可以减少病虫害发生，提高农产品品质及产量。浙北杭嘉湖、宁绍平原地区，推广的粮经轮作、种养结合模式，扩大稻鸭共育、稻饲鹅轮作和水产混养、套养、轮养新技术应用，既稳定粮食生产，又促进养殖业发展。浙南、浙西南等山区、半山区，推广的农牧结合、生态循环模式，扩大粮饲牧结合、水稻玉米饲草轮作和竹园、茶园养鸡等技术模式应用。在粮食生产功能区、现代农业园区“两区”建设中加重点推广的粮经轮作“千斤粮万元钱”模式，实现了稳粮与增收的有机统一。此外，如农牧结合、立体种养模式，不仅可以将畜禽排泄物还田，培肥土壤肥力，促进农业废弃物在产业间、区域间的循环，实现“变废为宝”，还可以拓展畜牧业发展空间，实现种植业和养殖业协调发展。

（八）现代农业综合体创意模式

1. 模式的内涵特征

根据当前浙江省经济社会发展的要求，结合全省现代农业发展的阶段性特征，以及现代农业园区建设的内在需要，必须深入拓展现代农业的内涵、功能和空间范围，打破产业之间、区域之间的樊篱，推动农业现代化与其他“三化”的紧密结合和协同发展。现代农业综合体就是在此背景下，对探索有中国特色的新型农业现代化道路的理论创新和实践突破。现代农业综合体模式是以发展现代农业为核心和主业，以产业链整合、要素整合、功能价值整合、城乡空间整合为支撑和动力，通过多方主体合作，建设体现农业行政新特区、农业科技新城区、农民居住新社区和农业生产新园区等多种综合性功能的区域政治、经济、科技、文化发展的新平台。现代农业综合体模式是一种典型的创意农业发展的新形态，是探索我国发达地区现代农业发展的全新模式和重要的创意载体。

2. 彰显新农业发展的绿城现代农业综合体

2012 年 7 月，嵊州市、绿城集团与浙江省农科院合作建设的绿城现代农业综合体就是这一典型模式。这一模式采用“嵊州市政府＋绿城集团＋浙江省农科院”三位一体为支撑架构。浙江省农科院提供科研成果和集成技术，绿城集团提供开发资金投入和农产品营销网络，嵊州市政府出台优惠政策支持。三方达成共识：绿城现代农业综合体将以打造大型精品农产品基地为目标，以农业工业化的新理念经营综合体建设，加快农业生产的集约化、规模化、产业化、品牌化和标准化进程；将农业综合体建设成为具有技术开发、成果转化、产业带动和培训示范功能的现代农业示范基地；同时综合嵊州市经济、社会和文化特质资源，集精品农业、创意农业和观光农业为一体，充分展示现代高新农业和“城乡一体”的发展优势，带动区域特色经济转型升级。2012 年底，绿城集团现代农业开发有限公司正式注册；绿城现代农业院士专家工作站全面启动。绿城现代农业将围绕品质检测、商品流通、科研生产和综合体建设四个重心展开工作，努力构建高科技引领，一、二、三产联动，生产、生活、生态融合，符合中国发达地区地方特色和资源优势的现代农业创新平台。同时以院士专家工作站为平台，吸收国内外相关领域院士、高校、科研机构加盟，发挥顶层设计、科学咨询、项目引进、绩效评估、人才培养等作用。

绿城现代农业综合体规划总面积 1 173.28 公顷，由甘霖和崇仁两个区块组成。甘霖区块形成“一带、两心、四区”的总体格局。“一带”，即澄潭江农业休闲观光产业带；“两心”，即管理服务中心和农贸物流配送中心；“四区”，即精品水果产区、精品蔬菜种植区、生态公益林区和全球农业论坛区。崇仁区块基本形成“一心四区”的总体格局。“一心”，即管理服务中心；“四区”，即优质粮油基地、茶叶生产基地、水产养殖基地和生态畜禽基地。绿城现代农业综合体将依托绿城集团自身积累的项目开发管理经验，以及资本运作和资源协调方面的优势，积极发挥知名企业的品牌带动作用，以绿城集团广大业主为主要服务对象，建设浙江领先、国内一流的精品农产品生产基地。并通过浙江省农科院的科技开发、园区规划和后续专家团队的运营，用十年左右时间，逐步把绿城现代农业综合体打造一个拥有完整产业链的高技术农业综合示范基地；一个兼具休闲度假功能为一体的秀丽小镇；一个具备国际影响力的农业论坛永久性会址。

该现代农业综合体的建设按两个阶段分步推进，即2012—2015年，以设施蔬菜花卉区和精品果园区为主要建设内容，设施蔬菜花卉区完成土地平整，智能温室、智能连栋大棚、普通连栋大棚以及附属设施完成建设，并按照种植计划开始种植瓜果蔬菜和培育种苗花卉；精品果园区完成设施栽培区、不同栽培模式展示区、百果园和种苗区的建设。到2015年，引进30个以上项目，推出10项以上重大成果，启动5个以上的农业产业化项目，带动嵊州农业主导产业步入全省先进行列，基本形成新时期“院、地、企”三方合作、“三农”发展的“嵊州模式”。同时把综合体建成基础设施完善、功能布局合理、产品结构优化、科技应用先进、经济效益显著、示范和辐射带动作用明显的集生产、加工、休闲观光、科技示范为一体，具有嵊州特色的、高效生态特征和较强市场竞争力的现代农业综合体。2015—2020年，全面建设管理服务中心、农贸物流配送中心、农业科技产品工业化生产区、新农村建设示范区、全球农业论坛、生态公益林、乡村主题乐园、生态粮油茶生产基地、水产养殖和畜禽基地等，完善综合体整体产业功能布局。到2020年，引进60个以上项目，推出20项以上重大成果，启动10个以上的农业产业化项目，把综合体建设成为农业科技的创新区、技术组装集成的载体，现代农业科技信息的辐射源，人才培养和技术培训的基地，成为嵊州市现代农业科技先行区、循环农业示范区、新农村建设样板区、农业体制机制创新区，浙江省现代农业“两区”建设顶级示范样板区，使“嵊州模式”完善提高，为我国农业科技创新、现代农业发展和新农村建设发挥强有力的支撑和引领作用。

该综合体以打造大型精品农产品基地为目标，以农业工业化为新经营理念，将农业综合体建设成为具有技术开发、成果转化、产业带动和培训示范功能，集精品农业、创意农业和观光农业为一体的现代农业示范基地。

3. 彰显新农村建设的奉化现代农业综合体

奉化现代农业综合体建设的目标、宗旨与定位是由浙江省农科院、浙江绿城集团、奉化市人民政府三方合作，充分发挥各自优势，建设奉化市萧王庙街道美丽乡村示范区。以“强村、富民、兴镇（街道）”为指引，按照把萧王庙街道全域打造成一个风景区，村庄建设成一个旅游点，农家雕琢成一个精致小品理念，努力铸就全国一流新农村建设样板区，成为城乡统筹实践区，美丽乡村综合体示范区，城镇化改革先行区。示范区建设主要包括“农房两改”和“现代农业”两大项目，深入实施“土地向城镇集中、产业向园区集聚、人口向中心村集聚”的战略，通过 8～10 年努力，把萧王庙街道全域打造成“四化”同步（新型工业化、信息化、城镇化、农业现代化）、“四美”同集（科学规划布局美、村容整洁环境美、创业增收生活美、乡风文明身心美）、“四宜”同存（宜居、宜业、宜游、宜文）的中国美丽乡村示范区，努力建成可操作、可借鉴、可复制的全国一流新农村建设样板区。

这一综合体建设坚持政府搭台，绿城唱戏，农科院科技支撑模式，通过构筑科技创新服务平台、人才支撑平台、体制机制创新平台等三个平台，重点实施产业发展工程、村镇（街道）规划建设工程、基础设施工程、生态环境工程、公共服务工程、素质提升工程、社会保障工程、城乡综合改革工程等八大工程。按照“权力下放，超收分成，规费全留，干部配强”原则，示范区经济社会发展参照享受溪口镇小城市试点部分优惠政策。示范区将按照“一年一个样，三年大变样”的工作要求，发展成为功能定位清晰，空间布局合理，经济繁荣发达，服务功能完善生态环境优美，体制机制灵活，能主动承接宁波奉化大中城市辐射和有效带动周边乡村发展的区域政治、经济、文化、科教中心和“三农”休闲观光旅游中心。萧王庙街道在省农科院、绿城集团支撑下，实施“强村、富民、兴镇(街道)”速效计划，鼓励民间资本和工商企业参与美丽乡村建设，增加民间资本的有效投入额，创新农村宅基地转换机制，调动农户集聚建房积极性，探索农村集体建设用地使用制度。

综合体的核心价值元素包括：工业化、城镇化、信息化、农业现代化同步发展。宜居、宜业、宜游、宜文发展，生态、文态、形态、业态融合。村庄建设尊重自然美、侧重环境美、注重个性美，彰显一村一品、一村一景、一村一业、一村一韵。开发农产品精加工、农事生活体验、田园风光展示、农史农具博览、农业科普教育、田园休闲度假等衍生产品，一业多产，一园多营，一品多用，农业多功能。建立以“公司＋专业合作社＋基地＋农户”为模式的农村产业化组织，引导农民社会化合作和公司化协作。拉近历史，延伸风景，古村庄、民古巷、古建筑、古树名木的各种形式保护和开发。农民群众是美丽乡村建设的真正主体，美丽乡村建设是一项民生工程、生态工程、创业工程，也是一项群众工程、攻坚工程。放手发动群众，形成一定氛围。依托小城镇和中心村建设，一产重科技，二产重深度开发和加工，三产重农产品配送、农家乐，培训农民，大量转移农民。由建设新农村向建设新景观转变，由卖产品向"卖生态"、"卖环境"转变，由注重建设向建设、经营、管理并重转变。通过示范区建设，全面推动美丽乡村的内涵进一步丰富，形象进一步改观，特色进一步鲜明，品牌进一步打响。

综合体的近期重点提升工程包括：一是环境提升工程。抓外在有形环境的提升，巩固扩大成果，综合改善质量，全面提高品位。二是产业提升工程。抓内在经济实力的提升，扶持优势产业，形成品牌效应，增强支撑功能，壮大集体经济。重点推进高效生态农业品牌全球化经营、现代家庭工业集群化发展、农村服务业最大化激活，积极培育产业大村、经济强村。三是素质提升工程。抓潜在文明素养的提升，培养有技术专长、有创业激情、有文化素养、有宽广胸襟、有文明气息的现代农民。四是服务提升工程。抓广度公共服务的提升，健全农村公共服务体系，繁荣农村社会事业，重点推动城镇基础设施向农村延伸，公共服务向农村倾斜，社会保障向农村覆盖。通过实施这四项工程，实现人居环境和自然生态、产业发展和农民增收、社会保障和社区服务以及农民素质和精神文明的全面提升。

综合体的建设亮点与特色包括：一是总体上把萧王庙街道的所有行政村都建设成为"村村优美、家家创业、处处和谐、人人幸福”的现代化新农村样板，打造成为全国生态环境最优美、村容村貌最整洁、产业特色最鲜明、公共服务最健全、乡村文化最繁荣、农民生活最幸福的地区之一，探索构建可憩可游、宜商宜居、且安且吉的全国新农村建设的“奉化模式”。二是突出“四大工程”建设重点。规划、硬路、增绿、置景、统貌、集污、治乱全方位整治提升。“清洁家园”长效机制建立。农村的水蜜桃、芋艿头、花卉、竹笋特色主导产业，农民专业合作和农家乐休闲旅游等产业得到长足发展和提升。三是突出区域建设重点。即“三江两岸”（剡江、泉溪江、剡江与泉溪江汇合之后江）生态景观保护与建设工程，城区至溪口生态公路，城区经滕头至溪口世博观光带两条精品线建设。四是突出村庄集聚建设。云集等中心村建设，农房“两改”项目以点带面，按照六种模式有序推进。积极探索和发展“一村一品、一村一景”，为经营村庄，增强美丽乡村建设后劲打基础。五是坚持以生态为先、富民为本、村美为基、文化为魂的理念，在示范区内拓展实施“慢城、总部、窗品、基地、平台”六大特色项目，全力提升“奉化模式”示范区的核心竞争力。

第八章 创意农业发展的思路与趋势

（一）创意农业存在的瓶颈制约

国内创意农业已成为一项具有高附加值的新兴产业。其特异性、生态性、野趣性吸引了游客的注意力。高效优质的特性也使创意农业成为了我国各地区农业发展的新增长点。但是这种产业还刚刚起步，没有形成规模，也没有形成自有的特色品牌，知名度和竞争力还较低，其创意影响的持久性和产业发展的持续性还需要时间的考验，发展潜力还未能充分显现出来。目前，创意农业对全国农业及社会经济的贡献还非常少。同时创意农业发展理论与实践研究相较于发达国家也存在不小差距。具体来说，创意农业在我国的发展存在以下瓶颈：

1. 创意农业缺乏战略规划和总体设计

创意农业代表了农业发展的一种新趋势，因为提出的时间较短，创意的水平参差不齐。主要表现为：规划滞后，创意水平较低，大部分创意农业项目特色不明，资源利用效率不高，创意农业项目资源利用率不高，投资收益率较低。涉农的企业规模和实力较弱，产品质量和加工水平较低，农产品出口质量和效益不高等问题普遍存在。很多地区的创意农业大部分与观光采摘、民俗旅游联合，发展规模较小。大多数创意农业均为自发形成，个体经营居多，布局凌乱，各自为战。这种缺乏整体规划和科学论证的现状，使创意农业基本处于随意开发的状态，造成区域间协调性不够，资源优势和区位优势无法发挥。政府在创意农业的发展中也没有专门的政策支持，基础设施和公共服务缺乏，使得创意农业形不成规模效益和优势品牌。

目前我国创意农业发展处于松散状态，大多数政府部门没有充分认识创意农业发展的重要性，对创意农业的发展理念也不甚了解，无法为创意农业提供长远的战略规划、具体的产业指导以及良好的发展平台。

政府在创意农业发展中的作用是不可或缺的。尽管近年来各地农业部门和旅游部门都重视了规范化管理，制定了农业旅游和民俗旅游的评定标准，有的对农家乐和休闲农庄还制定了星级标准，依据标准定期进行评估，评出一级、二级休闲农业旅游示范区（点），使休闲农业逐步走向规范化和专业化。针对休闲农业的发展也考虑到了新农村建设的总体规划，密切结合农村产业结构调整、新村建设与整治，生态环境改善等各项工作开展，使休闲农业发展与新农村建设结合起来。但在技术、人才、市场等管理方面依然不够成熟，没有形成一个统一的机制。仅仅靠少量的成功创意农业机构来支撑着创意农业的发展，大大阻碍了我国创意农业发展的脚步。

2. 创意农业知识含量低、产业链条短、品牌意识薄弱

我国的创意农业大多停留在好看、好玩的层面，创意农业

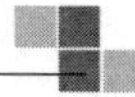

的科技含量和文化内涵较低，大多数地方创意农业发展只是“比葫芦画瓢”，有的甚至是“画虎不成反类犬”，难以形成竞争力和吸引力。除此，我国对创意农产品的精深加工不足，对农村生活、生态资源利用不够充分，相关的支持配套产业发展也比较缓慢，尚未形成多层次的产业链和三次产业间的联动。

目前，创意农业被大部分人理解为郊区观光、旅游农业。不少创意农业简单模仿，同质化严重，生产粗放、产品粗糙，品牌缺乏文化内涵和产品创新动力。许多观光农园就是从原来的经济种植简单转变而来的，功能单一。虽然有些地区创意农业的项目具有特色（如四川、北京等地），但很多小型创意农业区、县特色并不明显。以“农家乐”为例，各个区县的创意内容趋同，基本就是住宿、餐饮和采摘。这些以农家乐为代表的小型创意农业模式大都处于起步阶段，刚开业时生意较为红火，但缺乏统一集中向外宣传推介，未能形成品牌效应；在管理上基本是真空，由于农家乐项目大部分地处农村，分散经营，存在明显的管理、食品卫生安全等问题。加之投资规模小，硬件设施水平和科技含量都相对偏低、文化内涵少，很难进行升级和发展，进而形成品牌效应。

这种状况所体现出来的另外一个问题就是，大部分创意农业项目特色不明，文化内涵肤浅，创意水平不高，没有充分利用农村自然景观、农业生产的自然状态、历史文化名城优势，也没有挖掘农村文化的深刻内涵。创意农业中的产品缺少差异化，农产品加工、特别是深加工滞后于市场的需求，技术含量、产品附加值低，经济效益未能充分发挥出来。

对于创意农业中的另外一个主要部分——农业旅游来说，观光采摘是目前农业旅游的主要效益来源。虽然城乡差别的新颖性促进了创意农业的起步，但对于创意农业的发展来说是远远不够的。以乡土文化为核心是乡村旅游的未来发展趋势和新的增长点，但关于农业的文化研究及内涵发掘在长期以来的现代化进程中遭到了忽视。所以，其文化元素难以在创意农业实践中体现是在我国创意农业发展过程中一个普遍存在的问题。

3. 创意农业专业与技术人才短缺

创意农业的核心是“创意”，而“创意”必须依靠人才。创意领军人才、专业人才的培养是开展创意农业和建设新农村并使之持续收到成效的动力和有力保障。日本的“一村一品”运动中，将“培养富于挑战精神的人才”作为其三大原则之一。活动从一开始就注重人才培养，并将其作为推进“运动”的主要推动力。如果没有“建设丰之国学校”培养的大批领军人才，“一村一品”运动可能根本不能够得到普及，更不能够持续几十年。

在我国，创意农业因为涉农，社会上对它存在一定的误解，很多大学生都不愿意进入这个行业，同时有些创意型农业手工工艺要求非常高，如顺义区的吉祥八宝葫芦火绘，一般完全掌握这门技艺可能需要3～5年的时间，导致满足要求的人才非常少。

我国创意农业专业人才不足是我国创意农业良性发展的瓶颈之一。一方面，由于创意农业的发展需要把农业和文化、艺术、科技、教育、生态环保、园艺、影视、娱乐、时尚、保健美食、休闲及旅游等其中一些要素结合起来才能展现出巨大的潜力和商机，多种要素的融入必将需要大量的创意人才，包括美学经济和创意型人才以及乡村创意师、乡村规划师、乡村策划师、农业会展美术师等。另一方面，由于我国农村发展相对

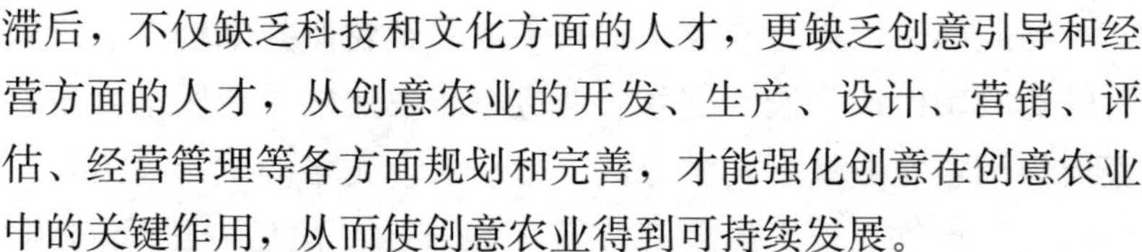

滞后，不仅缺乏科技和文化方面的人才，更缺乏创意引导和经营方面的人才，从创意农业的开发、生产、设计、营销、评估、经营管理等各方面规划和完善，才能强化创意在创意农业中的关键作用，从而使创意农业得到可持续发展。

总的来说，在我国创意农业领域，掌握宏观经济、产业格局、整合营销、品牌管理、文化开发的复合型人才数量非常少，特别是缺乏具有创意理念的高素质农民和产品品牌运作的高层次人才，也缺乏既懂得农业知识和创意设计，又了解商业运作和市场营销的专业创意团队。创意人才是创意农业的生存之本、壮大之源。因此，我国创意农业的发展尚需要培养一大批创意农业人才，才能将创意农业做大做强。

4. 创意农业科研技术支撑乏力

从世界主要发达国家推进创意农业发展的经验来看，强化创意农业的技术引领和支撑，加强创意农业的技术探索和创新是其典型做法。从国内和浙江省推进创意农业发展的实际来看，目前存在的最核心的问题是推动创意农业发展的栽培技术、装备技术、生物技术、工程技术、信息技术、加工技术等研究开发与推广应用方面的滞后。一方面，原有的支撑现代农业发展的技术大多是从高产、优质、多抗等技术研发方向出发而形成的支撑技术，这部分技术中相当一部分技术不能适应现代创意农业对新技术的需要。另一方面，由于创意农业是一种多技术综合运行支撑的新型农业业态，支撑现代农业发展的生物技术、工程技术、栽培技术、装备技术、信息技术、加工技术等没能有效进行集成和整合，也没能使原来的单一技术转化为支撑创意农业发展的复合技术和杂交技术。

与此同时，创意农业工程技术成果转化、技术推广、产业化的低效率已成为制约创意农业进一步发展的重要因素，主要表现为创意农业技术资源分散、创意农业技术的供给与需求不对称、创意农业技术推广存在着入户难的“最后一千米问题”等。新时期，传统农业技术推广体系正面临着巨大的挑战。一是创意农业技术创新体系不完备，还存在一些体制性障碍。①创意农业技术研发与推广机构作为创意农业技术创新的主体不够明确，在技术创新主体的认识上存在偏颇，过多地强调企业是农业技术创新的主体。事实上，公益性的创意农业研发和推广机构才是创意农业技术创新的主体。②创意农业技术研发机构多头管理、力量分散，整体合力形成不够。③创意农业技术研发与推广“两张皮”的现象非常突出。创意农业技术研发大多采用“立项—研究—成果—评奖—再立项”的模式，忽视了创意技术的应用，技术与生产、农民需要存在脱节现象。二是创意农业技术研发以及服务能力与创意农业发展的要求不相适应。创意农业技术研发自主创新能力还不够强，创意农业的科技支撑和引领作用尚未充分发挥。缺乏经常性的经费保障，综合配套的种养技术跟不上生产需要。农业科研院所兼具科研、转化、示范的优势，但创意农业技术转化与推广的潜能还没有有效发挥。三是现有创意农业技术研发推广人员结构和素质与推进创意农业发展的要求不相适应。创意农业技术研发推广人员结构尚需优化。综合性创意农业应用技术和示范推广人才缺乏，与创意农业的多技术杂交不能配套。

5. 创意农业资源未得到充分开发

我国物种资源丰富，拥有丰富的农业资源、旅游资源和文

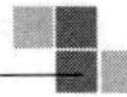

化资源，很多地区尤其是山区具有丰富多样的地形地貌和小气候条件，并具有优良的自然环境，独特的历史文化，浓郁的民族风情。这些地区具有发展特色农业的优势和潜力，能够为创意农业提供良好的产业基础和物质条件，从而起到锦上添花、相得益彰的效果。如太行山区，其气候多样、土壤肥沃为名贵中草药的生长提供了良好的环境，夏季温度在 22～26℃，适宜山区旅游。新疆以及西域古风的歌舞天赋及浓郁的北方草原民族文化共同构成了新疆神秘而充满魅力的民族风情。新疆的大沙漠、大戈壁、大山、大草原等造就了别具一格的大漠风情，令人流连忘返。神秘的历史风情、充满魅力的民族风情和独特的大漠风情构成了新疆丰富多彩的独特地域标签资源。拥有黑土文化、军垦文化、知青文化、移民文化和美丽风景的北大荒；沿海省份福建，因各种人文景观以及各色文化吸引了众多游客前往。

自然资源的多样化为农业资源的丰富多彩提供了良好的条件，同时也为发展创意农业奠定了基础。然而，不得不说的是，由于观念落后、人才匮乏，这些宝贵的创意农业资源没有得到充分的挖掘和利用。虽然这些地区生产出了一些有特色的农产品，但距创意农业还有很大的差距。

创意农业资源未得到充分开发的另外一个原因是宣传推广工作不够，不能拓展新的需求和市场。美国、日本、西班牙等国政府都在不遗余力地为创意农业进行营销推广，而我国政府在这方面做得相对较少。虽然节庆会展活动在一定程度上宣传推广了创意农业的产品和服务，但这种方式通常都有固定的举办时间，期限较短、成本偏高，而且往往是政府唱独角戏，可持续性和绩效方面均面临着挑战。此外，品牌意识薄弱以及网络宣传不到位，都使得创意农业产品的市场知名度和认可度不高（苗洁，2011）。

（二）发达国家的经验对我们的启示和借鉴

发达国家的创意农业经过10余年的发展，取得了良好的经济效益和社会效益。荷、日、德、英等国通过发展创意农业，实现了农业经济发展方式的深层次转变。在其发展过程中非常多的有价值的经验值得我们借鉴和学习。

1. 高文化品位

从发达国家的实践来看，创意农业具有高文化品位、高科技含量、高附加价值的特点，这是现代农业适应现代社会经济发展到一定阶段的必然产物，是推动农业技术的创新发展和促进农业多功能拓展的重要途径。

创意农业通过与文化、旅游等其他产业的融合，充分发掘文化内涵，突出文化品位，对传统农业进行“二次开发”，通过充分发挥文化功能，运用创意产业的思维模式探讨农业产业附加值的提高，创新和改造传统农业发展模式，依靠艺术手段和科学手段，将农业资源进行艺术化处理，使农业资源的文化内涵能够生动、形象地展示出来。具体地说，创意农业就是用创意产业的思维方式重塑农业的产业体系，拓展农业的生产、生态、旅游、文化、教育等综合功能，充分发挥历史、文学、建筑、工艺美术、园林、服装设计以及音乐、书法、绘画、雕刻（塑）、装潢等专业人员的智慧，使蕴含在农业资源中的文化潜能得以充分释放。

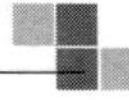

创意农业是一种新型的农业生产、经营和生活方式，是一种文化艺术含量高的农业新模式。将农业与农村的自然资源以及农民的智力资源通过创意转化为动力推动农业与农村的发展，是欧洲国家发展创意农业的共同出发点。

目前英国、德国等欧洲国家不仅将创意农业当作一种新型的生产方式，更把它当作一种充满文化内涵与创意的新型生活方式。这些国家发展创意农业的实践及成效表明，创意农业不只是一种经济活动，也是一种高度的农业文明展示。创意农业的发展目标，就是赋予了农业丰富的文化内涵与创意，使消费者从中体验感受美妙与快乐。

2. 强技术支撑

农业科技是创意农业的主要组成部分，是助推创意农业发展的动力源泉，是创意农业发展的最有利支撑。创意农产品的高附加值体现在与高科技及文化创意相结合的过程中，开发出更多新的产业领域和奇特的产品。这就要求把最高水平的农业科技新成果及时地运用到创意农业中，最大限度地发挥农业科技创新成果的作用，用不断创新的农业科技为创意农业的发展提供有力的技术支撑和智力保障。创意农业是在一定条件下，由技术、经济、文化与农业自身相交融的产物，所产生的农业创意产品是新思想、新技术、新内容的物化形式，是多学科、多知识、多文化和多种技术交叉、渗透、辐射和融合的产物。创意农业要求把农业科技创新与文化创意有机地结合起来，转化为生产力要素，助推经济发展。

为了推进创意农业发展，世界主要发达国家在技术支撑上做了大量的探索和创新，引领和支撑创意农业发展的生物技术、工程技术、栽培技术、装备技术、信息技术、加工技术等得到了深入的研究开发和推广应用。部分国家在创意农业发展的过程中引入新装备、新设施、新品种、新技术，形成了种植示范、生产示范、研发试验、检验检疫、物流配送、创意加工、文化展示、休闲旅游等多功能的创意农业，并且还形成了集引种、保种、栽种和创新技术研发、科研培训于一体的创意农业技术研发与推广体系。

最典型的国家就是荷兰，其创意农业发展模式为高科技创汇型模式。荷兰创意农业的科技含量在世界领先，其在发达的设施农业、精细农业基础上，集约生产高附加值的温室作物和园艺作物，拥有完整的创意农业生产体系。这不仅在花卉产业中完美地体现出来，在其他的农产品生产过程中同样也有较好的体现。这些产业的发展战略均以技术为中心，强调适度规模经营、高度集约化管理、发展高新技术产品、占领技术制高点。

3. 多政府参与

(1) 政府的作用

世界发达国家都十分重视和扶持创意农业的发展，它们通过立法为创意农业发展提供法制保障和优惠政策，在公共财政投入、宏观上的规划和引导、技术创新与推广、创意农业人才培养等方面起到了重要的作用。

日本大分县的“一村一品”运动作为初期的创意农业在普及和发展农村特色产品并使其品牌化方面取得了很大成效。不过，从创意农业的角度来看，它也存在很大的局限性，其大多数特色产品的创意色彩并不浓厚，大多数特色产品的外观与一

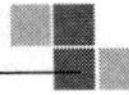

般产品并无什么差别，也没有融入文化、创意元素，而仅仅停留于普通农产品的生产阶段，通过创意带来的附加价值的大幅提升并没有得到很好体现。

然而，因日本政府在引导和促进发展创意农业方面发挥了重要作用，使得日本“一村一品”的发展保持着良好的势头。日本政府主要起倡导、人才培养、协助品牌建设与宣传、推广渠道建设的作用，这为充分发挥广大人民群众的聪明才智创造了条件，使“运动”能够持续开展下去。

创意农业发展成功的其他国家，政府均在其中扮演了重要的角色：荷兰政府对创意农业实施了一系列符合国情的宏观调控和引导：考虑到荷兰可耕地面积有限，雨量大，日照少，政府就提倡种植不需要大量日照、产量高、质量好的禾谷类作物。荷兰大部分地区是平原，政府就提倡发展畜牧业、奶业及与之有关且附加值高的园艺作物，并从政策、资金、技术等方面提供切实的便利。德国政府与农民共同商定并实施创意农业方案，其创意农业的诸多方案都是政府相关部门与农民们直接商定，并在政府部门的协助下付诸实施的（刘丽伟，2010d）。如慕尼黑郊区实施的“绿腰带项目”，其中的若干方案，如“菜园方案”、“骑术治疗项目”等都是当地的农民们在政府部门的直接帮助下开辟的创意农业项目。在处理“菜园方案”中郊区菜园需求一直远远大于供给的状况时，当地政府的直接推动措施就起到了至关重要的作用。

(2) 协会的作用

同政府一样，欧美发达国家的各类农业协会在辅助创意农业发展的过程中也起到了非常巨大的作用。行业协会作为连接农户与市场的组织对创意农业产业化发展，尤其是对产业竞争力的提高起着至关重要的作用。

国外创意农业的发展并不是一帆风顺的。比如：在英国有近千家采摘园分布在全国各地，然而，由于各个采摘园的规模不同，其宣传、推广能力也存在很大的差异。有些小型的采摘园由于自身各种因素的限制，宣传并不到位，客源达不到理想的要求，经营起来十分困难。这个问题在20世纪80年代尤为突出，很多小型的采摘园不得不关闭或转型。但是，在英国农场零售及市场协会（FARMA）介入后，通过设立信息中心，并建立了相应的官方网站，使这种情况得到了很大的改善。

长久以来，德国的慕尼黑的市民们回归自然的愿望非常强烈，对郊区菜园的需求历来很大。但是，并不是每一个郊区的农民在春季的农忙时节都有时间和精力来照顾这些城里人的菜地，因此对郊区菜园的需求一直远远大于供给。菜园园丁协会是在当地政府的倡议和协调下成立的，该协会收取会员们一定的费用，策划承担了大部分的组织工作。例如，规定有关的收费标准，管理会员，协调农民与城里人的联系，提供农用器具，出信息板报等，协会有时还会根据具体情况雇用有经验的园丁来统一管理菜园。协会的工作大大减轻了绿腰带上农民的负担，为城里人提供了享受自然、享受劳动乐趣的好机会。

类似的协会还有：美国国家乡村旅游基金会（NRTF）；西班牙的民间行业组织（ASETUR）；法国农业部和法国食品协会（SOPEXA）等。

这些协会负责项目规划、募集和发放资助以及提供宣传，其主要任务是提高休闲农业场所知名度，缓解现有旅游场所压力，鼓励休闲农业的可持续发展，推进各地的创意农业品牌建

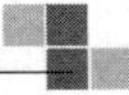

设，积极引导效益型农业生产。民间行业组织和政府保持良好合作，为推进各国创意农业的发展起到了重要作用。

4. 重生态保护

说到绿色环保，我们首先想到的是欧洲式的田园风光，那里并没有许多塑料大棚和温室，也没有大型农机具的喧闹声，是一种先进的农业和农村。很显然，除了这些外在的农业基础设施，欧洲在农业发展过程中的生态环保理念，对农业发展的绩效评判观念也提出了挑战。

国外创意农业发展实际上是以生态环境保护为基础的先进的生态经济理论的应用。建立人与自然和谐共处的生态农业，实现生态效益、社会效益、经济效益高度统一的可持续发展是国外创意农业的发展目标。这种在现代农业发展中所呈现出的独具特色的新形态，既符合时代发展的要求，也是创意农业自身特点和发展要求所决定的。随着农业生态条件不断改善，从无公害向绿色化、有机化和特色化、创意化推进，农产品为市民和游客奉献出越来越多的创意，这些产品通过将休闲、生态等功能融入高经济价值作物，提高了农产品的附加值。

因过去经济发展的目标单一导致了过度的二氧化碳排放，由此引起的气候变暖情况引起了国际社会的强烈关注。与过去经济发展的单一目标不同，创意农业强调以自然、经济、社会共同发展的多元目标取代了单一的经济目标，在发展经济的同时注重生态保护以及人的发展，提升人居幸福指数。从创意农业的生态涵养角度来看，减少化肥农药的使用，在提高能源利用效率的前提下，坚持节能的发展战略是落实低碳经济的重要举措。

生态资源有一种不可再生的绝对限制，把自然资源作为特殊的资本形式来处理，并讨论它的特征和使用，是重要的而且是必然的。因此，创意农业应尊重农业固有规律，继承传统农业精华，全面深化都市农业经济、生态、社会功能开发，发挥农业绿化、美化、净化城乡空间的资源配置作用。

（三）创意农业发展的思路

1. 强化创意农业新领域开拓

创意农业是新型现代农业发展的重要标志。发展创意农业，要以特色农产品和农业园区为核心，形成包括核心产业、支持产业、配套产业和衍生产业为一体的创意产业集群，通过把传统农业精耕细作的精华与现代科学技术融为一体，把农、林、牧、渔、游融为一体，把植物、动物、微生物融为一体，把经济效益、社会效益、生态效益融为一体，把生物技术、农艺技术与工程技术融为一体，使创意农业的产业价值产生乘数效应，从而拓展现代农业新价值空间，开辟了现代农业发展新市场方向，创新现代农业发展新业态模式。

我国部分地区已经开始了创意农业新领域的开发。如：到2015年，北京将投入1 000多亿元优化生态涵养发展区，带动社会投资占一半以上。根据北京市《关于促进生态涵养发展区协调发展的意见》，未来北京将在生态保护的前提下，大力发展生态服务型经济，加大高端产业的引进培养力度。生态涵养发展区未来产业发展有两种方向：一是大力培育总部经济及高新技术研发、后台服务、文化创意等低碳高端产业；二是积极发展富民型的旅游休闲、生态农业及环境友好的劳动密集型产业，促进产业融合化发展。同时，对于影响生态环境的资源开

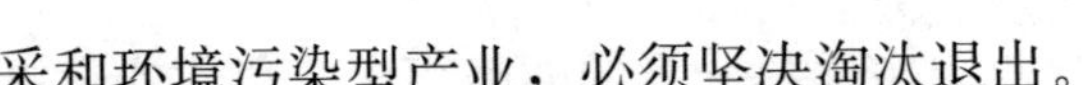

采和环境污染型产业，必须坚决淘汰退出。

在无锡和成都，均将高端产业作为创意农业的新领域。在台资密集的无锡，高端农业项目已成为台湾农业企业在长三角的投资新热点，涉及种养业、食品加工、休闲观光、农业生物技术开发应用、生态型农业等众多领域。在成都，市农委按照建设“世界现代田园城市”的理念和要求，重点围绕“田园”二字做文章，调整完善全市农业产业功能规划，盯住高端产业。

2. 加快创意农业新技术研发

(1) 新技术的研发

创意农业是进入21世纪以来我国农业发展的一种新业态，是人们有效地将科技和人文要素融入农业生产，进一步拓展农业功能、整合资源，把传统农业发展为融生产、生活、生态为一体的现代农业。而农业技术的创新发展是创意农业发展的关键。

创意农业对农业科技的依赖性更强、要求也更高。所以，我们要集中科研的优势力量，实行跨学科、跨部门的联合攻关，努力解决制约创意农业持续发展的关键性、战略性技术难题。同时，还要引进、消化和吸收国外与创意农业相关的新技术，为我所用，重点推进以研发设计为主的创意农业项目建设和创意农产品的开发。相关管理部门和科研单位，要运用创意产业的专业技术，设计开发出具有当地文化特色的创意农产品、农业文化和各种相关文化活动，拓展创意农业的内涵，创造出新的消费形式。

创意农业是高效生态农业技术路线创新的要求。根据建设创新型省份和农业产业结构优化升级的战略需求，创意农业新技术的研究应以提高自主创新能力、增强农业核心竞争能力和发展后劲为目标，以培育、提升自主创新能力为出发点，开发创意农业产、加、销各个环节的先进技术和创意农业产业技术配套和结构调整急需的关键共性新技术，研究开发创意农业产业发展的新品种、新装备、新设施、新工艺。

目前，特色产品开发技术、食品安全保障技术、生态环境保障技术、信息化综合技术、创意农业旅游景观设计技术为急需解决的关键技术。

（2）新技术的推广

实践证明，有效的农业科技进步不仅取决于技术本身的创新，更重要的是取决于有效的农业技术推广。农业技术推广是农业科学技术成果转化为现实生产力的桥梁。没有有效的农业技术推广工作，农业技术便无法真正进入生产领域并转化为现实的生产力。

然而，我国农业领域，尤其是在创意农业领域的技术推广状况很难适应创意农业发展的需要。除了我国旧体制下形成的农业技术推广体系本身存在严重问题外（如推广体系部门分割、条块分割、效率低下，推广队伍人员混杂、素质偏低），我国绝大多数从事生产的农民文化素质较低、科技意识不强、承担风险能力较弱等问题是我们农技推广工作面临的更大难题。

创意农业的高技术特征使我们必须面对并解决这些问题，而健全创意农业技术的推广体系是解决这些问题必然的途径。创意农业技术推广体系的构建可考虑以政府为主导、公共服务机构为依托、专业合作组织为基础、龙头企业为骨干、其他力

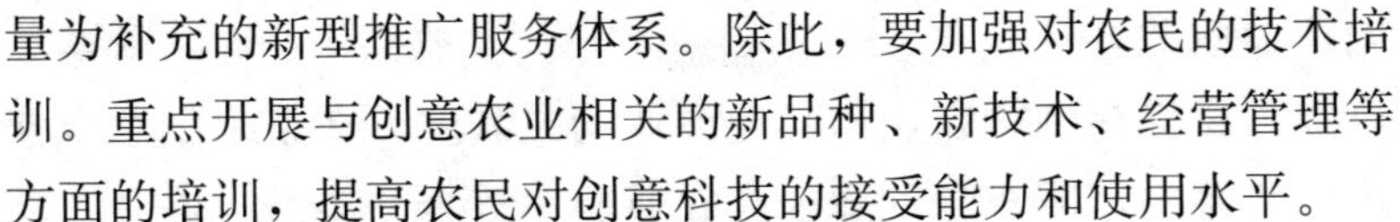

量为补充的新型推广服务体系。除此，要加强对农民的技术培训。重点开展与创意农业相关的新品种、新技术、经营管理等方面的培训，提高农民对创意科技的接受能力和使用水平。

(3) 技术人才的培育

在创意农业快速发展的情况下，由于创意农业的高智慧、高创新性，高层次创意农业人才的缺乏必将成为创意农业进一步发展的重要制约因素，因而要注意培养和引进。在未来的农民培训和农业技术人员培训进修中，要增加创意农业的内容和项目，提高农民和农业技术人员的创意意识，激发农民和农业技术人员的创意潜能。或者通过共同开发创意农业项目，通过项目的辐射带动效应，提高农民和农业技术人员的整体创意素质。除此之外，还要借助外脑，与有关的文化创意企业和研究机构合作，在合作中培养和锻炼一批创意农业骨干（厉无畏，2009）。

3. 推进创意农业新产业培育

综观世界创意农业的发展，完善的产业链起了重要作用。荷兰几乎所有的大宗出口农产品都是如此。中国的农业产业化程度普遍较低，产业链不完善，而创意农业作为产业融合性很高的产业，发达的产业链正是创意农业成功发展的必要条件。因此，应以市场需求为导向，对创意农业的核心产业、支持产业、配套产业、衍生产业进行创意设计和功能提升，结合农村的生产、生活、生态资源，将农业产品和服务产品相结合，使农业各环节连结为完整的产业链条，推动融合农业、旅游业、创意产业为一体的创意农业的发展。通过向传统产业的渗透和产业链的整合与延伸，进行深度开发，才能充分获取创意农业的产业效益。

为了提高创意农业与其他产业的关联度，在整个创意农业产业体系中，需充分发挥创意农业的“整合、渗透、提升”功能，通过“接二连三进四”，按照第四产业的战略定位，把创意农业作为一项全新的战略性新兴产业来加以培育，这样可加快农业转型升级，实现农业发展方式转变。一二三产业的互融互动，传统产业和现代产业的有效嫁接，文化与科技的紧密融合，使传统的功能单一的农业及加工食用的农产品成为了现代时尚创意产品的载体，也使创意转化成经济价值并形成规模和产业链。当有价值的创意与实际的产业真正实现融合时，才能真正使创意成果转化为产业发展的有效资源；当新形成的这些资源与传统产业相整合、相渗透，并延伸拓展，进行深度开发，就能产生乘数效应，充分获取创意农业产业的效益。

通过发展第一产业，大大带动乡村旅游，可以促进旅游接待服务等第三产业的发展。第一产业和第二产业、第三产的联动和融合，带动了产业链的延长，增加了农业的附加值，满足了游客购物的需求，进而实现了农民增收、产业增效的目标。具体来说，要促使工艺美术、培训教育、农业金融、工业科技、大众传媒、信息产业等支持产业加强与创意农业的融合和协作；促使餐饮、旅游、娱乐等配套产业适应创意农业发展的需求，为创意农业的发展提供良好的服务环境；要鼓励把创意农业成果作为要素投入到其他产业里去而衍生出的一大批衍生产业，实现创意农业的正外部性。

4. 支持创意农业新平台搭建

创意农业的发展，一方面需注重技术研发，另一方面则需

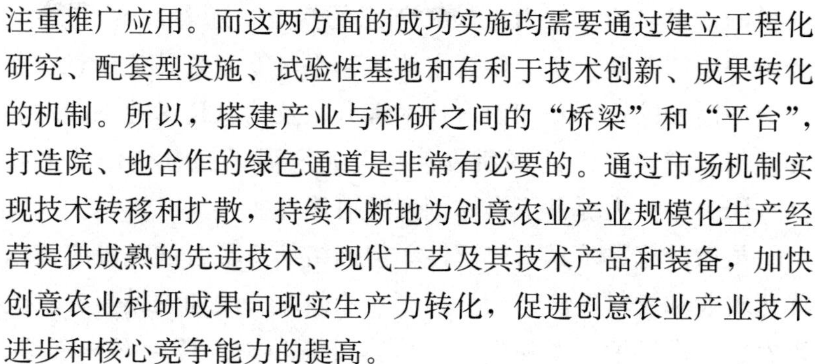

注重推广应用。而这两方面的成功实施均需要通过建立工程化研究、配套型设施、试验性基地和有利于技术创新、成果转化的机制。所以，搭建产业与科研之间的“桥梁”和“平台”，打造院、地合作的绿色通道是非常有必要的。通过市场机制实现技术转移和扩散，持续不断地为创意农业产业规模化生产经营提供成熟的先进技术、现代工艺及其技术产品和装备，加快创意农业科研成果向现实生产力转化，促进创意农业产业技术进步和核心竞争能力的提高。

（1）科研平台

农业高等院校和相关科研院所根据各地农业资源特色进行新技术和新品种引进开发、农业科技示范等，为农业的发展进行技术推广和科学培训，引导农业向科技含量高、符合市场需求、发展速度快等方向转变，对创意农业产品和项目的发展提供技术、人力支持。

目前，我国农业科研和农业经济脱节问题还没有根本解决，农业科技投入增长与农业综合生产能力稳步提高的要求不相适应，制约了我国休闲创意农业的发展。我们应鼓励各地区涉农大学或专业与农业生产实际相结合，吸引国内外著名农业科研机构落户本土，鼓励民营农业科技企业和研发机构的发展，积极构建农业科技教、学、研基地。

（2）服务平台

市场需求是创意农业发展的有效驱动力，不被市场所认可的农业创意是失败的。要提高创意农业的市场竞争力，离不开服务平台的搭建并提供各种深入的服务。

（3）信息平台

创意农业生产依赖于创意主体的灵感和创作，其发展需要大量的信息交流、智力汇聚和创意的激发。随着社会、技术、经济环境的改变，单个创意主体已经不可能完全具备创意农业发展所需要的资源和知识。技术细分以及信息技术的飞速发展和通信、交通条件的不断改善，大大增强了创意合作的必要性，同时也大大提升了合作创意的可能性。

虽然信息技术具有广泛性，但网络信息平台的建设应该以优化农业和农村经济结构、提高农业效益、增加农民收入、改善农村生态环境、增强农产品国内外竞争力、整合网络资源、发布创意农业信息、实现网络设计买卖、进行网络创意商品交易为目标。我们可以通过信息库、数据库、专家库构建一个融宽带网、移动网、电视网为一体的综合信息服务平台，以此推进创意农业的发展。

通过网络平台，进行创意农业宣传推广是信息平台的另外一个重要的功能。一方面可加强对创意农业发展成果的推广展示，另一方面则通过网络对各级领导干部进行创意农业相关知识的培训，提高其对创意农业发展的领导水平，使各层人士普遍提高对发展创意农业的认识，在不同层面形成重视创意农业、大力扶持创意农业发展的社会导向和社会风气，为其发展营造良好的氛围。通过网络平台，我们还可以实现专家和农户的对接。利用信息技术推广现代农业，解决在现实中一方面专家有知识，一方面农民缺知识，但二者沟通不畅的状况；通过网络平台，组成中国东西部创意产业园区协作联盟，加强东西部各创意产业园区信息交流和资源协作，合作开展创意农业产业和产业园区建设理念的研究，这将会极大促进我国创意农业的发展。

（4）交易平台

电子网络交易平台不仅提供了一个地区的特色农产品的供

求信息，而且也把该地区创意农业的特色产品和服务一同放在交易服务平台。这样，交易平台不仅向市场上提供该地区特色农产品的供求状况，解决该地区创意农产品的销售问题；而且也将该地区具有特色创意农业服务项目呈现到广大同行和消费者的面前，起到加强与外地相关创意农业产业化发展项目的沟通作用，实现调剂余缺，共同发展。

对于农产品交易来说，交易平台需充分利用现有的电子网络资源，构建全国性的创意农产品市场信息发布平台，及时向农户发布国际、国内主要农产品市场的供求信息，进出口农产品品种、数量、价格、质量标准、国别等有关情况；构建创意农产品国际贸易信息收集网络，支持大宗优势创意农产品及其加工企业出口，为开拓国际市场提供高效便捷的服务。

通过大力发展创意农业的交易平台，还可为人民群众提供丰富的创意产品，不断满足其多样化、高层次的精神文化需求，使之成为提高人民群众的经济生活品质、文化生活品质、社会生活品质、环境生活品质的有效载体平台。

(5) 融资平台

根据《2009中国创意产业高成长企业发展报告》，国内创意产业的规模都较小，24.17%的资金来源靠自有和银行，采取其他融资方式的企业非常少，农业创意企业的融资规模就更少了。要使创意农业在我国得到快速的发展，就应该建立一个由政府出台相关扶持政策，指定相关银行如邮政储蓄、商业银行等金融机构提供创意农业企业融资的绿色通道，积极鼓励农村信用社、小额农业贷款机构、农业合作银行等“农字头”的金融机构业务下沉，真正从投融资体系上支持创意农业的发展。这种政府引导、政策支持、市场激励的方式，可加快创意农业发展的资本市场建设，并能够快速激活资金、筹集多方创意农业资本，尽最大可能消除创意农业企业和项目做大做强的障碍。

除了在融资方面对创意农业有所支撑外，培育骨干企业和战略投资者也是形成融资平台的关键。选择有一定规模与实力的创意企业，吸引农业科技企业组建创意农业投资有限公司，建设创意农业投融资平台，为中小创意农业企业的投融资咨询、项目评估、知识产权、品牌构建、策划及运营管理等方面提供专业服务。国外在这方面也非常注重，荷兰的创意产业以中小企业为主，这些企业在发展中往往会面临资金短缺、研发投入不足等问题。因此，荷兰一些商业机构也积极支持那些有创新能力的个人或企业，为其提供发展所需的资金[①]（王小聪，2008）。

(6) 中介平台

中介平台是一种典型的公共服务平台建设，它是指建立完善产业、质量、消费者协会和其他专业协会及质量认证、创新服务、检验检测等社会中介服务组织。中介平台应积极为企业提供品牌推介、法律服务、信息咨询、商标代理，以及融资担保、技术服务、资产评估、打假维权、产权交易、会计审计等各方面服务。搭建创意产品品牌网站、创意专家团、文化创意农业品牌协会、研究会、促进中心等文化创意农业建设的服务平台，为不同地区创意农业的发展献计献策，起到强力推进文化创意农业建设与发展的作用。

---

① 王小聪．荷兰大力推进创意产业发展［OL］．http：//finance.jrj.com.cn/2008/08/2810091763800.shtml.

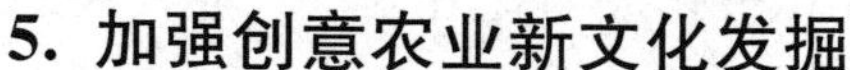

5. 加强创意农业新文化发掘

在创意农业发展中既要关注农业科技硬实力，更要关注农业文化软实力；既要修复自然生态，更要修复人文生态。在现代农业发展中加快文化创意产业发掘，使第一产业的农业具备第三产业的性质，是适应经济社会发展到一定程度后文化创意时代到来的需要。创意农业的区域特色就在于结合当地的文化特色、发挥创意、整合农村的“三生”（生产、生活、生态）资源，构建起较完善的产业系统，从而促进“三农”的发展。

目前英国、德国等欧洲国家创意农业发展势头非常好，这是因为他们不仅将创意农业当作一种新型生产方式，更把它当作一种充满文化内涵与创意的新型生活方式。借鉴国外的经验，虽然我国各地区的创意农业在这方面的各环节进行尝试，开发者也逐渐开始了融传统文化于农业之中并取得了较多的成绩，如：中国剪纸这门古老的民间艺术就被运用到苹果生产上，生产者们生产出带有“福”“寿”等吉祥字样图形的艺术苹果；利用农村自然资源麦秆，借鉴国画、贴画等多种中国传统绘画方法，辅之以熏、蒸、烫、漂等传统工艺，加工制作成一幅幅精美的麦秸画等，但在打造并提升农业文化软实力方面做得远远不够。

我国各地区均具有特色的文化资源，农业物质、精神消费的市场非常广阔。以浙江来说，其具有深厚的稻作文化、蚕桑文化、茶文化、柑橘文化和竹文化资源，目前建成的一批农业科技园区、森林公园和森林自然保护区、水利风景区和海岛旅游区已成为发展农业文化创意产业的资源优势和条件，这些丰富的资源亟待我们深度开发。

在创意农业发展中要积极拓展与提升创意农业发展的外延和内涵，一方面把发展挖掘和整理农业文化作为创意农业发展的重要内容，另一方面，要积极创造新时期的新农业文化，科学制定发展规划，加大政策扶持力度，建设强大的农业文化产业体系。具体来说，应以主题创意为切入点，深度挖掘，增加创意元素，开发主题产品，发掘特色资源的文化价值，形成创意农业的核心产品。通过挖掘生态文化资源的独特性，将农业资源、生态资源与休闲养生需求相结合，创造浪漫生活模式，培育休闲典型，打造绿色国际休闲品牌。

6. 促进创意农业新源泉涌出

创意农业的建设与发展，在注重技术研发、推广应用的同时，需加强创意农业的软科学研究，通过创意设计、顶层设计、政策设计，提出现代农业发展的新战略、新理念、新知识、新思路，为又好又快地推进创意农业发展、率先实现农业现代化提供新的理论指导、路径指向、管理指南、政策指针。

(1) 构建创意机制

一方面，构建多元的创意农业组织，成立由农业、工业、信息、文化、创意产业等相关部门和单位组成的综合协调机构，着手开展创意农业资源调查，起草制定创意农业发展战略、发展规划和相关的政策措施，为创意农业产业发展提供空间和物质条件，吸引更多的资本投入。另一方面，组建专业的创意农业研究机构。建议在农业科学院及相关科研院校现有关专业、研究所和专业人员的基础上，成立创意农业研究所，专门开展创意农业的有关理论研究，同时还需结合各省文化、旅游等部门，开展实践应用研究。

(2) 成立创意协会

以与创意农业的相关单位（如：农业科学院、美术学院、文化厅、省旅游局）为理事单位成立创意协会，并要定期举办国内外有影响力的创意农业会议、论坛，充分发挥推动全省创意农业发展的组织协调作用。此外，创意协会还应整合各方各行业资源，为各省发展创意农业提供有效的信息、咨询、孵化、中介、推广等服务。

(3) 培养创意团队

创意农业是将文化与创意二者紧密相连、使其互相作用并产生更多的经济效益和社会效益。因此，大力培植农业创意开发的专业团队，是发展创意农业的工作重点。创意团队从项目策划、价值分析、市场定位、设计建造、招商营运方面，为创意农业的发展提供智力支撑。运用创意产业的专业技术，开发具有丰富文化内涵的体验农业产品。同时善用农村的文化资源，对之进行深耕细作式的发掘，不断拓展创意农业，形成一个创意涌现的都市型现代农业格局。

(4) 推进资源深度转化

创意农业是资源深度转化的过程，需要构建创意农业的资源保障体系。这主要从三个方面展开：第一是促使人的创造力成为农业经济增长的主导要素，使创意农业资源的内涵和外延得到更深刻和广泛的拓展；第二是促进传统农业文化资源的综合开发利用，即通过创意，将各种自然资源和人文资源、有形和无形的资源有效地转化为农业、农村经济发展的资本，同时促进各类资本（经济的、文化的和社会的）之间的相互转化，更多地依靠文化资本和社会资本等软性要素的驱动来实现农业农村经济发展方式的转变；第三是通过无中生有和有中生优开发新的农业资源，用无限的创意突破有限的自然资源约束，促进农业农村经济增长向“软”驱动方式转变。

(四) 国内创意农业发展的趋势

20 世纪 90 年代我国的创意农业开始发展。到 21 世纪初，创意农业发展呈现以下主要特点；首先从单一观光型农业向休闲、教育、体验型农业发展；其次，从自发发展逐步向规范化发展转变；再次，创意农业的发展考虑到了新农村建设的总体规划，密切地与农村产业结构调整、新村建设与整治、生态环境改善等各项工作的开展相结合。总的来说，创意农业在我国得到了良好的发展。在未来，我国创意农业发展的方向主要表现在以下几个方面：

1. 社区支持型农业

社区支持型农业（CSA）又称为市民农园，如前文所述，其概念源于 20 世纪 70 年代瑞士，并在日本得到最初的发展。市民农园是利用城市地区或近郊区之农地、规划成小块出租给市民收取租金，承租市民可在农地上种花、草、蔬菜、果树等。需要强调的是：承租者在种植过程中，绝对禁用矿物肥料和化学保护剂。市民农园让市民享受耕种与体验田园生活以及接近大自然的乐趣，其主旨是专向为市民提供体验农家生活的机会，使久居都市的市民享受田园之乐。

市民农园以生产、生活及生态三生一体为特征，其经营方式也由生产导向转向以农业耕作体验与休闲度假为主。现在，

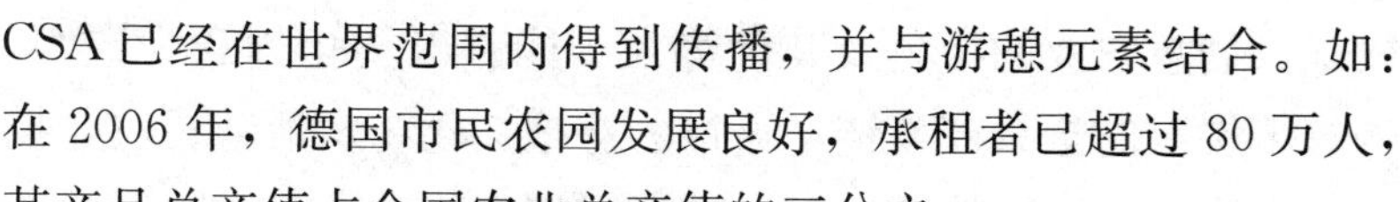

CSA已经在世界范围内得到传播，并与游憩元素结合。如：在2006年，德国市民农园发展良好，承租者已超过80万人，其产品总产值占全国农业总产值的三分之一。

若是用方程式来表示市民农园，就是“食物生产者＋食物消费者＋每年的互相承诺＝社区支持型农业和无限永续的契机”。近年来，社区支持型农业（CSA）不仅在生态农法上，也在农粮危机、回农青年的议题上被广泛讨论着。因市民农园中的农业生产不是以完全利益作为出发点，所以更值得信任与扶持。

2. 全景产业链价值体系农业

全景产业价值体系的创意农业发展模式是指通过农业知识产权（商标、专利、品牌等）的反复交易，形成不同层次的产业体系，带动相关产业和整个区域的发展。全景产业链价值体系包括核心产业、支持产业、配套产业和衍生产业四个层次的产业群。其中核心产业是指以特色农产品和园区为载体的农业生产和文化创意活动；支持产业是直接支持创意农产品的研发、生长、产品的加工，以及推介和促销这些产品的企业群，如科研机构、种源公司、现代农业设施、各类文化艺术活动（如会展、动漫、表演等）的策划企业、加工厂，以及金融、媒体、广告等企业；配套产业则是为创意农业提供良好环境和氛围的企业群，如旅游、餐饮、酒吧、娱乐、培训等；衍生产业则是以特色农产品和文化创意成果为投入要素的其他企业群，如玩具、文具、服装、服饰、箱包、食品、纪念品等生产企业（刘珂，2011）。

相对于现代农业“研发、生产、加工和销售”的产业发展模式，创意农业的特色及其优势在于能够以文化创意为核心，构筑多层次的全景产业链，通过创意把文化艺术活动、农业技术、农副产品和农耕活动以及市场需求有机结合起来，形成彼此良性互动的产业价值体系，为农业和农村的发展开辟全新的空间，并实现产业价值的最大化。事实上，创意农业已经跳出了传统农业生产的范畴，是一个产业体系。目前我国大城市郊区有不少特色农业园区，也拓展了观光农业、休闲农业等功能，但仅仅停留在农业生产过程的一些采摘、观赏、休闲等活动上是不够的，真正的第一、二、三产业融合互动的产业体系尚未形成，农业生产活动和科技创新、文化创意的综合效能未得到有效发挥（厉无畏，2009）。

3. 深度体验农业

由于时代的转变，近年来市场的发展已经由差异化服务经济进入到体验经济。若从企业的角度来说，所谓“体验”，就是以企业为舞台、以商品为道具，环绕着消费者，创造出值得消费者回忆的活动。这其中商品是有形的，服务是无形的，而创造出的体验是令人难忘的。乡村深度体验是消费者针对农业特有的“三生”（生产、生活、生态），借助“六觉”（视觉、嗅觉、味觉、听觉、触觉及感觉），对农业生产技术、农村生活体验、农业生态景观及农村地方文化特色形成的自身感受或情绪，对于每位消费者而言，每种体验都是独一无二的经历。

当前，乡村长宿休闲是发展较为迅速的一种深度体验农业类型。这种休闲方式是参与者没有移民或永久居住的打算，而在异地以自有或租借的形式居住大约数个月份，以与当地居民进行交流互动、参与居住小区规划设计，体验医疗、养生、保健之相关设施与服务为主要活动，以接触当地的生活空间、体验当地居民的生活模式为主要目标。另外，乡村长宿休闲者亦非在当地置产、就业或从事其他有偿活动，其基本生活需求或其他层次的需求皆以居住地存放的退休金或其他渠道的经济资源来满足。

简言之，乡村长宿休闲是一种居住时间比一般观光旅游长，参与者多在当地租屋居住或长期保有居住设施，而非观光饭店、民宿等短暂停留的模式，亦即，乡村长宿休闲者是以日常休闲活动为目的，而非单纯走访各处旅游景点，其身份是“生活者”而非“旅行者”，其又与“迁移者”的性质不同，是一种具有旅游休闲和迁移居住的部分特色的活动（石向荣，2012）。

4. 品牌农业

在大众消费中，品牌的认知度、地方性产品的口碑是尤其关键的。创意农业不仅追求有广泛的消费者，而且在乎消费者的满意度和再次购买率。所以，具有自主创新能力，以特色化的品牌效应才能争取持续发展。品牌化发展有利于创意农业企业的竞争力更胜一筹。因此，加强创意农产品品牌建设，加大创意农业品牌保护力度，是顺应市场对农产品专业化、多样化、优质化的需求，也是提高创意农业产品的市场知名度和认可度的关键（张若琳，2012）。

品牌是富含文化价值的商誉。较传统农业而言，农业做品牌、创品牌本身就是一种创意。近年来，我国农业品牌战方兴未艾，“区域品牌＋企业品牌”的模式也取得了巨大成功，并被全国各地推广。

虽然我国的部分农产品或创意农业的品牌在国内外较为知名，但这仅仅是一小部分，许多企业还过度依赖他人的品牌，品牌意识薄弱。在产品宣传方面，大多数企业仍以产品功能宣传为主体，没有进入更高层次的服务与行政竞争范畴。因此，从整体上看，我国与世界上的一些发达国家相比，创意农产品的技术含量和附加值有待进一步提高，不少农产品品牌的国内市场知名度和认可度不高，缺少国际影响力强的驰名商标、著名商标品牌和高新技术产品品牌，这使得农产品价格竞争力仍有一定的差距，创意农产品的优质优价难以充分体现（石向荣，2012）。

今后创意农业的发展应实施品牌战略，完善创意农业品牌保护机制。努力把品牌知识、品牌经营作为企业家和农民培训的重要内容，鼓励大专院校、科研机构组织开展创意农业品牌知识、品牌经营等相关法律法规方面的培训，提高企业创牌能力和创意水平，使创意农业的发展经营形成质的飞跃。

第九章 推进创意农业发展的对策建议

创意农业作为一种新型发展模式，它借助创意产业的思维逻辑和发展理念，以农村的生产、生活、生态资源为依托，通过创意设计和资源整合，将精致农业、品牌农业、生态农业、旅游农业、休闲农业等现代农业有效连接起来，融为一体，将科技和人文要素融入农业产业全过程，进一步拓展农业功能、赋予农业丰富的文化内涵和艺术美感，培育出具有特色的创意农产品、农业文化、农业活动和农业景观，使消费者从中体验感受美妙与快乐，并使其联结为完整的产业链条，形成彼此良性互动的产业价值体系，不断满足城市居民日益增长的消费需求，实现农业新发展的创新模式。发展创意农业意义重大，不仅能有效推动农业生产力的提升，而且能有效提高农业附加值、提高农民收入和推动城乡一体化发展。创意农业是经营模式和发展模式的创新，可以充分调动广大农民的积极性、主动性、创造性，大力培育农产品附加值文化，改善农村生活方式，改善农村生态环境，统筹城乡产业发展，不断发展农村社会生产力，达到农业增产、农民增收、农村繁荣，推动农村经济社会全面发展的目标。创意农业产业的发展，不仅需要政府管理部门有明确的产业发展定位，也需要现代农业科技的强大支撑、现代新型农业主体的生产经营和多元化投资资本的积极参与，也离不开一系列优惠政策的引导和保障。

（一）科学定位产业，树立新兴的产业发展创新理念

创意农业是新兴科技和农业的深度结合，可以推动新的农业革命，既代表着农业科技创新的方向，也代表着现代农业发展的方向，考虑到创意农业发展的这些重要战略意义和战略地位，政府应站在一个全新的高度来认识、建设和推进创意农业发展。

一是创新定位，明确职责。从我们在调研中所了解和掌握的情况来看，可以考虑把创意农业定位于农业战略性新兴产业，按照这一产业发展定位来加以扶持培育，并纳入到文化创意产业发展大计和政府主管部门的重要工作计划中，列入政府相关部门的新兴产业推进工作的职能范围。各级政府和各有关部门要按照农业战略性新兴产业的培育方向，加大对创意农业发展的资金支持力度和政策扶持力度，现有基本建设和财政资金项目要向创意农业领域倾斜。要将创意农业的公共基础设施建设，纳入当地基础设施建设计划予以支持。各级政府要逐步建立创意农业发展基金，专项支持创意农业的规划制订、基础设施建设、宣传推介和产业促进等工作。

二是创新理念，提高认识。各级政府及相关职能主管部门，产业发展从业人员及相关经营主体都要转变观念，树立发展创意农业的基本理念。树立强调释放农村文化生产力，弘扬

农村本土文化，结合本地农业农村的实际情况，进一步全面挖掘农业的潜能，把科技、文化、产业、市场和生态环境有机结合起来，创新农业新型业态，实现农村一、二、三产的协同发展。要充分认识到发展创意农业是深入发展现代农业的需要，是特色产业再开发的需要，是农民增收的需要，是扩大农业就业空间的需要，是提高农业竞争力的需要。要把发展创意产业作为转变经济发展方式、调整优化产业结构、促进农业转型升级的重要举措。

三是加强领导，专人负责。要从组织和领导层面加强对创意农业的统筹推进力度，各级各地可以成立创意农业发展的专门管理职能机构或者领导小组，统筹规划，科学谋划，稳步推进，取得成效。进一步挖掘农业潜能，把文化、科技、产业、市场和生态有机结合起来，创新农业生态，拓展新的发展空间，深入发挥创意农业在农业资源优化再生、农民增收和农业增效、社会主义新农村建设、乡村旅游、农村文化建设和农民素质提高等方面的促进推动作用。

四是加强宣传，营造氛围。加强宣传，让创意农业理念深入人心。创意农业是一个新生事物，需要宣传推广，让全社会认识接受。各级宣传、农业、旅游、文化等部门要进一步提高对创意农业宣传工作重要性的认识，要结合实际，通过电视、报纸、会议、网络、展会等各种宣传手段，大力宣传创意农业的地位和作用，让全社会直观感觉到创意农业的魅力，以及给人们经济、社会、文化生活带来的巨大变化。各宣传部门要加强交流和合作，形成合力，产生共鸣，壮大声势，逐步形成创意农业宣传工作协同互动、优势互补的良好局面。要把创意农业宣传工作作为推动农业农村经济工作的有力抓手、作为重要工作议题经常研究和部署，在政策上大力支持、投入上切实保障。要进一步建立和完善创意农业宣传机制，加强创意农业宣传队伍建设，切实保障创意农业宣传经费，不断提高创意农业宣传的质量和水平，让创意农业有一个良好的发展基础，形成全社会关心支持创意农业发展的良好氛围。比如举办创意农业发布会、主办农产品创意、农业投入品创意、农业生产过程创意等内容的农业创意大赛，推动创意农业农产品与消费市场有效对接的同时，增进社会对创意农业更多的了解和认识。

五是重视规划，统筹发展。重视规划，引导创意农业产业统筹科学发展。产业发展，规划先行，以规划带动和引领创意农业项目的发展，明确发展的目标定位、重点领域和保障措施，注重与现代农业规划等其他规划相衔接，合理配置资源，尽可能地避免盲目发展。相关部门应组织有关专家和职能部门，做好整体规划和项目的具体策划，明确创意农业的发展方向、优势区域和重点开发领域，制定年度实施行动计划，做到有组织保障、有计划导向、有优先领域、有重点项目、有资金保障。采取政府引导、市场运作方式，整合社会资源，搭配相关产业链，促进创意农业的发展。同时要认真落实规划，确保规划的严肃性和稳定性。积极进行试点示范，切实发挥示范导向作用，取得经验后稳步推进。

（二）注重科技创新，构建完备的产业技术支撑体系

科技是第一生产力，创意农业的发展离不开科技的有力支

持。要不断鼓励科技创新，为创意农业提供科技支撑。实施科技创新，要加大科研经费的投入，注重引进先进的生产工艺和管理经验，提高管理水平及产品的技术含量，加大对科研成果的保护力度，制定切实有效的知识产权保护制度，提高科技人员的积极性，更多地把科技应用于生产实践，使科技成为农业创意的有力依托和支撑。

一是要构建创意农业的全产业链体系。创意农业产业是由核心产业、支持产业、配套产业和衍生产业等组成的集聚产业。以农业科技为先导的核心产业，必须加大支持力度，以实现快速发展；以工艺美术、培训教育、农业金融、工业科技、大众传媒、信息产业等为主的支持产业，要创新模式，推动并加强与农业的融合；餐饮、旅游、娱乐等为主的配套产业，要以创意农业的发展需求为前提，为创意农业的发展提供良好的服务环境；同时把创意农业成果作为要素投入到其他产业里去而衍生出的一大批衍生产业，提升和扩展创意农业成果价值。

二是创建创意农业技术研发与孵化工程中心。围绕都市农业、循环农业、数字农业、设施农业、休闲农业、加工农业等重点领域，以粮食油料、设施园艺、观赏动植物、农业文化创意、农业信息智能等为主战场，以创意农业的技术研发和创新为主要任务，重点体现创意规划设计、创意文化发掘、创新技术研发、创意产品生产示范、创意成果集成组装等方面的内容。以培育、提升自主创新能力为出发点，对创意农业发展中的关键环节和重点领域的相关重要技术进行攻关突破、系统研究、集成创新、组装配套、实验试验、推广应用，破解创意农业发展的技术难题，满足创意农业发展对新技术、新品种的新需求，引领创意农业发展方向与路径，推动创意农业集聚发展、创新发展、科学发，把创意农业打造成为“朝阳产业”。

三是搭建创意农业科技成果转化应用平台。强化产学研结合，推动农业技术成果的集成创新和转化应用，利用政府农业科技项目引导作用，实施创意农业科技示范工程，有效提升科技支撑创意农业发展水平。比如建设创意农业试验示范区，发挥其典型示范辐射作用。选择基础条件好、创意创新意识强、创意成效比较显著的现代农业园区，作为创意农业发展的试验示范区，开展创意农业成果展示交易、创意人才培训、创意农业发展经验交流等，做好典型示范和经验推广工作。

四是优化科技强农的体制机制。从我国人多地少，资源瓶颈制约突出的实际出发，必须更加重视发挥科技是创意农业第一生产力的作用，加大创意农业的科技支撑力，为品质型的高效生态现代创意农业提供强大的科技支撑，大力推进创意农业标准化、品牌化、多功能化。要把粮食生产功能区与现代农业园区“两区”建设这一载体与新型农业主体培育、科技兴农紧密结合起来，把体制创新、科技创造、文化创意、生态创优与能人创业紧密结合起来，把农作制度创新、农业标准化生产、农业多功能拓展与农业品牌化营销紧密结合起来，全面打造高效益、全产业链、高品质、高创意的现代农业产业体系。各级政府要切实增强对科技的投入，同时还要充分发挥社会支农组织作用和助农资金的作用，加大对农技推广基金的支持力度，增加省、市、县财政的引导资金，鼓励更多的企业和社会资金来支持创意农业发展及农技推广事业。

（三）加强主体建设，构建多层次新型主体培育体系

培育新型农业经营主体，是转变农业发展方式，提高农业综合效益和市场竞争力的迫切需要。创意农业作为新时代的新兴产业，需要更多、更强、更具活力的新型农业经营主体。

一是成立专业机构，塑造专业人才。成立专业的创意农业研究机构或创意农业研究团队，努力塑造一支高素质、多层次、大规模的创意人才队伍，专业开展创意农业的有关理论研究，加强与文化、旅游等部门的合作，开展创意农业的实践应用研究。或与境内外有关农业科技、文化创意的企业和研究机构合，鼓励农业企业培养、引进和聘请创意经营、技术创新等方面的高级人才，从项目策划、价值分析、市场定位、设计建造、招商营运方面，为创意农业的发展提供智力支撑。

二是创新培训机制，提高农民素质。创意农业的远期目标是走入千家万户，提高农业附加值，成为农民增收新的渠道。尤其是对专业种养大户和现代职业农民进行创意农业知识培训，重点对规模家庭农场进行创意农业开发与培训。立足提升传统农民，引入新型农民，着力培育一批创意农业骨干农民，推动创意农业经营主体职业化，大力吸引高等院校、中等职业学校毕业生以及农业科技人员从事创意农业。同时还要大力培育新型职业农民和创意农业经营主体，营造争做最美农民的良好社会氛围。要大力发展以培养家庭农场主、农业企业经理和农民专业合作社社长为主的农业中高等职业教育，要积极推进农业经营体制的创新，构建集约化家庭经营与产业化合作经营

相结合的新型双层经营体制。

三是大力培育创意农业产业化龙头企业。现代农业企业已经具备品牌营销、资本运作、产业延伸等能力，着力培育一批创意农业龙头企业，切实起到带动作用。鼓励有条件的农业产业化龙头企业大力推进创意农业实践，鼓励有条件的农业产业化龙头企业和农民专业合作社等申报创意农业品牌，在提高产品质量的同时，大力提高产品的文化附加值。

（四）创新金融制度，构建多元化产业投融资体系

创意农业的产业化、科技创新及各种环境建设都离不开资金的支持，而单纯依靠政府资金的投入，完全不能满足行业发展的需要。只有真正建立有效的投融资体系，解决创意农业经济发展资金投入问题，才能为其健康发展铺平道路。大力推进金融制度的创新，坚持“政府引导、市场运作、合理布局、竞争合作”的原则，促进创意农业多元化投入体系的完善，建立多元化的新型投融资机制，实现投融资主体多元化、融资方式多元化，解决创意农业发展中的资金瓶颈问题，为创意农业的发展提供资金保障。探索建立以财政投入为导向、社会投入为主体、金融资本为依托的多元化创意农业投入机制，形成多种经济成分共同发展的创意农业产业格局。

一是财政倾向，大力扶持。引导财政扶持资金向产业关联度大、带动能力强、与农民联系紧密、有较强市场竞争力的创意农业项目倾斜。政府可以通过设立创意农业发展专项资金，采取贷款贴息、项目补贴、政府重点采购和后期奖励等方式，

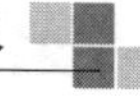

对符合政府重点支持方向的产品、服务和项目予以扶持。按照突出重点、形成亮点、兼顾一般、推动全局的原则，用足用好专项资金，培育一批产业关联度大，带动能力强，与农民联系紧密，有较强市场竞争力的创意农业项目，确保做大规模，做出效益。

二是社会资本，积极引导。要积极鼓励社会资金投资创意农业，大力开展招商引资，建立多层次、多渠道、多元化的创意农业投资体系；充分利用民间资金充裕的优势，按照“谁投资、谁经营、谁受益”的原则，鼓励不同经济成分和各类投资主体，以独资、合资、承包、股份制、股份合作制等形式参与农业优势产业产业化开发，使工商企业、民营企业等社会力量成为创意农业产业的产业化开发的投资主体。同时，积极创造良好的投资环境，积极开展招商引资，鼓励外来资本投资创意农业及延伸产业。鼓励民营企业和民间资本投资发展创意农业的基础设施、公用事业、金融服务等领域。研究制定相关的土地、税收、信贷等方面的激励政策，鼓励民营企业投资创意农业新领域，引导民间资本向创意农业产业集聚。

三是金融支持，鼓励创新。争取多种金融组织的信贷支持，建立便捷的创意农业发展信贷担保机制，充分利用农村小额贷款，为创意农业发展融资提供金融支持，有条件的区县可以建立创意农业风险基金。要加快创意农业发展的资本市场建设，建立多元化创意农业投入机制，重点发挥农村信用社、小额农业担保公司、农业发展银行等农字头金融机构信贷作用，同时鼓励民营资本、创投资金加入，并推动创意农业重点企业上市融资。

四是招商引资，协同推进。要把创意农业的招商引资作为极为重要的发展动力机制，以创意农业试验基地高起点的建设、创新性的功能定位和最优惠的政策来吸引全国的企业从事创意农业的创业、创新、创富。在创意农业发展实验与试验区中，要按照试验区内不同功能区板块的发展建设规划，有方向、有计划地进行高水平的招商引资，要通过特殊的方法手段来吸引行业中具有龙头地位和标杆性质的大央企、大外企、大民企来投资建设创意农业，可以让他们按照产城融合的思路，进行现代农业综合体、创意农业产业园区、创新农业实验与试验基地的产城综合体、农业综合体的连片开发、整体开发、一级开发。

（五）出台优惠政策，构建配套发展的支撑保障体系

作为定位为农业战略性新兴产业的创意农业的发展离不开政府政策的支持和保护，这些政策包括产业政策、财政政策、知识产权政策、用地政策、保险制度、土地流转政策及相关的法律法规等。制定完善扶持新兴产业的一系列政策，构建创意农业新兴产业发展政策保障体系，有利于扶持和引导创意农业更快更好地发展。

一是完善法律法规，优化法治环境。从发达国家建设创意农业的实践来看，创意农业是特别需要法律给予保护、支持和促进的新兴产业和基础产业。要进一步优化法治环境，加大以法护农的力度。要从法律层面上对社会主义市场经济条件下的创意农业给予特别的保护和保障，使弱质的农业和弱势的农民也能够获得很好的发展和很好的收益。一方面，要切实抓好现

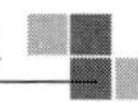

有的保护农业、支持农业的各项法律法规的贯彻落实，做到有法必依、违法必究；另一方面，要根据创意农业发展和农业现代化的新要求，对一些不适应的农业法律条款作出修改，并抓紧制定地方性的，新的护农法规。重点是要从促进土地流转、农业规模经营和现代农业经营主体培育方面，从推进农业产业结构战略性调整、培育农业主导产业和新兴产业方面，从促进创意农业技术进步和科教兴农方面，从促进创意农业标准化生产和农产品质量安全体系建设方面，从促进创意农业投融资、保险事业等发展方面，从促进农业资源开发利用、有效保护和可持续发展方面，从促进农业投入保障方面，制定促进设施农业、循环农业、有机农业、休闲农业发展的法规条例。通过这些条例的制定，促进这些创意农业这一新兴农业业态的发展。

二是完善配套政策，优化政策环境。各级政府都要从农业（包括创意农业）是公共性特别强的“安天下，保民生”的基础产业的认识出发，进一步强化以工促农，以城带乡的政策导向和公共财政扶农的力度。要进一步优化政策环境，强化政府的政策力度。要从扶持战略性新兴产业的认识层面出发去制定相关的产业政策，尽快出台发展创意农业的指导意见，明确创意农业的概念、内涵与范畴，提出创意农业发展目标与发展途径，重点鼓励和支持的创意农业类型，以及具体的鼓励措施。把创意农业列入战略性新兴产业来培育，相应的就需要与之适应的产业政策来保驾护航，用产业政策来确定产业发展定位、发展方向，起到明显的导向作用。要建立促进创意农业经济发展的专门管理、服务机构，推动成立创意农业经济方面的行业组织，为创意农业经济发展提供全方位的管理和服务。根据地区的资源、资金、技术力量等情况和经济发展的要求，研究提出产业指导目录及措施，引导创意农业发展，为提升农业综合竞争力起到积极作用。

三是出台特殊举措，加大培育支持。一方面，各级政府要把建立完善普惠性、全覆盖、多功能的农业政策性保险制度作为化解创意农业发展风险的战略性举措。另一方面，要出台相关支持政策，鼓励农村发展创意农业，鼓励各级各类人才、企业参与创意农业的创造活动中去。比如在财政、税收、土地、筹资、培训引导、项目审批等方面，支持和促进创意农业项目的内外资引进与开发建设；支持传统农业进行产业转型改造，鼓励农村发展创意农业，应享受高效农业的有关税收优惠政策，争取政府及各有关部门重视支持、加大投资力度，为创意农业的进一步发展，打下良好的基础；要完善相关用地政策、土地流转政策，为创意农业经济的规模化发展提供土地空间。要完善对创意农业园区财税政策支持，制定创意农业经济开发优惠政策。

四是强化市场建设，发展要素市场。要按照市场化、国际化、新型工业化和新型城镇化的深入推进要求，把进一步加快农产品市场体系建设和生产要素市场化进程作为培育创意农业的重要服务型工程，要注重提升农产品市场建设的水平，大力发展农产品，特别是创意农业产品的批发、拍卖、期货、物流等现代流通业态，积极培育土地、资本、信贷、技术、人才等创意农业发展的要素市场。大力鼓励发展创意农业专业合作社和组建创意农业合作社联盟，创意农产品行业协会，提高创意农业的产业化与组织化水平，鼓励和组织工商企业投资创意农业这一农业新兴战略性产业，增强创意农业市场竞争力。要加快实施农业“走出去”战略，加强创意农业的跨省区、跨部门

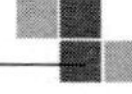

的横向与纵向合作，鼓励农业龙头企业和有实力的专业合作社到国外建立创意农业发展基地，开拓创意农业国际市场，培育一批竞争力强、外向度高的经营创意农业的现代农业龙头企业和标准化创意农产品出口基地。

五是积极创建品牌，强化产权保护。要把品牌建设作为推进创意农业发展的一项战略性工程加以推进，以农产品品牌创新为核心，围绕特色农业、休闲农业和创意产业，依托和发挥龙头企业、专业合作社的带动作用，重点发展品牌创意农业和品牌创意农产品，设立各级创意农产品品牌创建工程专项资金，重点用于创意农产品品牌建设中的地域品牌整合、培育、保护、创新，加快构建政府推动引导、企业主体培育、社会各方支持的创意农产品品牌创建工作机制。通过加强品牌建设，制定严格的知识产权保护政策。在知识产权方面给予创意农业特别的重视和特殊的保护，鼓励创建创意农业品牌和名牌。加强创意农产品品牌建设和品牌保护力度，完善创意农业品牌保护机制。建立健全创意农产品质量安全体系，推动创意农产品标准化生产，提高创意农产品质量水平。发挥地方特色，巩固提高传统优势产业，加快创意农产品开发，培育一批国家级、省级创意农产品品牌。加强地理标志证明商标的规范使用和管理，推进创意农产品商标和证明商标的国际注册，实现国际知识产权保护。完善创意农业品牌、商标保护的地方性法规，营造保护创意农业品牌良好的法制环境。积极发挥政府相关职能部门的作用，形成企业自我保护、行政保护和司法保护相互结合的保护体系。

参考文献

[1] Baeker, G. Building a creative rural economy. Municipal World, 2008 (9): 9－11.

[2] Banks, M., Lovatt, A., & O' Connor, et al. Risk and trust in the cultural industries. Geoforum, 2000 (31): 453－464.

[3] Barrowclough, D., & Kozul-Wright, Z. Creative Industries and Developing Countries: Voice, Choice and Economic Growth. Routledge, London, 2008.

[4] Bell, D., & Jayne, M. (Eds.) Small Cities: Urban Experience Beyond the Metropolis. Routledge, London, 2006.

[5] Bell, D., Jayne, M. The creative countryside: Policy and practice in the UK rural cultural economy. Journal of Rural Studies, 2010 (26): 209－218.

[6] Brad, R. S. An analysis of the creative economy in rural Midwestern communities. USA: Iowa State University, 2008.

[7] Cunningham, S. The creative industries and cultural policy: a genealogy and some possible preferred futures. International Journal of Cultural Studies, 2004 (7): 105－115.

[8] Deller, S., & Dissart, J. C. Quality of Life in the Planning Literature. Journal of Planning Literature, 2000 (15): 135－160.

[9] Department for culture, media and sport (DCMS), United Kingdom, 2001. http://www.culture.gov.uk/Reference _ library/Publications/

archive _ 2001/ci _ mapping _ doc _ 2001. htm.

[10] Dunlap, R. E., Beus, C. E., & Howell, R., et al. What is sustainable agriculture? an empirical examination of faculty and farmer definition. Journal of sustainable agriculture, 1992, 3 (1): 5 - 39.

[11] Fleming, T. ICISS report-local cultural industries support services in the UK: towards a model of best practice. Manchester Institute of Popular Culture, Manchester, 1999.

[12] Florida, R. Cities and the Creative Class. Routledge, New York, 2005.

[13] Florida, R. The Rise of the Creative Class, and How It's Transforming Work, Leisure, Community and Everyday Life. Basic Books, New York, 2002.

[14] Hall, P. Creative cities and economic development. Urban Studies, 2000 (37): 639 - 649.

[15] Hoey, B. From pi to pie: moral narratives of noneconomic migration and starting over in the postindustrial Midwest. Journal of Contemporary Ethnography, 2005 (34): 586 - 624.

[16] Howkins, J. The creative economy: How people make money from ideas. London, UK: Allen Lane, 2001.

[17] Hracs, B. J. Culture in the countryside: a study of economic development and social change in Prince Edward Country, Ontario. Toronto: York University, 2005.

[18] Hunter, I. A Cultural Strategy for Rural England: Investing in Rural Community Creativity and Cultural Capital. Discussion paper. Littoral Arts Trust, 2006.

[19] Jayne, M. Creative industries: the regional dimension? Environment and Planning C. Government and Policy, 2005 (23): 537 - 556.

[20] Landry, C. The Creative City: a Handbook for Urban Innovators. Earthscan, London, 2000.

[21] Littoral Arts Trust. Investing in Rural Creativity：New Rural Arts Strategy. Discussion paper. Littoral Arts Trust，2003/6.

[22] Matarasso，F. Arts in rural England：Why the arts are at the heart of rural life. Report for Arts Council England，2005.

[23] McGranahan，David. 1999. Natural Amenities Drive Rural Population Change. Agriculture Economic Report No. 781. Available at：http：// www. ers. usda. gov/ Publications/ AER781/.

[24] McRobbie，A. Clubs to companies：notes on the decline of political culture in speeded up creative worlds. Cultural Studies，2002（16）：516－531.

[25] Scott，A. The Symbolic Economy of Cities. Sage，London，2004.

[26] Segedy，J. A. How Important is "Quality of Life" in Location Decisions and Local Economic Development? From：Dilemas of Urban Economic Development edited by Richard D. Bingham and Robert Mier，Sage Publications，1997.

[27] Smith，J. The creative country：policy，practice and place in New Zealand's creative economy 1999—2008. New Zealand：Auckland University of Technology，2010.

[28] Uricchio，W. Beyond the great divide：collaborative networks and the challenge dominant conceptions of creative industries. International Journal of Cultural Studies，2003（7）：79－90.

[29] VainyYu. 温室与猪场的联合体_猪之城_创意农业模式［J］. 设计，2011（3）：74－77.

[30] Volkering，M. From cool Britannia to hot nation：'creative industries' policies in Europe，Canada and New Zealand. International Journal of Cultural Policy，2001（3）：437－455.

[31] Wilson，G. From productivism to post-productivism and back again? Exploring the（un）changed natural and mental landscapes of European agriculture. Transactions of the Institute of British Geographers，2001

(26)：77-102.

[32] 一根毛竹撑着经济飞跃 [OL]. http://news.ifeng.com/gundong/detail_2011_07/11/7612532_0.shtml.

[33] 于雪梅．德国创意农业一瞥 [J]. 中国乡镇企业，2012 (4)：86-87.

[34] 于雪梅．德国慕尼黑郊区的创意农业 [J]. 团结，2009 (1)：41-43.

[35] 干经天，姚佩华，刘刚等．上海创意农业发展探讨 [J]. 上海农业学报，2008 (4)：97-100.

[36] 万宝瑞．中国农业发展的思考与展望 [M]. 北京：中国农业出版社，2006.

[37] 小雨．创意农业驶入快车道 [J]. 大众投资指南，2012 (4)：46.

[38] 马俊哲．关于创意农业学科体系的初步构想 [J]. 农产品加工，2010 (1)：17-19.

[39] 马晓河，蓝海涛，黄汉权．工业反哺农业的国际经验及我国的政策调整思路 [J]. 管理世界，2005 (7)：55-63.

[40] 乡村旅游案例借鉴之成都“五朵金花”休闲观光农业的借鉴 [OL]. http://wenku.baidu.com/view/c4d563492b160b4e767fcf8a.html.

[41] 王小茵．论政府在我国创意农业发展中的作用 [J]. 四川行政学院学报，2012 (5)：43-45.

[42] 王小柱．屋顶农业发展探析 [J]. 现代农业科技，2010 (9)：316-317.

[43] 王小聪．荷兰大力推进创意产业发展 [OL]. http://finance.jrj.com.cn/2008/08/2810091763800.shtml.

[44] 王文兰．创意农业扣开致富门 [J]. 时事报告，2010 (12)：78-79.

[45] 王志刚，汪超，许晓源．农户认知和采纳创意农业的机制：基于北京城郊四区果树产业的问卷调查 [J]. 中国农村观察，2010 (4)：33-43.

[46] 王金帅．葫芦升值记 [J]. 村委主任，2011 (1)：52.

[47] 王树进．创意农业的发展思路及政策建议－以上海为例 [J]. 中国农学通报，2009 (11)：264-270.

[48] 王树进．政府如何支持创意农业的发展 [J]. 经济研究导刊，2009

(6)：33-35.
[49] 王振如，钱静．北京都市农业、生态旅游和文化创意产业融合模式探析［J］．农业经济问题，2009（8）：14-18.
[50] 王爱玲，刘军萍，秦向阳．创意农业的概念与创意途径分析［J］．中国农学通报，2010，26（14）：409-412.
[51] 王银芹．创意农业与村镇特色景观旅游业开发［J］．农业现代化研究，2010（3）：321-324.
[52] 牛合群．为农民增收的创意农业［J］．农产品加工，2009（12）：40.
[53] 牛若峰．农业要有"两个飞跃"［J］．中国农村经济，1997（4）：12-13.
[54] 仇保兴．推行绿色建筑加快资源节约型社会建设［J］．中国建筑金属结构，2005（10）：5-10.
[55] 方中友．南京创意农业发展探讨［J］．农产品加工，2010（1）：33-35.
[56] 火车"开进"海岛舟山一个山村的创意实践［OL］．http：//www.zjol.com.cn/zsxq/system/ 2011/07/27/017714945.shtml.
[57] 邓秀勤．比较优势理论与永春县创意农业发展［J］．黑河学院学报，2011（4）：43-48.
[58] 双流县首届纯正薰衣草体验季活动开幕［OL］．http：//www.cdta.gov.cn/web/zww_xx.aspx? moduleid=686&id=19451.
[59] 本刊编辑部．发展创意农业正当时［J］．农家致富，2012（20）：1.
[60] 厉无畏，王慧敏．创意农业的发展理念与模式研究［J］．农业经济问题，2009（2）：11-15.
[61] 厉无畏，顾丽英．创意产业价值创造机制与产业组织模式［J］．学术月刊，2007，39（8）：78-83.
[62] 厉无畏．创意改变中国［M］．北京：新华出版社，2009.
[63] 石向荣．从德国绿腰带项目看中国休闲创意农业发展趋势［J］．理论月刊，2012（8）：144-148.
[64] 田中兴．中国投入近千亿治污，水质仍差遭质疑［N］．今日关注，

2011-6-11.

[65] 白明月．荷兰_创意农业的产业链条［J］．农经，2011（11）：74-76.

[66] 让上亿只蚯蚓吃垃圾吐黄金［OL］．http：//www.szzunlong.com/mtgz/txzzh.html.

[67] 西奥多·W·舒尔茨［美］．改造传统农业［M］．北京：商务印书馆，1987：24-35.

[68] 成都温江区“全国休闲农业与乡村旅游示范县”［OL］．http：//info.1688.com/detail/1026197561.html.

[69] 朱启臻．创意农业的发展路径［J］．中国乡镇企业，2013（1）：49-50.

[70] 任钰，郭华，何忠伟等．北京创意农业发展模式与机制创新研究［J］．北京农学院学报，2010，25（3）：41-45.

[71] 任荣，刘树．京郊创意农业的发展思路及方向［J］．北京农业职业学院学报，2008（2）.

[72] 任荣．创意农业探索与实践［M］．北京：人民出版社，2009：86-87.

[73] 任钰．北京创意农业发展研究［D］．北京：北京农学院，2011：22-23.

[74] 全国休闲农业创意精品大赛（西南赛区）将在成都温江举行［OL］．http：//finance.sina.com.cn/roll/20120307/135011534334.shtml.

[75] 创意提升农业休闲改变生活的温江实践［OL］．http：//news.163.com/12/0412/03/7US17LI300014AED.html.

[76] 刘小丽，张纪青．覆土植草屋面设计与施工［J］．浙江建筑，2000（2）：34-36.

[77] 刘小丽，张剑方．覆土植草屋面降温隔热机理与热工计算方法［J］．浙江建筑，1998（6）：19-22.

[78] 刘小丽．覆土植草屋面优化人居与城市生态环境［J］．浙江建筑，1997（4）：35-39.

[79] 刘平．日本的创意农业与新农村建设 [J]．现代日本经济，2009 (3)：56-64.

[80] 刘军萍．北京创意农业发展的若干问题探讨 [J]．农产品加工，2010 (1)：60-64.

[81] 刘丽伟．发达国家创意农业发展内在机理研究—以荷兰、日本、德国、英国为例 [J]．世界农业，2010 (6)：20-24.

[82] 刘丽伟．发达国家创意农业发展路径及其成功经验 [J]．学术交流，2010 (8)：79-82.

[83] 刘丽伟．欧洲创意农业方兴未艾 [J]．农村．农业．农民 (B 版)，2010 (10)：32-33.

[84] 刘丽伟．国内外都市型创意农业比较及其发展价值分析 [J]．世界农业，2010 (5)：19-22.

[85] 刘丽伟．荷兰_打造创意农业产业链 [J]．中国乡镇企业，2012 (5)：85-86.

[86] 刘丽伟．荷兰的创意农业产业链 [J]．农民科技培训，2012 (6)：45.

[87] 刘奇．21 世纪农业的新使命：多功能农业 [M]．合肥：安徽人民出版社，2007.

[88] 刘珂．借鉴国内外发展模式大力发展创意农业 [J]．中国发展，2011 (6)：86-87.

[89] 刘娜筱．温州创意农业悄然兴起 [J]．村委主任，2011 (1)：56.

[90] 许筠．创意农业样本观察：新河镇网上销售“锦上添花”传统花木业 [J]．群众，2012 (1)：54.

[91] 农业部中国传统农业向现代农业转变的研究课题组．从传统到现代：中国农业转型的研究 [J]．农业经济问题，1997 (5)：32-39.

[92] 农业部软科学委员会课题组．中国农业发展新阶段的特征和政策研究 [J]．农业经济问题，2001 (1)：3-8.

[93] 孙大鹏．浅析创意农业发展的途径 [J]．职业时空，2010 (9)：155-156.

[94] 孙毅．探索中的若干生态农业模式 [J]．科技情报开发与经济，2006，

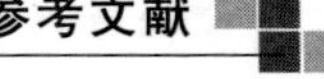

16 (4): 156 - 158.

[95] 严冰．创意农业成农民增收法宝 [J]. 农业农村农民，2011 (2): 18.

[96] 严冰．致富新路创意农业 [J]. 北京农业，2012 (2): 48.

[97] 村委主任编辑部．卖创意带富北仑农户 [J]. 村委主任，2011 (1): 56.

[98] 李红玫，刘纳新．我国农业不同发展阶段的主要特征及其相互关系 [J]. 湖南财经高等专科学校学报，2006，22 (99): 84 - 87.

[99] 李伯钧，刘小丽．屋顶农业利用的意义与实践 [R]. 杭州：世界屋顶绿化大会论坛，2012.

[100] 李伯钧，刘小丽，杨佩贞等．屋顶菜篮子工程实施意义与发展前景 [J]. 中国园艺文摘，2012 (9): 33 - 41.

[101] 李伯钧，孙崇波，戚行江等．屋顶造地农业利用可行性研究初报 [J]. 浙江农业科学，2012，24 (3): 449 - 454.

[102] 李俏．现代农业模式的社会效益——无锡市太湖水稻示范园调研分析 [J]. 山西农业大学学报 (社会科学版)，2011，10 (5): 1 - 7.

[103] 李祖扬，邢子政．从原始文明到生态文明——关于人与自然关系的回顾与反思 [J]. 南开大学学报，1999 (3).

[104] 李勇．发展创意农业推进农业发展方式转变 [J]. 福建农业，2011 (8): 4 - 5.

[105] 李晓燕，王彬彬．低碳农业：应对气候变化下的农业发展之路 [J]. 农村经济，2010 (3): 10 - 12.

[106] 杨万江，徐星明．农业现代化测评 [M]. 北京：社会科学文献出版社，2001: 52 - 56.

[107] 杨良山，王丽娟等．浙江创意农业发展路径选择与对策探讨 [J]. 浙江农业科学，2012 (9): 1226 - 1231.

[108] 杨良山，胡豹．把创意经济引入高效生态农业建设——关于加快我省创意农业发展的建议 [J]. 浙江经济，2012 (16): 42 - 43.

[109] 杨洋．发展苏州市创意农业经济的思考 [J]. 全国商情 (理论研究)，2010 (12): 95 - 96.

[110] 肖际亨．屋顶农业与城市生态［J］．资源开发与保护，1986，2（2）：32－34.

[111] 何君，冯剑．中国农业发展阶段特征及政策选择［J］．中国农学通报，2010，26（19）：439－444.

[112] 邹德秀．中国农业文化［M］．西安：陕西人民教育出版社，1992.

[113] 汪海燕．北京郊区创意农业发展趋势及对策研究［J］．特区经济，2011（6）：55－56.

[114] 张一帆．创意农业的渊源及现实中的创新业态［M］．北京：中国农业科学技术出版社，2010：153－155.

[115] 张云生，陆文姝．我国屋顶绿化发展综述［J］．蓝天园林，2006，32（1）：8－10.

[116] 张若琳，连丽霞．影响中国创意农业发展的主要因素分析［J］．山东农业大学学报（自然科学版），2012，43（1）：105－109.

[117] 张若琳．影响中国创意农业发展的主要因素分析［J］．山东农业大学学报（自然科学版），2012（1）：105－109.

[118] 张荣娟，陶卓民．南京创意农业发展的途径与方法初探［J］．中国农学通报，2010（17）：422－426.

[119] 张俊．创意农业发展模式研究：初始条件与动力支撑［J］．技术经济，2009，28（6）：67－71.

[120] 张俊．论创意农业发展的内生性——一个分析框架［J］．古今农业，2010（1）：38－44.

[121] 张振中．渭南市创意农业发展状况及金融支持路径的思考［J］．西部金融，2011（7）：80－81.

[122] 张霞．海南创意农业发展模式初探［J］．热带农业工程，2011（6）：43－48.

[123] 陈丽华．新乐农民巧做“时差农业”和“创意农业”［J］．村委主任，2011（2）：53.

[124] 陈宏毅，王刚清，刘杰．创意农业发展的动力要素分析及对策研究［J］．现代农业科技，2008（24）：291－294.

［125］陈良伟，成雪芳，周平．浙江创意农业发展研究［J］．浙江现代农业，2011（8）：15－18.

［126］陈剑平．农业综合体：推动区域现代农业发展的新载体［N］．农民日报，2012－11－01.

［127］责任编辑．下一个金矿_创意农业［J］．营销界（农资与市场），2012（19）：1.

［128］责任编辑．创意农业点燃乡村游［J］．农家参谋，2013（3）：48－49.

［129］苗洁．我国创意农业发展的现状、思路及对策研究［J］．中州学刊，2011（6）：80－82.

［130］苗润莲，李梅，孙鉴真．我国创意农业论文统计分析［J］．安徽农业科学，2011，39（27）：16974－16975.

［131］林子力．论联产承包制——兼论具有中国特色的社会主义农业发展道路［M］．上海：上海人民出版社，1983：22－23.

［132］林碧英，高山，龙秀凤．屋顶蔬菜无土栽培研究［J］．上海农业科技，2004（4）：115－119.

［133］郁海金．关于上海创意农业发展的研究［J］．上海农业科技，2010（4）：1.

［134］周胜芳．国外政府扶持创意农业发展的经验及启示［J］．农业展望，2010（9）：54－58.

［135］周圆圆．会行走的农业——记全国休闲农业创意精品大赛北京展区［J］．农产品市场周刊，2012（8）：13－16.

［136］周琼．台北市海芋季创意农业的发展及其启示［J］．福建农林大学学报（哲学社会科学版），2012（15）：5－8.

［137］郑有贵．农业功能拓展：历史变迁与未来趋势［J］．古今农业，2006（4）.

［138］郑艳伟．河北省山区创意农业公关服务平台建设研究［D］．保定：河北农业大学，2012：17.

［139］俞美莲，张晨．从荷兰经验思考上海创意农业发展［J］．上海农村经

济，2012（9）：27－29.

[140] 俞美莲．关于上海创意农业的调查与思考［J］．上海农业学报，2012（4）：119－122.

[141] 施晟，卫龙宝，伍骏骞．中国现代农业发展的阶段定位及区域聚类分析［J］．经济学家，2012（4）：63－69.

[142] 骆高远，胡云好．城市“屋顶农业”开发的适宜性试验——以柑橘栽培为例［J］．热带地理，1995（2）：115－119.

[143] 秦向阳，王爱玲，张一帆等．创意农业的概念、特征和类型［J］．中国农学通报，2007（10）：29－32.

[144] 顾农．北京创意农业：效益显著潜力方显［N］．农民日报，2010－01－06.

[145] 钱静．论发展创意农业的制度安排［J］．北京农业职业学院学报，2010，24（3）：20－24.

[146] 郭熙保．农业发展论［M］．武汉：武汉人学出版社，1995：138－142.

[147] 浙江仙居．创意农业带来农旅双赢［OL］．http：//www.zgcyny.com/Article/Show.asp？ID=7521.

[148] 浙江省农业厅等．浙江创意农业精品选编［P］．研究报告，2012.10.

[149] 黄利健．创意农业让人奇［J］．村委主任，2011（1）：52.

[150] 黄祖辉．农业现代化：理论、进程与途径［M］．北京：中国农业出版社，2003：11－13.

[151] 龚春明，朱启臻．创意农业研究：观点辨析、理论反思、学术立场［J］．探索与争鸣，2012（7）：43－46.

[152] 章继刚．2009—2010年中国创意农业投资价值研究报告［J］．农产品加工，2010（1）：5－7.

[153] 章继刚．2011问道中国创意农业系列研究报告（二）创意农产品商机无限［J］．北京农业，2011（9）：7－9.

[154] 章继刚．在大厦里种田创意农业将成为都市最时尚的职业［J］．农产

品加工，2010（6）：6-9.

[155] 章继刚．创意农业：中国农业发展的新机遇［J］．新疆农垦经济，2009（12）：1-4.

[156] 章继刚．创意农业“附加值效应”拉动农村经济加速发展［J］．中国乡镇企业，2010（2）：46-52.

[157] 章继刚．创意农业——农业投资的下一座金矿［J］．农业机械，2012（6）：37-38.

[158] 章继刚．创意农业——我国农业开发新天地［J］．农业开发研究，2008（4）：6-13.

[159] 章继刚．创意农业奇思妙想中的快乐产业［J］．中国乡镇企业，2012（5）：33-36.

[160] 章继刚．问道中国创意农业［J］．企业研究，2011（2）：68-71.

[161] 章继刚．建设创意乡村发展创意农业——中国创意乡村发展报告（下）［J］．改革与开放，2010（3）：4-6.

[162] 章继刚．建设创意乡村发展创意农业——中国创意乡村发展报告（上）［J］．改革与开放，2010（2）：4-6.

[163] 章继刚．崭露头角的创意农业［J］．村委主任，2011（1）：52-53.

[164] 章继刚．新时期中国创意农业美学经济发展的问题与对策研究［J］．中共四川省委省级机关党校学报，2012（5）：107-111.

[165] 蒋和平，辛岭，黄德林．中国农业现代化发展阶段的评价［J］．科技与经济，2006（4）：56-60.

[166] 蒋和平．中国特色农业现代化应走什么道路［J］．经济学家，2009（10）：58-65.

[167] 蒋高明，郑延海，冯素飞，等．农业与低碳经济：生态学主导的新农村革命与大粮食安全［M］//张坤，潘家华，崔大鹏．低碳经济论．北京：中国环境科学出版社，2008.

[168] 蒋婷英．试论科技培训在创意农业中的作用［J］．上海农业科技，2011（6）：5-6.

[169] 温铁军，董筱丹，石嫣．中国农业发展方向的转变和政策导向［J］．

农村经济问题，2010 (10)：88 - 94.

[170] 像种花一样在家种菜 [N]. 都市快报. 2013 - 05 - 24.

[171] 褚劲风. 世界创意产业的兴起、特征与发展趋势 [J]. 世界地理研究，2005，14 (4)：16 - 21.

[172] 碧禾. 创意农业绚丽无比 [J]. 农产品加工，2010 (4)：52 - 53.

[173] 戴希刚，黄航，杨守伟等. 武汉市屋顶农业调查研究——以武汉市汉阳十里铺社区为例 [J]. 江汉大学学报（自然科学版），2011，39 (2)：100 - 103.

[174] 檀学文. 现代农业、后现代农业与生态农业 [J]. 中国农村经济，2010 (2)：92 - 95.

后 记

改革开放以来，浙江率先推进农业市场化取向改革，深入实施统筹城乡发展方略，现代农业建设迈出坚实步伐。浙江省委、省政府高度重视现代农业发展和推进农业现代化建设。2012 年 7 月 19 日浙江省发改委研究室编发的《研究与建议》第 17 期（总第 1122 期）全文刊发了由浙江省农业科学院相关研究人员撰写的《关于加快浙江创意农业发展的建议》。中共浙江省委李强副书记作了重要批示，认为这篇文章为浙江省农业发展拓展功能、促进转型升级，提供了一个好思路，并提出考虑先确定一个切入点，选择一个合适的地区，先期做些试验和探索。遵照省领导的批示精神，浙江省农业科学院十分重视，并就相关工作做出了明确部署，先后成立了“现代农业创意技术浙江省工程研究中心”和“浙江省创意农业工程技术研究中心”，并分别获得了浙江省发展和改革委员会、浙江省科技厅的批复。

工程中心的建立标志着创意农业发展有了一个体现协同创新、软硬结合为研究特色的全新平台。为此，工程中心决定率先对创意农业这一新领域进行理论研究与实践总结，并从全面贯彻落实科学发展观，培育农业战略性新兴产业的发展战略高度，从学术的层面深入梳理和提炼省内外创意农业发展的典型模式与实践做法，从而形成推进创意农业这一现代农业新业态发展的系列化研究成果。

本书的出版是创意农业工程中心成立后所取得的一系列初步成果的重要组成部分，本项研究得到了院、所各级领导和工程中心各研究室的高度重视，院领导陈剑平院长、汤勇书记、孟智启副院长、孙国昌院长助理和院科研处戚行江处长、朱富云副处长、吴卫成副处长，院办公室戴杰主任等相关部门负责人多次参与认证完善本书的研究工作方案，在实证调研、部门座谈、专家咨询与书稿撰写过程中，得到了院主要领导的支持和指导。各章节和专题的研究小组，严格按照分工、目标和进度、质量要求开展研究工作，并做到研究过程中深入调研、相互沟通、相互切磋、集中研讨、集成创新、成果相互融合。可以说，本书是工程中心上上下下、方方面面群策群力的结果和集体智慧的结晶。

本书由前言报告和9章组成，相应各章执笔人分别是：前言(胡豹)；第一章（王丽娟、胡豹)；第二章（米松华、胡豹)；第三章（米松华)；第四章（葛晓巍)；第五章（葛晓巍)；第六章(米松华)；第七章（胡豹)；第八章（葛晓巍、胡豹)；第九章(章伟江、胡豹)，最后由胡豹研究员完成对全书的统稿工作。同时柯福艳、杨良山对本书的统稿工作亦有贡献。

我们非常荣幸邀请到我国著名经济学家、第十一届全国政协副主席、全国人大常委、民革中央常务副主席厉无畏在百忙之中为本书拨冗作序，在此深表感谢。

由于创意农业发展涉及经济、社会、文化、艺术等诸多方面，是一项非常复杂的系统工程，我国创意农业发展尚处起步阶段，相关战略研究明显滞后，尚未形成适合我国的创意农业理论体系，针对各区域特点的引领和支撑技术研发也还未深入开展。尽管作者本着求真务实、精益求精的态度，做了大量的规范分析与实证调研工作，并付出了许多艰苦的努力，但受时间仓促、研究者水平和各种客观条件的限制，研究中肯定存在着许多的遗漏与不当之处，恳请各位专家、学者不吝赐教。

作 者

2013年10月

作 者 简 介

胡 豹 男，1972年9月生，江西九江人，浙江大学管理学博士，浙江大学与浙江省农业科学院联合培养的工商管理博士后。浙江省农科院学科带头人，浙江省人民政府咨询委研究员，中国农科院研究生院与南京农业大学研究生导师。在国内外核心刊物公开发表学术论文60余篇，出版学术著作10余部，译著、教材各1部，主持或参与国家、省部级课题50余项，承担并完成《全国“十二五”城乡一体化发展规划》等各类重要规划20余项。先后获浙江省科学技术奖二等奖3项，三等奖2项，主要从事农业经济理论、政策及管理研究。

米松华 女，1977年8月生，黑龙江哈尔滨人。毕业于浙江大学中国农村发展研究院，管理学博士。主持5项国家及省部级课题，在国内一级期刊和EI期刊发表多篇论文。现为浙江省农科院助理研究员，主要从事农业资源环境及农村人力资源开发研究。

葛晓巍 男，1974年10月生，河北滦县人，讲师。毕业于浙江大学农业经济管理专业，管理学博士。现为浙江科技学院教师，主持教育部人文社科研究青年基金项目一项。在国内外核心刊物发表论文数篇，主要从事农村劳动力流动及社会分层研究。

王丽娟 女，1981年10月生，江苏海门人，副研究员。毕业于中国科学院地理科学与资源研究所，人文地理学博士学位。现任职于浙江省农科院，主持国家自然科学基金青年项目1项以及其他省级课题多项，主要从事农业空间组织及农村发展战略研究。

章伟江 男，1976年7月生，浙江绍兴人。毕业于浙江大学资源环境区划与管理专业，学士学位，现为浙江省农科院助理研究员。主持浙江省发改委重点项目多项，主要从事农业资源区划研究。

图书在版编目（CIP）数据

创意农业发展理论与实践／胡豹等著．—北京：中国农业出版社，2013.10（2023.6重印）
ISBN 978-7-109-18452-7

Ⅰ.①创…　Ⅱ.①胡…　Ⅲ.①农业经济发展－研究－浙江省　Ⅳ.①F327.55

中国版本图书馆CIP数据核字（2013）第243596号

中国农业出版社出版
（北京市朝阳区农展馆北路2号）
（邮政编码100125）
责任编辑　赵　刚

中农印务有限公司印刷　　新华书店北京发行所发行
2013年10月第1版　　2023年6月北京第2次印刷

开本：850mm×1168mm　1/32　　印张：10.875
字数：230千字
定价：48.00元